Organisation 2.0

Éditions d'Organisation
Groupe Eyrolles
61, bd Saint-Germain
75240 Paris cedex 05

www.editions-organisation.com
www.editions-eyrolles.com

Martin ROULLEAUX DUGAGE

Organisation 2.0

*Le knowledge management
nouvelle génération*

EYROLLES

Éditions d'Organisation

À Petite Rose

Remerciements

Ce livre n'aurait pas été possible sans la contribution de certains professionnels et experts de théorie des organisations et de management des connaissances qui m'ont guidé, relu, et heureusement parfois contesté. Je remercie tout particulièrement mon collègue et ami Gilbert Brault de Schneider Electric, qui m'a suivi dans cette aventure de découverte et de mise en place des communautés de pratique chez Schneider Electric. Je remercie aussi les membres de la communauté CoP-1 des knowledge managers de grandes entreprises européennes francophones, et tout particulièrement Élizabeth Bila d'Arisem, Benedikt Benenati de Danone, Pierre Prével du Groupe Crédit Agricole SA, Éric Laurent de La Banque Postale, Philippe Drouillon de Solvay...

Merci aussi à mes collègues de l'Institut Boostzone, et en premier lieu à Dominique Turcq. Ensemble, nous travaillons à clarifier ce concept de management « net-centric », dans lequel nous voyons une des clés de l'excellence managériale au XXIe siècle.

Merci aux professionnels de l'intelligence collective du knowledge management, de l'organisation apprenante, bref à tous les spécialistes de l'organisation scientifique du savoir[1], qui m'ont précédé sur ce chemin, m'ont relu et critiqué : Richard Collin, Marc de Fouchécour, Jean-Yves Prax, Jerry Ash, Hubert Saint-Onge, John Maloney, Étienne Wenger, Éric Lesser, Raj Datta, et tant d'autres.

Merci enfin à Nathalie, mon épouse, qui a su être et ne pas être patiente.

---

1. L'expression est de Daniel Cohen dans *Trois leçons sur la société postindustrielle*, Le Seuil, 2006.

Sommaire

Table des figures et tableaux

« *Depuis le début, le débat sur le capitalisme a tenté de distinguer parmi les frictions, barrières et frontières [entre les groupes humains] lesquelles ne sont que des sources de gaspillages et d'inefficacités, et lesquelles sont sources d'identité et d'appartenance que nous devons tenter de préserver.* »

Thomas Friedman

« *Chaque peuple met sa propre odeur sur sa nourriture, et n'accepte le changement que s'il peut le rendre invisible en plongeant chaque nouveauté dans cette odeur. L'optimisme sur le changement, qu'il soit d'ordre politique, économique ou culturel, n'est possible que si cette prémisse est acceptée.* »

Theodore Zeldin

« *Reconnaissons-le donc : considérée dans son état et son fonctionnement actuels, l'Humanité est organiquement inséparable des accroissements qu'a lentement accumulés et que propage en elle l'éducation. Ce milieu additif, graduellement formé et transmis par l'expérience collective n'est rien moins pour chacun de nous qu'une sorte de matrice, aussi réelle en son genre que le sein de nos mères. Il est une véritable mémoire de la race, où puisent et s'achèvent nos mémoires individuelles.* »

Pierre Teilhard de Chardin

Résumé du livre

Dans une économie mondiale hyper-compétitive, c'est la capacité d'adaptation rapide à un environnement turbulent qui détermine l'avenir des entreprises. La nécessité d'innover en permanence, et donc de mobiliser le savoir est un constat partagé à la fois par les entreprises et par les pouvoirs publics. Et comme on se rend compte que la lenteur et la rigidité sont notoirement inhérentes aux grandes organisations hiérarchisées, tout le monde ou presque s'accorde à dire que les organisations postindustrielles seront moins hiérarchiques et plus réticulaires, moins planifiées et plus auto-organisées. Les réseaux d'entreprise sont aujourd'hui à la mode et portent différents noms. Dans les pouvoirs publics, où l'on aime les structures, on parle de « clusters », de « technopôles », de « pôles de compétitivité ». En entreprise, où l'on préfère le mouvement, on parle d'« attitude client », de « collaboration », d'« entreprise étendue ». Tous ces termes reflètent peu ou prou la même réalité : il faut s'organiser en réseau pour innover.

Le problème, c'est qu'on ne sait pas vraiment comment faire. Car si les chefs d'entreprise sont bien entraînés pour engager le combat sur les coûts par la division du travail, ils le sont beaucoup moins pour la mobilisation du savoir, qui fait appel à d'autres modèles d'organisation. Les coûts se mesurent en temps réel et figurent dans le compte d'exploitation ; la connaissance collective d'une entreprise ne s'évalue et ne se constate qu'*a posteriori* dans la croissance des ventes, ou dans l'écart constaté entre valeur de marché et valeur comptable. Les tentatives de faire figurer au bilan l'actif intangible que constitue le savoir collectif se heurtent à la fois à des difficultés pratiques et à une résistance au changement, l'introduction éventuelle de nouvelles règles comptables en ce sens étant susceptible de gonfler le résultat d'exploitation et d'accroître la fiscalité. C'est ainsi que nos managers formés à l'école de la décision et de l'action sont laissés largement dans l'ignorance de leur rôle désormais central de développeurs des connaissances de l'entreprise. Pour eux, la connaissance se limite au capital intellectuel : les marques, les brevets, les procédés… Cela s'achète et se vend. Mais la valeur centrale du capital social que constituent les liens vivants entre les personnes est largement ignorée. Ainsi, l'action du manager au quotidien concerne-t-elle avant tout l'exploitation des gisements de productivité. La tentative d'introduire dans les tableaux de bord de management quelques indicateurs de performance liés aux activités de connaissance – l'enseignement et le renseignement – se révèle dans l'ensemble peu efficace, et les initiatives de « knowledge manage-ment » décevantes. En règle générale, ces programmes restent ainsi les parents pauvres du changement. Leur financement est cyclique, et peu propice à la construction d'une véritable intelligence collective.

Pourtant, le mouvement de transformation de l'entreprise est bien en marche. Il est porté par les nouvelles technologies du Net, et nous sommes encore loin d'en avoir saisi la portée. La mondialisation associée aux nouvelles technologies de communication, maintenant largement démocratisées, donne naissance à des formes nouvelles d'organisation adaptative. Des groupes de personnes se rassemblent et s'auto-organisent en réseaux et en communautés, parfois planétaires, sans rien demander à personne. Bien plus, ces communautés établissent des connexions entre elles, comme autant de neurones d'un gigantesque cerveau mondial en construction, se jouant des frontières de la géographie et des organisations. Ce réseau mondial d'intelligence collective en est encore à ses balbutiements, mais sa croissance est explosive, et son impact sur le monde du travail est déjà considérable. Quand on sait que la valeur d'un réseau croît en principe en fonction du carré du nombre de ses connexions, il y a là quelque chose dont l'impact sur le monde du travail est comparable à celui de la météorite qui aurait tué les dinosaures.

D'une telle révolution de l'information découle nécessairement une révolution de l'organisation. Il faut donc impérativement développer la capacité de questionnement des managers et les amener à reconsidérer l'universalité de leurs pratiques de contrôle héritées de l'âge industriel. Pour développer la connaissance et susciter l'innovation, il faut qu'ils en adoptent de nouvelles, qui rééquilibrent le système traditionnel de management de l'entreprise, centré sur la recherche de productivité des structures, par un système complémentaire centré sur les espaces de collaboration et d'apprentissage. Ainsi, aux deux piliers actuels de l'organisation d'entreprise – les hiérarchies fonctionnelles et les équipes projet –, on en ajoutera un troisième – les communautés –, qui donnera aux entreprises les moyens de leur nouvelle croissance. Incontestablement, les entreprises qui survivront au XXIe siècle seront celles qui auront su développer les systèmes d'apprentissage les plus performants sur leur cœur de métier.

Ce livre se démarque de la littérature managériale habituelle. En effet, la plupart des ouvrages sur ce thème en restent à des considérations sur les nouvelles *attitudes* que les managers devraient adopter, ou à des nouveaux *processus* d'innovation à introduire dans l'entreprise. Or, ce n'est pas fondamentalement une question d'attitude ou de processus, mais de *système de management* combinant pouvoir de décision et contre-pouvoir du savoir. L'ambition de ce livre est de proposer un cadre systémique simple, pratique et opérationnel pour mettre en place progressivement ce système de l'entreprise en réseau. Il se place dans le référentiel concret de l'action du manager, dans son contexte de travail quotidien, avec son poids d'habitudes et de pesanteurs héritées de l'histoire. Notre fil conducteur est de nous intéresser à l'espace de travail et à ses modalités d'usage plutôt qu'aux comportements des hommes et femmes de l'entreprise, que nous considérons comme induits par leur environnement. Notre réflexion se fonde sur l'expérimentation, qui est à la fois théorie et pratique. Elle rapproche les travaux les plus récents sur l'économie des réseaux sociaux avec l'observation de réalisations concrètes et d'expériences vécues dans de grandes entreprises internationales.

Ce livre s'adresse d'abord aux dirigeants conscients de l'urgence qu'il y a à abaisser le centre de gravité de leur organisation[1], à y susciter une vraie dynamique de collaboration et à y créer un environnement pour l'innovation. Il s'adresse enfin aux professionnels du knowledge management ou de l'intelligence économique, et plus généralement à tous ceux qui recherchent des pistes de développement de l'emploi en France dans la relance de l'innovation, qui a longtemps été un point fort de son économie, et qui l'est moins, à l'heure où le pays en a le plus besoin.

Pour engager leur entreprise sur le chemin de l'innovation permanente et en retirer les fruits, les dirigeants devront choisir de fonder leur organisation sur la confiance et apprendre à investir dans son moteur qui est la collaboration. Il leur faudra aussi accepter de payer le prix de cette stratégie en transformant le système de management et en développant le sens de la responsabilité collective.

Contact : *martin@mopsos.com*

Blog : *www.mopsos.com*

---

1. L'expression est de Sam Palmisano, P-DG d'IBM.

Avant-propos

Depuis le début de ma carrière professionnelle il y a vingt-quatre ans déjà, j'ai eu la chance de pouvoir vivre des expériences professionnelles très riches et très variées. Il m'a été donné de pouvoir diriger des équipes en France et à l'étranger, travailler dans des usines, des bureaux d'études et des sièges sociaux, monter des projets internationaux, conseiller des dirigeants de sociétés mondiales, et même créer une start-up aux États-Unis lors de la bulle Internet. J'ai également eu la chance de côtoyer quelques grands capitaines qui m'ont beaucoup marqué, comme l'amiral Lefebvre, Marcel Dassault ou Francis Mer. J'ai connu des succès et des échecs, des moments d'enthousiasme et de traversée du désert. J'ai été confronté directement à la dure nécessité de licencier des employés.

Je puis témoigner que les moments les plus heureux de ma vie professionnelle ont toujours été étroitement liés à des réalisations collectives, et tout particulièrement à des moments d'accomplissement qui marquent l'histoire, comme le premier vol du Rafale A, le lancement de l'automate Twido, ou la signature d'un contrat de partenariat le soir dans une taverne à Osaka. Ce furent des moments de bonheur intense, où j'ai eu le sentiment que ma vie professionnelle avait un sens, et méritait vraiment d'être vécue. *A contrario*, j'ai toujours éprouvé un certain malaise devant cette insistance à toujours vouloir attribuer la responsabilité d'un succès ou d'un échec à une personne en particulier. Dans une équipe qui gagne, il y a effectivement toujours une figure centrale, une personne élue par le groupe pour le représenter et le fédérer, et dont le rôle est déterminant. Mais ce n'est pas nécessairement, et même assez rarement dans les grandes structures, la personne officiellement en charge dans l'organisation formelle. De même, les causes des échecs étant souvent multiples et complexes, les personnes disgraciées me sont souvent apparues comme des boucs émissaires, car leur responsabilité était finalement assez peu engagée, et souvent beaucoup moins que celle de leurs juges. En somme, les lauriers sont souvent pour les représentants de la structure formelle, et les blâmes pour les chefs de projet, ce qui explique qu'on puisse faire une très belle carrière en entreprise sur la chance ou l'habileté politique. En début de carrière, j'en ai été choqué, et puis je me suis habitué à ces dysfonctionnements que j'ai fini par considérer comme une fatalité inhérente à la vie en société, comme Dilbert dans les dessins de Scott Adams, *La vie est injuste*.

Et puis il y a eu la bulle Internet entre 1998 et 2001. Certains ont vu dans Internet un nouvel outil pour réaliser des transactions commerciales – les « dot.com ». Pour ma part, j'y ai vu un nouvel espace d'organisation de la vie en société et le potentiel que représentait le développement des communautés en ligne – les « dot.org ». Le mouvement du logiciel libre fut pour moi une révélation : c'était le premier exemple concret d'auto-organisation en communauté mondiale d'un réseau social informel d'experts passionnés qui décident de produire ensemble des outils qui changent le monde. Comme il n'y avait pas d'organisation formelle, le succès planétaire que fut le système d'exploitation Linux fut alors très justement attribué à Linus Torvalds, fondateur et animateur principal de la communauté dont Linux est sorti, au lieu d'être détourné au profit d'un autre. Bien plus, on vit par la suite des grandes entreprises, et non des moindres, se mettre à financer le mouvement et à affecter leurs meilleurs experts au développement de logiciels libres. Il m'est alors apparu qu'il était possible de concevoir l'entreprise autrement. Non plus comme une machine qui démultiplie le savoir et la volonté de quelques-uns, mais comme un organisme vivant qui engendre sans cesse de nouvelles idées autour desquelles des personnes se réunissent et s'organisent. C'est alors que j'ai pris conscience que la vie d'entreprise n'était pas vouée au tragique et qu'elle pouvait être très belle. Je sais maintenant qu'il n'y a pas d'opposition entre une entreprise qui réussit et une entreprise où il fait bon vivre. Bien au contraire.

L'idée d'écrire ce livre m'est venue après la première expérience réussie de mise en œuvre d'une vision communautaire de l'entreprise, que nous avons expérimentée chez Schneider Electric. Je me suis alors rendu compte que les difficultés que nous avions rencontrées étaient partagées par mes collègues d'autres entreprises. Les dysfonctionnements engendrés par une vision trop hiérarchique et cloisonnée de la vie en société étaient visibles partout : dans le manque d'innovation et de rapidité d'exécution de nos entreprises comme dans la difficulté à monter de grands programmes de collaboration comme celui des pôles de compétitivité en France.

Préface

L'ouvrage de Martin Roulleaux Dugage est destiné aux responsables de la stratégie et de la gestion des entreprises. Mais il ne manquera pas d'intéresser au plus haut point les étudiants désireux de progresser dans la connaissance de l'intelligence économique. C'est une synthèse originale et novatrice des nombreuses publications qui, depuis quelques années, traitent des nouvelles méthodes de management et de la maîtrise des outils modernes de la communication et de l'information. C'est aussi le résultat de l'expérience acquise par son auteur après plusieurs années de pratique professionnelle, en France et à l'étranger. La « révolution de l'homme numérique », dont les effets peuvent être comparés à ceux de l'invention de l'imprimerie, justifie pleinement la référence à cette « renaissance du XXIᵉ siècle » qu'il évoque dans l'introduction.

Une synthèse originale, car elle est présentée sous la forme d'un guide pratique, très clairement ordonné, qui fait le point de l'état de l'art en se référant aux meilleurs auteurs et en faisant appel à beaucoup d'exemples concrets, particulièrement significatifs.

Une synthèse novatrice, parce qu'elle est fondée sur les concepts de *confiance* et de *communautés de pratique*. Les dimensions psychologiques et sociales de la confiance et la qualité des relations humaines sont des facteurs essentiels pour la gestion, l'élaboration des stratégies et la direction des entreprises. En raison de ses caractéristiques propres, l'économie en réseau génère de nouveaux styles de management et de commandement ; néanmoins, s'il n'y a pas la confiance, les résultats risquent d'être fort décevants. Après avoir rappelé les fondations et les voies de la confiance, Martin Roulleaux Dugage souligne l'impact des technologies, des outils et des structures sociales, pour montrer ensuite, preuves à l'appui, que ces approches concrètes trouvent leurs meilleures applications dans des communautés de pratique. Fondées sur la participation de professionnels compétents, ces communautés constituent en effet des réseaux particulièrement efficaces au profit de l'entreprise, de ses clients et de ses fournisseurs.

Le fait que cet ouvrage soit publié au quatrième trimestre de 2007 est une excellente opportunité. Il vient à point nommé pour rappeler qu'une certaine « culture de la méfiance et de l'envie » est, avec les « querelles gauloises », une des plus déplorables caractéristiques de la société française. Les hommes et les femmes de ma génération ont connu tant d'occasions manquées, de réalisations gâchées, d'opportunités perdues à cause de vaines disputes, de divergences idéologiques et des questions de personnes, que nous sommes nombreux à espérer un changement radical de comportement de la part des générations montantes à la suite des élections présidentielles de cette année. L'exemple des entreprises qui gagnent, parce qu'elles ont su mettre en œuvre des stratégies de la confiance, ne peut que les encourager à suivre la même voie au profit du bien commun.

Amiral (c.r.) Pierre Lacoste

Introduction

La renaissance du XXIᵉ siècle ?

Plus encore que le XIXᵉ siècle, le XXᵉ siècle aura été celui de la machine. La révolution industrielle, qui a consacré l'utilisation de la science au service de la maîtrise de l'énergie, a fait naître le culte de la puissance et du progrès. Par la machine, l'homme a entrevu la possibilité d'un progrès illimité dans la maîtrise de la matière.

Or, le type d'intelligence qui préside à la machine étant totalement différent de l'intelligence issue de l'expérience de la nature, on a assisté, au cours des cent cinquante dernières années, à une professionnalisation du management, défini essentiellement comme l'exercice d'une autorité de décision sur un périmètre de ressources. Pour tirer le meilleur parti d'investissements matériels toujours plus grands, on a appliqué les théories d'Adam Smith et de Frederick Taylor et institutionnalisé la division du travail, les organigrammes et les hiérarchies, sur le modèle de l'armée.

L'archétype du manager a évolué au cours du temps, en fonction des grands enjeux concurrentiels du moment. D'abord ingénieur à une époque où il fallait reconstruire, puis commerçant à une époque où il fallait gagner des parts de marché, enfin financier à une époque où il fallait consolider. À l'exception des industries du savoir comme l'informatique, les médias, le conseil ou la banque d'investissement, son métier a évolué dans le sens d'une abstraction et d'une distanciation croissantes par rapport aux métiers de base de l'entreprise, reflétées par le développement

d'un jargon particulier émaillé de néologismes au sens obscur
(« proactif », « centré sur le client »…) et d'anglicismes barbares
(« forwarder » pour « faire suivre », « assomption » pour « hypothèse »).
Ainsi est né le culte du décideur.

Quand le culte du décideur fait perdre des clients

Chez Honda, dans les années 1990, le cycle de conception d'une
nouvelle voiture durait quatre ans contre sept ans chez GM. La différence s'expliquait par le processus de développement. Chez GM il
était linéaire et comportait de nombreux jalons de validation par des
décideurs. Chez Honda, il était plus décentralisé et itératif, et en comportait peu. Ainsi, au bout de seize ans, GM pouvait mener deux itérations d'apprentissage sur les projets passés, alors que Honda pouvait
en faire le double. La qualité de conception des voitures était nécessairement en faveur de Honda, qui apprenait plus vite de ses erreurs. On
aboutissait alors à ce paradoxe selon lequel l'application d'un processus conçu précisément pour garantir un niveau de qualité élevé à court
terme entraînait dans la durée l'effet rigoureusement inverse, observation fréquente que Peter Senge a abondamment commentée dans son
livre *La cinquième discipline*. On retrouve ce syndrome dans beaucoup
de décisions d'entreprise qui partent du principe que si les résultats à
court terme sont bons, les résultats à long terme le seront aussi. C'est
pourquoi le management court-termiste – dit « pragmatique » – est toujours peu ou prou fondé sur l'effort, car le surcroît ponctuel d'énergie
apporte toujours des résultats positifs incrémentaux sans qu'il soit nécessaire de se poser trop de questions de fond.

Le modèle, reconnaissons-le, a longtemps remarquablement fonctionné. La spécialisation du travail avait certes compartimenté l'entreprise, parfois au point de la déshumaniser[1], mais elle avait aussi
engendré des gains de productivité considérables dont tout le monde
profitait plus ou moins. Dans un jeu concurrentiel dominé par les économies d'échelle et la recherche de productivité des structures, c'était le
plus important.

---

1. Les grandes grèves de mineurs en France en 1925 ont été provoquées par l'introduction du
chronomètre pour mesurer la productivité au fond de la mine. La décision de mesurer
n'était pas en elle-même critiquable, mais la dépossession de l'instrument de mesure de son
travail au profit d'un tiers aux mains blanches, qui n'était pas mineur de fond, fut vécue
comme une profonde humiliation.

Les années 1980 marquèrent la fin de la période d'expansion de l'après-guerre. Elles furent caractérisées par le développement du capitalisme actionnarial, qui consacra la rupture du contrat social qui avait prévalu au sein des entreprises depuis le XIXᵉ siècle. La pression concurrentielle devenant plus forte, les fusions-acquisitions se développèrent et eurent pour effet de supprimer toutes les fidélités aux contrats tacites passés avec les parties prenantes de l'entreprise, et en premier lieu ses employés. On commença alors à licencier, à « dégraisser », suivant le vocabulaire terrible en vigueur à l'époque. Ce faisant, on mit alors à jour les effets néfastes du compartimentage de l'entreprise. La chasse aux coûts ayant réduit les espaces de rencontre informelle entre les employés à la machine à café et au restaurant, les relations entre départements s'étaient appauvries pour devenir de simples échanges de type client à fournisseur. Le sens du client, raison d'être de l'entreprise, s'était estompé au profit d'un pseudo-marché interne de services entre départements. On avait créé des situations de monopoles internes à l'entreprise, qui se retrouvait balkanisée par sa bureaucratie. Quant à l'offre, elle perdait de son attrait sur le marché, et la compétitivité de l'entreprise s'érodait. L'école de la qualité totale, qui naquit au Japon sur des concepts américains – nul n'est prophète en son pays –, fit redécouvrir le besoin de « transversalités » dans l'entreprise. C'est alors que se développa la réflexion sur les *processus*, qui ne sont rien d'autre que l'amélioration des rapports entre départements d'une entreprise au moyen de la codification systématique de leurs relations, dans la perspective de mieux servir ses clients.

Dans les années 1990, on s'est aperçu à nouveau que cela ne suffisait plus. Le mouvement de la qualité totale se proposait de systématiser la recherche de l'adéquation entre l'offre d'une entreprise et l'usage que son client en faisait. Le problème est que les clients ne se contentaient plus d'être satisfaits de ce qu'on leur vendait. Ils se mettaient à exiger en plus qu'on s'occupe d'eux de façon personnalisée, qu'on réponde intelligemment à leurs questions et qu'on les surprenne avec des produits très originaux. Bref, ils refusaient d'être réduits à des statistiques, voulaient qu'on leur prête *attention*, voire qu'on leur offre des cadeaux. On se rendit alors compte qu'on était en train de passer d'une ère industrielle de production de masse à une ère postindustrielle de personnalisation de masse. La capacité d'innovation et la rapidité d'exécution étaient en passe de devenir les nouvelles clés de la compétitivité. Les entreprises ne pouvaient plus se contenter d'être *dans* le marché. Il fallait désormais le façonner et le structurer. Aujourd'hui, Sony sort trois nouveaux produits toutes les heures et Disney un toutes les cinq minutes.

Enfin, le mouvement s'est considérablement accéléré dans les dernières années du XXe siècle, témoins de deux bouleversements historiques, que sont d'une part la mondialisation[1] des échanges avec son cortège d'externalisations et de délocalisations vers les pays à bas coûts salariaux, et d'autre part les nouvelles technologies et les services en ligne, qui accélèrent le mouvement en abaissant considérablement les coûts de ces échanges. Désormais, de petites équipes aux quatre coins du monde peuvent établir des liens entre elles en échappant totalement à l'emprise des grandes structures[2] et poussent les pays riches à se concentrer sur des activités à très forte valeur ajoutée. Quand toutes les organisations géographiques sont interconnectées, le travail se déplace, mu par les forces de l'économie, du savoir-faire et de l'ouverture. Les conglomérats disparaissent et sont remplacés par des holdings. Les entreprises se recentrent sur leur « cœur de métier » et développent leur réseau de partenaires, déplaçant ainsi la valeur du patrimonial au relationnel. Aujourd'hui, le gros de la dépense d'une entreprise, ce n'est plus de produire et de mettre sur le marché, mais de convaincre le client d'acheter.

Dans la nouvelle division du travail à l'échelle planétaire en ce début de XXIe siècle, les pays riches vendent des biens immatériels et achètent des biens matériels aux pays pauvres. Les consommateurs que nous sommes s'en réjouissent, car nous sommes tous à la recherche des meilleurs prix. Les travailleurs que nous sommes s'en inquiètent, car nous voyons nos emplois menacés. Les citoyens que nous sommes s'en préoccupent, car

---

1. Mondialisation : « *Intégration plus étroite des pays et des peuples du monde qu'ont réalisée d'une part la baisse des coûts de transport et des communications, et d'autre part la destruction des barrières artificielles à la circulation transfrontalière des biens, des services, des capitaux, et – dans une moindre mesure – des personnes* », Joseph E. Stiglitz in *Globalization and its Discontents*, W. W. Norton & Company, 2003.

2. Les phénomènes d'externalisation et de délocalisation ne sont pas seulement le fait des grandes entreprises, ils concernent aussi les individus. On connaît ce cas célèbre d'un informaticien d'AT & T sous-traitant dès 1999 la totalité de son travail de programmation à un collègue free-lance en Inde et lui rétrocédant tous les mois la moitié de son salaire. Déjà aujourd'hui, eBay serait le plus gros « employeur » aux États-Unis dans la mesure où plus de 700 000 personnes sont réputées vivre de leurs achats et ventes sur eBay. De nombreux échanges de services entre personnes ont ainsi lieu à travers la planète sans intermédiaire, échappant à toute statistique de PNB.

au bout du compte nous payons le coût social élevé de cette transformation. Les clivages politiques droite-gauche se redéfinissent de plus en plus le long de cette nouvelle frontière, entre ceux qui essaient de faire disparaître les barrières empêchant le pays de se transformer et de s'adapter coûte que coûte à ce nouveau contexte, et ceux qui mettront l'accent sur les inefficacités à conserver malgré tout parce qu'elles sont porteuses de valeurs, de culture et de lien social.

Ainsi, l'époque actuelle présente-t-elle des similitudes avec la Renaissance. Au XVIe siècle, la découverte de l'Amérique et l'invention de l'imprimerie ont ouvert une période de grande instabilité au cours de laquelle l'économie mondiale a été complètement transformée. Le commerce avec le Nouveau Monde a permis l'essor sans précédent des compagnies maritimes, en particulier néerlandaises, et offert à l'Espagne son siècle d'or. La circulation du savoir, rendue possible par l'imprimerie, a engendré une explosion des arts, des lettres et des sciences, et a entraîné les guerres de religion dans les grands pays d'Europe. Aujourd'hui, de la même façon, le développement du commerce mondial profite aux grands spécialistes du transport et de la logistique, et enrichit la Chine et l'Inde. La circulation du savoir *via* Internet engendre une explosion d'innovations. Il y a aussi des guerres de religion, non seulement entre les fanatiques islamistes et les matérialistes occidentaux, mais aussi au sein même des entreprises entre les « catholiques » de la tradition industrielle et les « protestants » de l'ère postindustrielle.

Mais revenons à nos clients qui, à la fin du XXe siècle, réclamaient plus d'attention de leurs fournisseurs. Quelle peut être l'étape suivante ? Si l'on considère la pyramide de Maslow (figure 1) comme un bon modèle de la hiérarchie des besoins de l'homme, l'étape d'après se situe dans la réalisation de leurs besoins sociaux. Ils voudront que l'entreprise les considère comme des personnes, et non comme des proies ; et ce qui assurera la survie d'une entreprise sera de devenir *irremplaçable* aux yeux de ses clients.

Figure 1. La pyramide des besoins selon Maslow

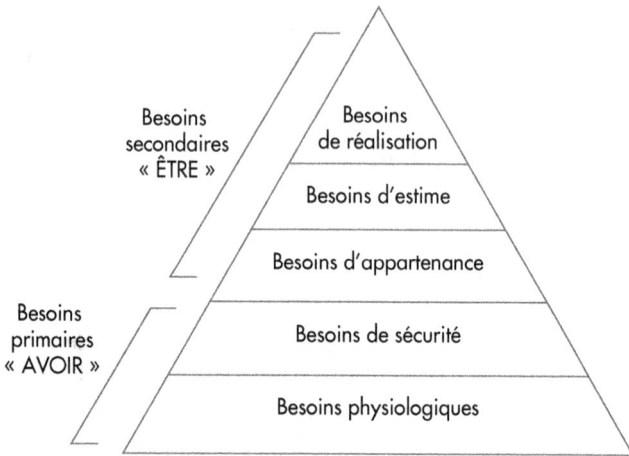

Ce livre s'articule en sept chapitres :

- Le chapitre 1 vise à faire prendre conscience de la nécessité d'engager l'entreprise dans une nouvelle culture de la collaboration, et d'adopter des nouveaux modes de management ;

- Le chapitre 2 invite à mieux comprendre la confiance, car l'innovation est fruit de l'audace, et l'audace naît de la confiance ;

- Le chapitre 3 est dédié au thème de la collaboration, qui est le moteur de développement de la confiance. On y propose une grille de lecture d'une collaboration efficace ;

- Le chapitre 4 est consacré aux technologies de collaboration et à l'usage nouveau qu'on peut en faire, au-delà des phénomènes de mode ;

- Le chapitre 5, synthèse des trois précédents, aborde la dynamique de création des réseaux et communautés, qui forment l'infrastructure de la collaboration en entreprise ;

- Le chapitre 6 est dévolu à l'animation de ces réseaux et communautés, et propose aux praticiens quelques approches et méthodes qui ont fait leur preuve ;

- Au chapitre 7, on prend du recul et l'on donne des pistes à l'intention des dirigeants qui souhaitent transformer leur entreprise et y développer réseaux et communautés de savoir.

Chapitre 1

Vers un nouveau management

La collaboration, l'entreprise en réseau, le partage du savoir... Tout le monde en parle comme d'une nécessité. Et pourtant les discussions sur ces sujets avec des dirigeants d'entreprise se concluent bien souvent par une fin de non-recevoir : ici, on travaille en réseau sans le savoir, comme Monsieur Jourdain faisait de la prose.

Oui et non. Certes on collabore dans les entreprises, mais sans doute moins que par le passé, alors que l'économie mondiale l'exige toujours plus. Pourquoi est-ce si important ? La culture de collaboration est-elle une évolution ou une révolution ? Quels enseignements devons-nous en tirer sur le rôle du manager de demain ?

Pourquoi la collaboration en réseau est nécessaire

La mobilisation des talents aux quatre coins du monde

Les modes de création et de distribution du savoir sont aujourd'hui radicalement différents de ce qu'ils étaient à la fin du XXe siècle. Du fait de l'effondrement du coût des ordinateurs et du développement très rapide de leur interconnexion à l'échelle mondiale, la circulation du savoir est rendue incomparablement plus rapide :

- Par la diffusion des nouvelles pratiques et des standards ;
- Par la mobilisation en temps réel des experts partout dans le monde pour produire une étude ou résoudre un problème ;
- Par l'accélération des cycles de retour d'expérience et d'apprentissage.

Cela se traduit par des modèles de recherche et d'innovation beaucoup plus horizontaux et distribués à l'échelle du monde. Aujourd'hui, si l'on veut développer un téléphone mobile vraiment innovant[1], il faut avoir des antennes dans de très nombreux pays du monde, et bien connectées entre elles :

- À Los Angeles, pôle de design mondial, où est développé l'iPhone d'Apple ;
- À Manille, pôle de pratique intense des messages SMS, au point qu'ils deviennent une monnaie d'échange ;
- À Helsinki pour l'étude de la concurrence, où se trouve le leader mondial Nokia ;
- À Genève, où s'élaborent les standards de télécommunication ;
- En Corée, à Taiwan ou au Japon où se trouvent les meilleures technologies de miniaturisation.

Quand il s'agit de concevoir un avion ou d'analyser le génome humain, c'est la même chose. Les grandes sociétés technologiques travaillent de plus en plus étroitement avec la plupart des grandes universités du monde et créent des laboratoires de recherche communs avec les meilleures d'entre elles. Ainsi, dès aujourd'hui dans les secteurs de haute technologie, une compétence critique du manager est sa capacité à mobiliser les talents d'individus dispersés dans différentes organisations aux quatre coins de la planète.

Le développement des alliances

> *« Le plus grand changement dans la marche des affaires est l'importance croissante des relations fondées sur des partenariats au détriment de celles fondées sur la propriété. »*
> Peter Drucker, février 2003

---

1. Source : conférence d'Arnould de Meyer à l'École de Paris, mai 2007.

Le jeu concurrentiel ne favorise donc plus nécessairement les grands groupes intégrés. Si la logique de préemption de ressources et d'actifs stratégiques par les fusions-acquisitions permet toujours d'établir un avantage concurrentiel, elle ne crée plus assez de valeur en matière de savoir-faire et d'innovation. C'est pourquoi certaines entreprises adoptent la démarche inverse consistant à vendre les activités périphériques et à contracter des alliances, afin de pouvoir concentrer tous leurs efforts sur les activités à plus haute valeur ajoutée : la conception d'ensemble et l'intégration des composants.

L'industrie aéronautique nous en livre une illustration. Elle s'est dotée très tôt de systèmes avancés de conception et modélisation numérique, qui lui ont permis dans un premier temps de réduire ses coûts et ses délais de développement, et dans un second temps d'élargir l'équipe de conception d'une nouvelle cellule d'avion à tous les partenaires impliqués dans le programme et situés partout dans le monde. Ce n'est pas de la sous-traitance. Ces partenaires ne sont pas des exécutants : ils collaborent en temps réel avec le maître d'œuvre, échangent des connaissances et partagent les risques pour arriver à la meilleure conception possible. En d'autres termes, ils constituent **une seule équipe de conception** capable de produire et de mettre en œuvre les meilleures idées dans le secteur en travaillant par itérations sur l'ensemble, et pas seulement chacun sur sa partie.

L'énergie cinétique d'une entreprise, c'est le travail en réseau

La compétitivité des entreprises repose donc de plus en plus sur la qualité de leurs réseaux d'alliances. Ce qui compte désormais, c'est la vitesse à laquelle on résout les problèmes rencontrés sur le terrain. Savoir répondre le plus vite et le plus intelligemment possible aux attentes des clients, exprimées ou non, voilà l'enjeu !

> *« Ce n'est pas l'espèce la plus forte qui survit, ni la plus intelligente, mais celle qui s'ajuste le plus vite aux changements extérieurs. »*

Charles Darwin

Si l'on s'autorise une analogie mécanique hardie[1], on sait que pour augmenter la vitesse d'un corps, on doit diminuer sa masse ou lui apporter plus d'énergie. Si l'on applique ces principes à une entreprise, on diminue sa masse en externalisant ou en délocalisant une partie de ses activités, et l'on augmente son énergie en allouant des ressources sur son cœur de métier. Mais cela ne suffit pas. Il faut en plus s'assurer qu'on convertit bien en énergie cinétique une énergie potentielle qui sinon pourrait se disperser en luttes intestines, équivalentes de la chaleur en thermodynamique. Cette conversion s'obtient par la collaboration. Les organisations verticales, centralisées et cloisonnées sont, par construction, lentes et conservatrices, car une bonne partie de leur énergie potentielle s'y dissipe en jeux de pouvoir. Les organisations horizontales et réticulaires sont rapides et innovantes, car leur espoir de survie est dans le mouvement permanent. Pour mobiliser tout le savoir de l'entreprise et le mettre au service des clients, il faut donc trouver les moyens de développer les transversalités de l'entreprise, de s'affranchir le plus possible d'une bureaucratie rendue dépassée, voire inutile par l'explosion des moyens de communication.

Sans collaboration, pas de rétention des clients, et pas de rétention des jeunes talents non plus. Les jeunes embauchés de la « génération Internet » le comprennent mieux que quiconque et s'étonnent lorsque le travail en réseau leur paraît peu développé chez leur premier employeur. Lors d'un séminaire destiné à trois cents jeunes ingénieurs chinois de Schneider Electric en décembre 2006, l'équipe de management organisa des groupes de travail autour d'une question centrale : que devons-nous faire pour vous aider à gagner face à la concurrence ? Les conclusions obtenues, extrêmement diverses, tournaient autour d'une seule revendication centrale : aidez-nous à collaborer les uns avec les autres et montrez-nous que c'est important pour vous[2].

---

1. Source : Professeur Riversdale, London School of Economics.
2. Une étude récente, "The Net Generation and the World of Work", a montré que les jeunes valorisent les environnements de travail présentant cinq caractéristiques des environnements de collaboration : *vitesse* de circulation de l'information et des décisions ; *liberté* d'expérimentation (intellectuelle), d'occupation (temporelle) et de circulation (géographique) ; *ouverture* à de nouvelles idées, à de nouvelles personnes ; *authenticité* des informations reçues de la hiérarchie ; caractère *ludique* du travail.

Repenser l'entreprise

« Sans changer notre façon de penser, nous ne serons pas capables de résoudre les problèmes créés par notre façon de penser. »

Albert Einstein

Le modèle industriel : la division du travail

Les grands responsables du manque de collaboration dans le monde du travail sont nos modèles mentaux, nos représentations symboliques de la réalité. L'entreprise industrielle repose en grande partie sur des modèles simplificateurs, comme l'équivalence de l'ordre et de la hiérarchie, de la croissance et du développement, de l'ensemble et de la somme des parties, du savoir et du pouvoir... Ils reposent au fond sur une idée fondatrice, celle de la **responsabilité individuelle** du manager. On postule que tout problème opérationnel admet au moins une solution technique, et que c'est précisément le rôle du manager que de trouver cette solution et de la mettre en œuvre. Il est donc parfaitement justifié que les données « remontent » et que les consignes « redescendent ». Cela nous est familier. Éduqués dans des structures autocratiques, nous avons tous une vision verticale des organisations. **Habitués à la division du travail, nous considérons la division du savoir comme induite et normale.** Ce n'était pas trop gênant à une époque où le travail à faire était répétitif, codifié et connu. Mais ce n'est plus le cas aujourd'hui, où l'enjeu n'est pas tant de réutiliser des connaissances que d'en créer de nouvelles dans un monde où l'on embauche de préférence des jeunes bien éduqués et diplômés d'universités prestigieuses.

Le signe le plus marquant de cette division du savoir est la généralisation des relations transactionnelles de type client-fournisseur entre entreprises, et même entre départements d'une même entreprise. On les reconnaît dans l'usage de la troisième personne du pluriel (« Qu'ils nous disent exactement ce qu'ils veulent »), et dans la codification contractuelle des relations internes matérialisées par des documents : spécifications fonctionnelles, prévisions de ventes, fiche d'entretien annuel... Les outils informatiques de type ERP qui codifient ces relations entre départements en renforcent le caractère transactionnel.

« À partir de la minute où on rend quelque chose systémati-
que, on lui enlève toute vie… Plus personne ne pose de
questions comme "Pourquoi le faisons-nous de cette façon ?
Est-ce que le monde a changé dans l'intérim ? Est-ce que
nous pouvons mieux faire maintenant ?" »

Paul Burdick, AES

**Dans une entreprise industrielle, le pouvoir se mesure à l'aune des res-
sources que l'on gère.** C'est pourquoi un manager a du mal à imaginer
qu'un subordonné puisse consacrer deux ou trois jours par mois à travailler gratuitement pour une autre entité de l'entreprise sans rendre des
comptes. Et c'est pourquoi un dirigeant a du mal à accorder autant
d'importance aux missions de coordination qu'à celles de contrôle. Si
l'on est préoccupé par sa carrière et son salaire, il vaut bien mieux gérer
un service de comptabilité de trente personnes que d'animer un programme d'entreprise avec une équipe de trois personnes.

Le modèle postindustriel :
le développement de la culture

Cependant, ce qui caractérise les entreprises de la connaissance, ou postindustrielles, c'est que la fidélisation des clients n'est pas tant obtenue
par la qualité des produits et le bon processus de traitement de leurs
demandes que par la qualité des relations interpersonnelles engagées
avec eux. Donc, la vraie question actuelle porte sur la capacité de
l'entreprise à résoudre les problèmes de ses clients, c'est-à-dire fondamentalement sur le *savoir* que l'entreprise peut mobiliser à leur service.
Or, le savoir collectif n'est pas affaire de processus ou d'allocation de ressources.

Les théoriciens de l'économie du savoir ont dû faire appel à la théorie
des *systèmes complexes adaptatifs*[1] pour tenter de modéliser l'entreprise
postindustrielle. Cette théorie, qui sort du cadre de cet ouvrage, est

---

1. Ce concept est dérivé de la théorie des systèmes complexes. En physique, on définit comme
complexe un système ouvert soumis à des flux d'énergie et d'information constants avec
l'extérieur, et donc loin de sa position d'équilibre thermodynamique. Un système complexe
se définit par opposition à un système linéaire, où un petit changement local a peu d'effets
sur l'ensemble. Les comportements des systèmes complexes sont difficiles à prévoir, et ils
donnent lieu à des études passionnantes fondées sur la théorie des graphes. Ils sont au cœur
des travaux actuels sur les réseaux sociaux.

fondée sur l'idée que les organismes vivants, qu'il s'agisse d'êtres, d'organisations ou de sociétés, survivent et s'adaptent *en apprenant et en innovant collectivement.* Une entreprise peut être considérée comme relevant de ce modèle dans la mesure où :

* Elle est composée d'individus autonomes et de groupes semi-autonomes qui s'auto-organisent pour produire de la connaissance de façon distribuée ;

* Elle suscite des comportements émergents par auto-organisation de ses agents dans leurs tentatives d'atteindre des objectifs ;

* Elle fournit un contexte partagé au sein duquel ces agents produisent de la connaissance[1].

Cette théorie des systèmes complexes adaptatifs serait sans intérêt pratique si elle ne changeait pas le regard porté sur l'entreprise en replaçant au centre la question de *l'apprentissage.* Comment mon entreprise apprend-t-elle pour savoir s'adapter en permanence à son environnement de plus en plus instable ? Quel est son « QI » ? Ainsi, l'entreprise n'est plus vue comme un système de traitement de données dans le but de fournir un service, mais comme un système de création de connaissances dans le but de résoudre des problèmes[2].

Or, il y a des organisations intelligentes qui savent apprendre de leurs erreurs passées, et des organisations bêtes qui se contentent de trouver des « responsables », d'oublier et... de recommencer. La bureaucratie soviétique était incapable d'apprendre. L'ouverture des archives de l'URSS a montré le décalage énorme entre la qualité des renseignements en provenance du KGB et celle des enseignements qu'en tiraient les plus hauts dirigeants de l'État au début des années 1980, car les excellentes informations issues du terrain et relayées par la hiérarchie étaient systématiquement déformées pour ne pas déplaire au chef et pour lui faire entendre ce qu'il voulait entendre. *A contrario,* l'organisation mise en place par Andy Grove, P-DG d'Intel, a rendu son entreprise intelligente.

---

1. Source : Joseph M. Firestone & Mark W. McElroy, "The Open Enterprise. Building Business Architectures for Openness and Sustainable Innovation", KMCI, 2007.
2. Source : Walter Baets, *The Hybrid Business School,* Prentice Hall, 2000.

L'entreprise en tant que système complexe : le cas Intel

On s'est souvent demandé comment Intel avait pu opérer sa mutation d'une entreprise de mémoires à une entreprise de microprocesseurs. Robert Burgelman, grand spécialiste d'Intel et proche d'Andy Grove, P-DG d'Intel, parle de l'existence au sein de l'entreprise d'un double processus d'innovation. Le premier processus d'innovation est induit par la réflexion stratégique des dirigeants. Il se traduit par l'allocation de ressources sur des programmes de développement identifiés. On parle alors d'innovation incrémentale. Le second est induit par des expériences autonomes au niveau local lorsqu'une petite équipe d'employés décide de se rassembler pour lancer un projet « très important pour l'entreprise mais que les chefs ne comprendront pas ». Il s'agit alors d'innovation radicale.

Le génie d'Intel est de faire cohabiter les deux. Ainsi, s'est développée une petite activité de microprocesseurs sur la base de ce second processus d'innovation. Le génie d'Andy Grove est d'avoir su reconnaître très tôt le marché naissant du PC. C'est alors que la rencontre a eu lieu entre une initiative de terrain et une intention stratégique. C'est ce qui a permis à Intel de se reconnaître finalement comme une société de microprocesseurs, et de bâtir une nouvelle stratégie et de la décliner suivant le premier modèle d'innovation.

Il est étonnant de comparer cette histoire avec celle de Digital, une des sociétés les plus innovantes de son temps, et qui a disparu pour avoir persisté dans sa stratégie centrée sur les mini-ordinateurs, alors qu'elle disposait d'un capital intellectuel considérable : un système d'exploitation supérieur à celui de Microsoft (VMS), le premier moteur de recherche puissant sur Internet (AltaVista) et les premiers outils logiciels collaboratifs (VaxNotes), sans compter une activité de services florissante.

La culture d'entreprise, définie comme « *la façon dont l'entreprise résout les problèmes* » revient alors au centre du débat. Dans une organisation intelligente qui cherche à se développer, la culture de l'*expérimentation sur le terrain* joue toujours un très grand rôle[1]. Alors que dans une vision indus-

---

1. « *[Les systèmes complexes] semblent capables de mieux fonctionner et de survivre plus longtemps lorsqu'ils fonctionnent à la marge entre l'ordre et le chaos, et lorsque les comportements s'organisent en partant du bas vers le haut* », M. Mitchell Waldrop in *Complexity : The Emerging Science at the Edge of Order and Chaos*, Simon & Schuster, 1992.

trielle, un nouveau savoir engendre une nouvelle attitude qui se traduit par de nouvelles pratiques, ici, c'est la pratique nouvelle expérimentale qui engendre une nouvelle attitude, et qui se transforme en savoir collectif.

L'économie en réseau

"Think Local, Act Global."

L'exemple des forces armées

Dans son dernier livre, *The Earth is Flat*, Thomas Friedman témoigne de sa stupéfaction lors de sa visite d'un centre de commandement militaire américain en Irak. Sur un écran d'ordinateur, on voyait en temps réel l'image vidéo d'un théâtre d'opération militaire prise par un drone[1] télécommandé depuis Las Vegas. À droite de l'écran, se déroulait une conversation en mode « chat » entre plusieurs experts militaires répartis aux quatre coins du monde partageant leurs analyses en temps réel sur les images transmises par le drone et échangeant sur les actions qu'il convenait de mener. Leurs conclusions étaient alors transmises toujours en temps réel aux combattants sur le terrain, qui pouvaient alors ordonner directement l'appui des forces tactiques sans passer par la chaîne de commandement. Le gain de temps était considérable.

Ce mode d'organisation centré sur la collaboration en réseau a été théorisé de différentes manières dans le monde universitaire[2], mais c'est sans doute dans les forces armées, et tout particulièrement en Grande-Bretagne et aux États-Unis, que la réflexion a été poussée le plus loin[3]. Le concept d'« opérations en réseau », en anglais *Network-*

---

1. Avion de reconnaissance sans pilote.
2. Par exemple, par Peter Senge dans les années 1990 avec l'« organisation apprenante » (*Learning Organization*).
3. Dans sa description des trois ères successives de développement de la civilisation – l'ère agricole (la domestication des animaux et des plantes), l'ère industrielle (la maîtrise de l'énergie et des machines) et l'ère de l'information (la maîtrise de l'assemblage et du traitement de l'information par les ordinateurs), Alvin Toffler précise que les forces armées ont toujours été les premières à adopter les nouvelles technologies du moment : les lances et les flèches, puis les fusils et les canons, puis l'aviation et la bombe atomique. À mesure que nous quittons l'ère industrielle pour entrer dans l'ère de l'information, il est normal qu'il en soit de même, et que le management de l'information devienne la technologie clé de la guerre de demain.

Centric Operations (NCO) ou *Network-Centric Warfare* (NCW), a donné lieu à une doctrine de transformation des forces armées, qui a déjà un écho dans le monde des affaires.

La doctrine de la guerre en réseau porte sur la manière de créer et de tirer le meilleur parti de la puissance de l'information, nouvelle réalité de la guerre moderne contre le terrorisme. Elle est née de l'observation que le sort d'une bataille se joue désormais extrêmement vite, et que la chaîne de commandement est devenue trop lente. Elle se fonde sur un principe renforcé de délégation et de subsidiarité. Ce principe est en soi assez ancien. Il a notamment été théorisé par le général prussien von Moltke. Sa tactique de commandement de contrôle dirigé (*Auftragstaktik*) par opposition à celle des ordres détaillés (*Befehlstaktik*) y faisait largement appel, et fut adoptée officiellement comme la doctrine officielle de l'armée allemande en 1888. Elle fut à l'origine de sa flexibilité tactique au cours des deux guerres mondiales, quoique longtemps ignorée des alliés qui pensaient à tort que l'armée allemande avait une discipline de fer et un commandement inflexible très centralisé[1]. Depuis la fin de la guerre froide, et tout particulièrement depuis les attaques du 11 septembre 2001, on s'est rendu compte de la nécessité d'aller encore plus loin dans ce mode de travail. Les forces navales sont particulièrement en pointe sur ces idées, car elles sont traditionnellement organisées en réseaux robustes d'unités bien informées et dispersées géographiquement sur de très grands espaces.

Alberts et Hayes, qui travaillent sur cette doctrine au département de la Défense aux États-Unis, estiment que le principe de base des opérations en réseau est l'*autosynchronisation* des forces. Pour garantir l'agilité au combat et la rapidité d'exécution, elles doivent pouvoir agir de façon autonome à partir des informations dont elles disposent, sans attendre d'ordres supérieurs. Elles doivent en revanche *informer en permanence* les autres unités et la hiérarchie de leurs observations et de leurs intentions. Dans un tel système, la chaîne de commandement ne transmet plus des ordres, mais des contre-ordres, en particulier lorsqu'elle dispose d'informations nouvelles que les forces sur le théâtre d'opérations n'ont pas.

---

1. Pendant la Seconde Guerre mondiale, ce ne fut le cas qu'à partir de 1942, lorsque Hitler prit la décision, funeste pour lui, de centraliser sous ses ordres le commandement des forces armées allemandes.

Selon Alberts et Hayes, l'autosynchronisation des forces ne peut fonctionner qu'à quatre conditions[1] :

- Les soldats doivent avoir une compréhension claire et cohérente de *l'intention du commandement* ;
- L'information doit être de haute qualité et l'on veillera à ce que tous aient une *appréciation partagée de la situation* ;
- La *compétence* doit être très élevée à tous les niveaux des forces, résultant d'un intense programme de formation et d'entraînement ;
- Les soldats doivent avoir *confiance* dans l'information, l'équipement et les hommes (subordonnés, supérieurs, et pairs).

C'est pourquoi on apprend maintenant dans les académies militaires non seulement à commander et à contrôler des hommes mais aussi à maîtriser les systèmes d'information et de communication, la surveillance, le renseignement et la reconnaissance[2] afin de pouvoir utiliser tous les différents leviers possibles de l'information et du savoir pour orienter l'action collective et obtenir au bout du compte l'effet souhaité. Ce n'est plus de l'ordre de la transmission mécanique, mais du champ électrique. C'est aussi pourquoi un officier aura à cœur de développer les rapports de *confiance* avec ses hommes, sans lesquels il ne pourra pas espérer beaucoup de grands faits d'armes.

Des exemples d'« opérations en réseau » en entreprise

Le marketing-vente

La comparaison militaire peut nous inciter à penser qu'on est bien loin des préoccupations d'un dirigeant d'entreprise, pour qui les « opérations en réseau » dans le monde des affaires sont une réalité périphérique, voire occulte, comme :

- Le lobbying et les réseaux d'influence ;
- L'intelligence économique ;

---

1. Alberts et Hayes remarquent que ces quatre conditions étaient particulièrement bien remplies lors de quelques grands succès militaires comme la bataille de Trafalgar en 1805 ou la campagne de France en mai 1940. C'était sans doute vrai aussi à Austerlitz ou à Bir-Hakeim.
2. C4ISR : Contrôle, Commande, Computers, Communication, Intelligence, Surveillance, Reconnaissance. Tsahal, l'armée israélienne, a paraît-il ajouté un cinquième « C » pour Collaboration.

- La lutte contre les contrefaçons ou la piraterie informatique ;
- Les opérations d'information ou de désinformation sur Internet.

Les réseaux de pouvoir étant parfois perçus comme des obstacles au changement, on est parfois tenté de les stigmatiser et de les combattre. Or, ils ne le sont que lorsqu'ils deviennent fermés, exclusifs et alliés au pouvoir. Mais il faut reconnaître aux réseaux des fonctions sociales légitimes : ils correspondent à une façon normale de vivre en société. Il est donc essentiel au contraire de les développer et de les diversifier.

Mais il ne s'agit pas seulement d'information ou d'influence. Aujourd'hui la puissance des réseaux envahit progressivement la totalité de l'entreprise.

L'importance de la « signature numérique »

Au début du mois de mai 2007, un *venture capitalist* de la Silicon Valley recevait un message de recommandation d'une de ses relations lui enjoignant de lire le business plan d'une jeune entreprise technologique de services en ligne qui cherchait à lever des fonds. La réponse, retranscrite ci-dessous, fut sans appel :

« J'ai déjà reçu le résumé de ce business plan en provenance du gestionnaire des investissements du groupe X [...]. Ce n'est pas nécessairement un bon signe pour l'entrepreneur, car quand on rend visite à X, c'est que les business angels et venture capitalists les plus réputés n'ont pas donné suite.

J'ai vérifié aussi sur Alexa[1] et Technorati[2] avec les résultats suivants :

- Le site de l'entreprise ne figure pas dans les 100 000 les plus visités. Ce n'est pas un bon signe, car cela veut dire qu'ils ont peu d'utilisateurs ;
- Sur Technorati, la couverture est aléatoire et terne. Rien de génial, ce qui veut dire qu'ils ont peu de soutien dans la blogosphère.

J'ai cherché sur Google News[3] et il n'y a rien pour l'instant.

Les fondateurs de l'entreprise semblent avoir pas mal d'expérience, mais pas de contacts de grande qualité, ou d'écoles sur lesquelles on

---

1. Moteur de recherche issu d'Amazon qui donne des métriques de popularité des sites Web (www.alexa.com).
2. Moteur de recherche centré sur les blogs (www.technorati.com).
3. Les dépêches d'agences de presse collectées par Google (http://news.google.com).

pourrait parier. J'ai aussi vérifié sur LinkedIn[1] et M. Y [le P-DG de l'entreprise] n'a que trente-deux connexions et aucun contact commun avec moi.

Aucun de ces facteurs n'est un problème en soi, mais leur combinaison n'attire pas l'attention et dresse un tableau peu avenant pour l'entreprise, d'autant que leur site Web ne dit pas grand-chose.

Je serai content de rencontrer le P-DG en juin, mais ça ne m'intéresse pas en ce moment. »

Dans cet exemple, qui reste encore typique du monde des hautes technologies, on voit que l'examen rapide du réseau social de l'entreprise et de ses dirigeants, reflété par leur « signature numérique » sur Internet a été déterminant dans la décision de donner suite ou non. En l'occurrence, le recours aux outils marketing classiques que sont les brochures et la publicité n'aurait pas servi à grand-chose. Ainsi, on peut dire que **les réseaux envahissent peu à peu la sphère du marketing et de la communication.**

Disposer d'un réseau social dense a toujours été un atout considérable dans la vie professionnelle. Mais avec la mondialisation, cela devient essentiel. Un réseau donne accès au pouvoir, à l'information, à la connaissance. C'est un indicateur de statut social croissant au détriment d'autres indicateurs plus classiques de richesse comme le compte en banque ou le diplôme. L'échange, ciment de la société des hommes, c'est celui des biens, mais aussi celui des messages. La pauvreté, c'est l'isolement autant que le dénuement. Concrètement, il est beaucoup plus efficace, si l'on veut établir des liens avec la Chine, de faire venir de Chine une personne qui y dispose d'un réseau social dense que d'expatrier un manager en Chine. Il est en général plus facile et plus rapide d'intégrer un nouvel employé dans la communauté de l'entreprise que d'immerger un manager dans les réseaux sociaux qui comptent dans un pays étranger.

---

1. Site de réseau social professionnel (www.linkedin.com).

La logistique

Prenons comme autre cas d'école un centre de logistique[1] qui recevrait des commandes depuis deux points de vente d'une entreprise, et considérons deux cas de figure (figure 2) :

Figure 2. Logistique en mode client/fournisseur vs logistique en réseau

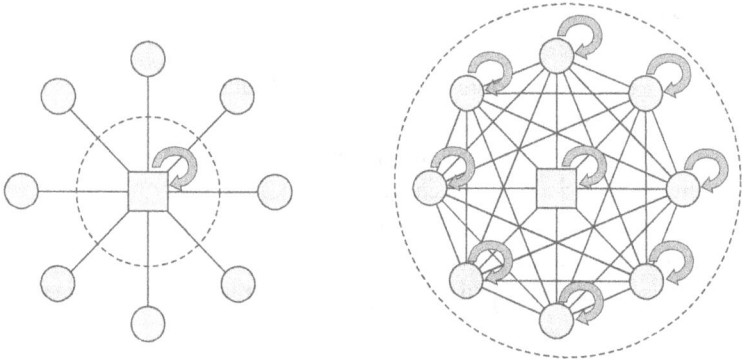

A. Centre logistique fournisseur,
point de vente clients

⇒ Capacité d'adaptation faible

B. Centre logistique administrateur,
point de vente membres
du réseau de distribution

⇒ Capacité d'adaptation forte

- Dans le premier cas, le centre logistique agit en tant que fournisseur des points de vente. Il prend les commandes et livre suivant un planning calculé par des algorithmes d'optimisation. Les décisions sont prises au niveau du centre logistique, et toutes les informations sur les commandes y sont centralisées. En cas de rupture d'approvisionnement, c'est le centre logistique qui décide des priorités d'approvisionnement, sur la base de règles établies à son niveau. En cas d'erreur, seul le centre logistique peut apprendre et s'adapter ;

- Dans le second cas, on admet que le stock de produits est *de facto* distribué sur plusieurs points d'un réseau, et que le rôle du centre logistique est d'administrer ce réseau. Le pouvoir de décision est réparti et repoussé au plus près du terrain. L'information nécessaire pour prendre ces décisions est partagée. En cas de rupture d'approvisionnement en un point du réseau, n'importe quel autre point peut

---

1. Exemple inspiré de Walt L. Perry, & James Moffat, in *Information Sharing*, CCRP, 2003.

alimenter le point défaillant. Tous peuvent apprendre ensemble de leurs erreurs et s'adapter rapidement à des situations imprévues.

Dans le premier cas, le modèle est celui de la *chaîne* : l'information est sous contrôle, et seul le centre logistique perçoit l'ensemble de la situation. Dans le second cas, le modèle est celui du *réseau* : l'information est partagée, et tous les acteurs peuvent élaborer une vision commune de la situation réelle des stocks et des besoins.

On peut démontrer que la qualité de l'information est meilleure dans le second cas, car les échanges permettent de réduire les incertitudes. Cela permet aux intelligences de se mettre à travailler ensemble pour trouver des solutions innovantes à des problèmes récurrents. On peut démontrer *a contrario* que les risques d'actions divergentes et de fuites d'informations sensibles sont aussi plus élevés, du fait de la quantité d'informations que chaque point du réseau doit traiter. Mais c'est précisément l'apport des nouvelles technologies que de permettre de déplacer le curseur vers le second scénario sans prendre de risques inconsidérés.

Le management « net-centric »

Lâcher prise et faire confiance

La doctrine des opérations en réseau change avant tout le regard sur la notion de *responsabilité*. On admet que le manager ne maîtrisant pas tous les paramètres, son travail n'est pas d'abord affaire de volonté, mais d'intelligence de son métier. Il n'engage sa responsabilité que dans la mesure où il comprend ce qu'il fait. De ce fait, il n'est vraiment responsable que de ses succès. La première responsabilité d'un manager « net-centric » est donc de faire en sorte qu'il en soit de même pour tous ses subordonnés. **Il doit veiller à ce que chacun comprenne bien ce qu'il fait, et non lui expliquer ce qu'il doit faire.** Globalement, cela marche bien mieux, car il est bien plus facile pour chacun de théoriser sa propre pratique que de mettre en pratique une théorie qui vient d'ailleurs.

Mike Bair, le directeur du programme 787 chez Boeing, l'exprime de façon pratique en rappelant que le vrai danger des projets de collaboration interentreprise est l'interventionnisme du maître d'œuvre. « *Une fois que nous avons réussi à mettre d'accord l'ensemble des partenaires autour d'un plan qui marche, le vrai challenge est de prendre du recul et laisser chacun faire son travail sans le faire à leur place.*[1] » Lorsqu'on s'adresse à un sous-traitant, c'est facile : on spécifie les livrables, ce qui évite d'avoir à s'expliquer sur ce que sera le produit final. Dans une relation de collaboration, la conception du produit final est une œuvre collective, et c'est ce qui permet de ne spécifier que les interfaces entre les lots du projet. Le signe que la collaboration a bien fonctionné, c'est lorsque tous les composants s'assemblent parfaitement sans qu'il y ait eu besoin d'un contrôleur omniprésent.

Commander plutôt que contrôler

Un des aspects fondamentaux de la collaboration en réseau réside dans ce qu'elle procède du consentement mutuel et donc de la confiance. Personne ne « câble » un réseau social. En revanche, on peut créer un environnement favorable au sein duquel un écosystème de réseaux sociaux peut se développer et s'orienter dans un sens particulier. Mais pour cela, il faut accepter de moins faire usage de son pouvoir de contrôle et plus de son pouvoir d'influence, et de donner moins d'importance aux tableaux de bord de chiffres, qui reflètent finalement assez mal la réalité du fonctionnement de l'entreprise au quotidien. **La question n'est pas d'éviter les erreurs, mais d'apprendre très vite des erreurs passées.** D'où l'importance de la communication, des systèmes d'information, de l'enseignement et du renseignement, en complément du levier traditionnel du contrôle hiérarchique et de l'allocation des ressources.

Cependant, il ne s'agit en aucune façon d'une nouvelle utopie autogestionnaire où toute décision est débattue et soumise au vote des employés. Le management postindustriel n'abdique pas. Il n'abandonne pas ses prérogatives par faiblesse ou par angélisme ; il les élève à un niveau supérieur. À l'ère industrielle, le rôle du management était de canaliser l'action collective dans le sens d'un plan décidé en haut, et le contrôle primait sur le commandement. À l'ère postindustrielle, le rôle du management est de *mobiliser l'intelligence collective* pour réaliser une idée, et le commandement prime sur le contrôle.

---

1. Don Tapscott & Anthony Williams, *Wikinomics. How Mass Collaboration Changes Everything*, Portfolio, 2006, p. 230.

L'alternative au contrôle hiérarchique repose au fond sur une idée simple : on n'est véritablement engagé dans l'action que si l'on en comprend les attendus, et si l'on a librement choisi d'y adhérer. La participation entraîne l'implication personnelle, qui va au-delà de l'obéissance. Au fond, il n'y a ici rien de bien nouveau. Historiquement, un grand nombre de dirigeants ont bien compris le pouvoir de la collaboration en réseau et ont su en tirer parti. Souvenons-nous de Marcel Dassault, qui bâtit un des fleurons de l'industrie aéronautique mondiale en développant *un esprit de corps* sans précédent chez ses ingénieurs[1]. Pensons à Ricardo Semler, le patron de Semco au Brésil, dont les méthodes de management peu orthodoxes ont donné lieu à plusieurs études de cas à Harvard. Plus près de nous, observons les styles de management de Jacques de Chateauvieux, P-DG de Groupe Bourbon, ou de Michel Hervé, P-DG de la société Hervé Thermique. Pour eux, la dimension collaborative de leur entreprise est fondamentale. Si on le redécouvre aujourd'hui, c'est parce que le critère de succès d'une entreprise est précisément devenu celui de l'engagement réel de ses employés à résoudre ensemble rapidement les problèmes difficiles de leurs clients.

Semco : un exemple de management en réseau

Semco est un ensemble diversifié de sociétés, certaines dans les équipements industriels, d'autres dans les services. Leur point commun, suivant les mots du P-DG Ricardo Semler, c'est que chez Semco, « rien de ce que nous ne faisons n'est simple ». La philosophie de Semler, c'est que ce n'est pas la taille d'une organisation qui détermine son avenir, mais sa capacité à changer de direction. Pour lui, cela est incompatible avec une organisation pyramidale où les employés sont gérés à partir du haut comme une armée de soldats. Il s'attache donc à déléguer pouvoir et autorité à des petits groupes d'une dizaine de personnes, et à leur donner l'espace de liberté suffisant pour qu'il s'y

---

1. Les Avions Marcel Dassault étaient une entreprise où l'on était recruté par cooptation, où les ingénieurs se constituaient en corps et développaient entre eux des liens quasi familiaux, et où la parole donnée tenait lieu de contrat. Le sentiment d'appartenance était très fort, et la certitude d'être « les meilleurs » se reflétait dans un jargon unique et un certain nombre de rituels, comme celui de couper au ras-du-cou toutes les cravates des cadres et dirigeants lorsque le premier vol d'un prototype était couronné de succès. La confiance était en quelque sorte l'infrastructure de l'entreprise. Le style de management très affectif de Marcel Dassault était qualifié avec condescendance de « paternaliste » par ses détracteurs. C'était l'époque de la contestation des années 1960-1970, et l'entreprise n'a pas fait l'objet d'études de cas par les Business Schools à cette époque. C'est dommage !

développe un sens de l'obligation mutuelle, comme dans une famille ou une équipe de football. L'attention est donc particulièrement tournée vers les personnes et vers le développement d'un cadre de travail où toutes les idées peuvent s'exprimer, au point que la séparation franche entre vie personnelle et vie professionnelle s'estompe.

Le P-DG joue un rôle apparemment plus effacé, et en tout cas à l'opposé du héros sur lequel tous les regards convergent. Chez Semco, il n'y a ni business plan, ni *mission statement*, ni budget à long terme, ni descriptions de poste... La participation aux réunions est volontaire ; les employés peuvent prendre jusqu'à trois ans de congés sans solde. La transparence y est également une valeur forte : deux places au conseil d'administration sont réservées à n'importe quel employé de l'entreprise qui se présentera à la réunion, et les attributions de postes s'effectuent à l'issue de réunions collectives où tous les candidats sont présents et interviewés par un collectif d'employés et de patrons.

En dix ans Semco a vu ses ventes passer de 35 millions à 212 millions de dollars, et pense atteindre le milliard de dollars en 2010.

Maîtriser les flux de connaissances

Le management « net-centric » accorde ainsi une importance considérable à la *maîtrise des flux d'information et de savoir*, non pas tant dans une logique patrimoniale de protection de l'information – *"Knowledge is Power"* –, mais dans une logique d'orientation – de *vectorisation* – des flux de connaissances vers ceux qui en ont besoin, à l'exclusion des autres, et indépendamment de leur position dans la hiérarchie – *"Knowledge Shared is Power Squared"*.

On comprend que le quotient intellectuel d'une organisation peut être considérablement accru par la mise en réseau des personnes, de même que le parallélisme des unités centrales dans un ordinateur démultiplie sa puissance de calcul. Mais ce n'est pas si simple, car la libre circulation des idées peut tout aussi bien paralyser l'organisation et la rendre incapable de décider. Autant il est facile de prendre une décision sur la base de quelques informations qu'on est le seul à connaître, autant il est difficile, voire parfois impossible, de prendre une décision sur la base d'une multitude d'informations auxquelles tout le monde a accès. On aura tendance dans ce dernier cas à s'entourer d'analystes et à temporiser, de peur de se voir reprocher par ses supérieurs – ou pire par la presse ou par la justice – de ne pas avoir pris en compte telle ou telle information jugée essentielle[1].

Or, l'apparition d'Internet en tant qu'infrastructure de communication s'est traduite par un développement exponentiel de la quantité d'information disponible dans le monde. L'an 2000 a marqué un tournant dans l'histoire de l'humanité (figure 3).

Figure 3. La numérisation massive de l'information dans le monde

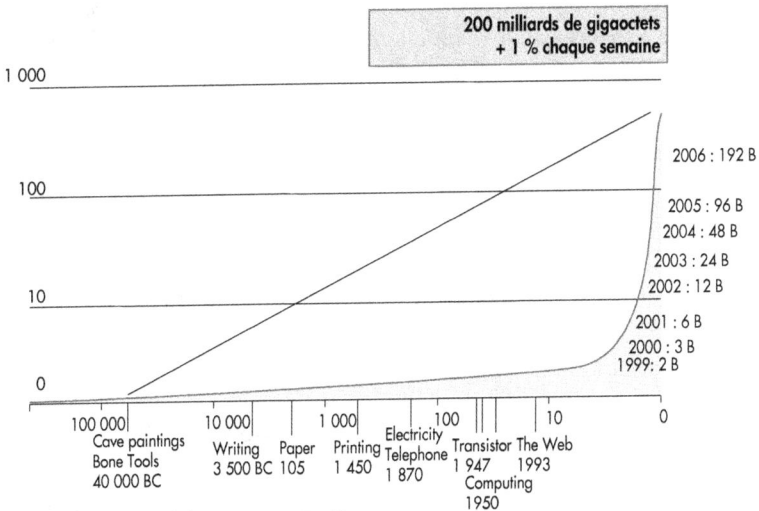

200 milliards de gigaoctets
+ 1 % chaque semaine

2006 : 192 B
2005 : 96 B
2004 : 48 B
2003 : 24 B
2002 : 12 B
2001 : 6 B
2000 : 3 B
1999: 2 B

100 000	10 000	1 000	100	10	0
Cave paintings	Writing	Paper	Printing	Electricity	Transistor The Web
Bone Tools	3 500 BC	105	1 450	Telephone	1 947 1993
40 000 BC				1 870	Computing 1950

Source : UC Berkeley, School of Information Management and Systems

La masse d'information disponible sur le Web se chiffre en dizaines de milliards de pages et double tous les cent jours. Comment faire face à cette surcharge d'information ? Comment la filtrer et la canaliser pour

---

1. Dans sa célèbre conférence à Harvard du 8 juin 1978, Alexandre Soljenitsyne avait posé le problème en termes politiques. Il s'attira les foudres des commentateurs lorsqu'il s'en prit aux valeurs faussées de la société occidentale, où « un homme d'État qui veut réaliser quelque chose d'important et hautement constructif pour son pays doit avancer avec prudence, et même timidement ; il est entouré de milliers de critiques hâtives et irresponsables, le Parlement et la presse l'attaquent sans relâche. En chemin, il doit prouver que chacun de ses pas est fondé et libre de toute erreur. En fait, une personnalité exceptionnelle et particulièrement douée qui envisage de prendre des initiatives inhabituelles et inattendues a peu de chances de s'imposer ; dès le début, des douzaines de pièges auront été placés devant elle. Ainsi, la médiocrité triomphe avec pour excuse les restrictions qu'impose la démocratie ». On peut ne pas être d'accord !

en faire le meilleur usage ? Si l'on ne s'attaque pas sérieusement à ces questions, on renforce la tendance des hommes à s'entourer de personnes qui partagent leur point de vue, et l'on encourage l'érosion de la culture de l'entreprise. **C'est pourquoi la question est à la fois celle du développement et de la canalisation des connaissances**, de façon à pouvoir mobiliser tout le savoir de l'entreprise au service de ses clients, sans pour autant organiser la fuite de ses secrets. Marcelo Lemos, patron de Dassault Systèmes aux États-Unis, disait ainsi à propos du programme Boeing 787, un exemple de collaboration planétaire d'une centaine d'entreprises : « *Ce projet a besoin de collaboration en profondeur à tous les niveaux. Pour que cela réussisse, **nous devons trouver le bon équilibre entre les connaissances qui restent séparées et propriété de l'entreprise et celles qui seront partagées.*** »

À retenir

1. L'économie postindustrielle du XXIe siècle est une économie en réseau où la capacité à collaborer et à nouer des alliances au sein d'une entreprise étendue à ses clients et partenaires est la clé du succès.

2. La culture de la collaboration met le système d'apprentissage au cœur du dispositif de l'entreprise. Il ne s'agit plus d'éviter les erreurs, mais d'apprendre très vite des erreurs passées.

3. Les opérations en réseau de l'entreprise de demain feront appel à un style de management très différent qui mettra l'accent sur l'organisation des flux d'information et de savoir au détriment du contrôle.

Chapitre 2

Les fondations de la confiance : l'attitude personnelle

> UNDER WHAT THEORY
> ARE THE COMPETENT
> OBLIGED TO HELP THE
> INCOMPETENT?

« *La nouvelle monnaie ne sera pas le capital intellectuel mais le capital social — la valeur collective que représentent les gens que nous connaissons et ce que nous ferons les uns pour les autres. Quand les connexions sociales sont fortes et nombreuses, il y a plus de confiance, de réciprocité, de flux d'information, d'action collective, de bonheur, et incidemment plus de richesses.* »

James Kouzes

Dans les entreprises, on évoque souvent l'importance des relations de confiance, par exemple lorsqu'on veut retenir un employé particulièrement talentueux qui menace de démissionner. On en parle surtout dans une perspective de fidélisation des clients, qu'on a bien du mal à obtenir dans une économie mondiale qui favorise le zapping généralisé. La question est alors de savoir développer des relations de confiance avec les clients. Or, on ne peut le faire que dans la mesure où ces relations existent au sein même de l'entreprise.

Dans ce chapitre 2, on explorera ce qu'est la confiance au sein d'une entreprise, pourquoi elle est importante, comment on la reconnaît et comment on la construit. On y insistera sur les attitudes à adopter pour développer la confiance interpersonnelle et ainsi établir les fondations d'une culture de la confiance dans l'organisation.

Pourquoi faire confiance ?

La confiance interpersonnelle

La confiance entre deux personnes peut être définie comme « *l'acceptation optimiste d'une situation de vulnérabilité dans laquelle celui qui donne sa confiance croit que l'objet de sa confiance s'occupera au mieux de ses intérêts* »[1]. Le point de départ est la perception de la *compétence* et de la *bienveillance* de l'autre. Elle est liée à un domaine : on fait confiance à l'autre dans son domaine de compétence, et pas dans un autre. Elle est liée à l'idée de gratuité : on fait confiance dans la mesure où l'on ne se sent pas instrumentalisé par l'autre et mis à son service. C'est ce qui explique que certaines professions inspirent plus confiance que d'autres[2], et que les relations de confiance sont parfois bien difficiles à établir au sommet de la hiérarchie des grandes entreprises cotées, où les enjeux personnels sont tels que les stratégies de pouvoir dominent souvent.

La notion de *vulnérabilité*, qui combine le *risque* et l'*incertitude*, est essentielle. Elle indique que toute confiance a un seuil, à savoir le risque maximum accepté. On fait toujours confiance jusqu'à un certain point. Faire confiance, c'est abandonner l'idée de contrôler les actions de l'autre (*risque*) dans un domaine de connaissances donné, parce qu'on le croit (*incertitude*) à la fois *bienveillant* et *compétent* dans ce domaine.

Confiance et engagement

Si les relations de confiance sont importantes en milieu professionnel, c'est d'abord parce qu'il y a un lien évident entre la performance d'une

---

1. Source : Hall, en 2001, cité dans "Nurturing Trust. Leveraging Knowledge", Peter West, *Continuous Innovation*, November 2006. Rousseau (1998), lui, donne une définition presque identique : « *Un état psychologique d'accueil favorable de sa vulnérabilité fondé sur des attentes positives des intentions comportementales d'un autre.* »
2. Un médecin inspire plus confiance qu'un directeur des ressources humaines...

entreprise et les liens de confiance existant entre ses employés. S'ils se sentent en confiance, ils font plus de choses par eux-mêmes, ils expérimentent, ils trouvent des solutions à des problèmes difficiles, ils prennent plus de risques mesurés, ils travaillent plus, font preuve de plus de loyauté, et ils prennent leur travail à cœur. Dans le cas contraire, ils se désengagent, ils deviennent sensibles aux rumeurs et aux manœuvres politiques, ils sortent le casque et le parapluie pour se protéger des chasses aux sorcières, et perdent leur sens moral. La confiance permet de sortir du registre de l'obéissance et de la crainte pour rentrer dans celui de la réponse personnelle à un appel qui a du sens. Par là même le besoin de contrôle s'atténue ou s'efface (figure 4).

Figure 4. La confiance source d'énergie collective

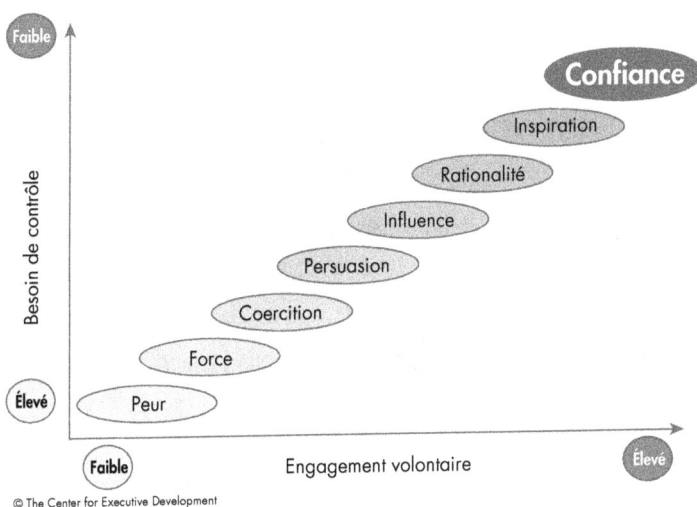

© The Center for Executive Development

Confiance et circulation du savoir

« La confiance est la bande passante de la communication. »
Karl-Erik Sveiby

Mais au-delà de cette question de l'engagement personnel, la confiance est une condition nécessaire à la circulation du savoir dans l'entreprise, et donc de toute forme d'apprentissage en société. Sans confiance, on ne sait pas résoudre des problèmes difficiles. Sans confiance, on ne sait pas innover. Les technologies de communication permettent certes d'enregistrer, de stocker et de rechercher des « connaissances » sous forme de contenus numérisés dans des répertoires électroniques. Mais **ce n'est que la confiance qui motive les personnes à partager ce qu'elles savent et à apprendre des autres.**

La confiance interpersonnelle ne s'achète pas. Les artifices consistant à récompenser les personnes qui donnent leurs connaissances peuvent être utiles pour donner un signal de soutien du management, mais les effets pervers apparaissent vite lorsque le volume de contributions devient l'indicateur de performance, et non leur qualité ou leur utilité.

Deux personnes ne se transfèrent leurs connaissances qu'à la mesure de la confiance réciproque qu'elles se portent. L'échange de connaissances demande en effet un dialogue ouvert et intense, avec suspension du jugement sur l'autre et des arrière-pensées politiques. Tant que les personnes ne font pas l'effort de se mettre sur la même « longueur d'onde », la « bande passante » de leur communication reste étroite. C'est pourquoi **la confiance se construit dans une proximité d'espace et de temps.** Dans l'espace, car la séparation physique entre les personnes engendre absence ou distorsion des signaux de communication. Dans le temps, car tout délai séparant les interactions entre les personnes accroît l'incertitude.

Le capital social : présence ou absence

> « *Une société humaine qui repose sur une réciprocité généralisée est plus efficace qu'une société où l'on se méfie l'un de l'autre, pour la même raison que l'argent est plus efficace que le troc. La confiance lubrifie la vie sociale.* »
>
> Robert Putnam

Pour les raisons ci-dessus, l'accumulation des connexions de confiance qui s'établissent entre les personnes au sein d'une organisation constitue un véritable capital de richesses latentes, comme autant d'options pour l'avenir. Les économistes ont baptisé cela le « capital social »[1]. Le capital social, c'est ce qui permet aux personnes de former de nouvelles associations, de sortir d'une économie de transaction d'un bien contre un autre marquée par le contrat, pour entrer dans une économie d'accès aux ressources marquée par l'identité et l'appartenance. Développer le capital social d'une organisation, c'est accroître ses capacités d'innovation et d'adaptation. C'est donc une responsabilité centrale du dirigeant du XXIe siècle.

Quand le capital social s'érode, le sens du bien commun disparaît. Cela se manifeste par les méfaits et l'enrichissement abusif des élites, mais aussi par le vol anarchique de tous par tous[2]. Alors, ce n'est plus en travaillant dur ou en investissant qu'on s'enrichit, mais en faisant jouer ses relations politiques.

Les symptômes de présence du capital social dans une organisation apparaissent en de multiples occasions qui sont autant de « moments de vérité » dans la vie de l'entreprise. Le tableau 1 en cite quelques-uns.

---

1. Le capital social a une définition qui varie suivant les auteurs. Selon Larry Prusak et Don Cohen (*In Good Company*, Harvard Business School Press, 2001) : « *Le stock des connexions actives entre les personnes : la confiance, la compréhension mutuelle, les valeurs partagées et les comportements qui établissent des liens entre les membres de réseaux ou de communautés humaines, et rendent la coopération possible.* » Selon Francis Fukuyama (*The Social Virtues and the Creation of Prosperity*, Free Press, 1995) : « *La capacité à agir qui naît de l'établissement de relations de confiance dans une société humaine ou certains de ses sous-groupes, [et qui] peut s'incarner dans une société le plus petit et le plus basique, la famille, comme dans le plus large de tous les groupes, la nation, et dans tous les groupes situés entre les deux.* » Selon Robert Putnam ("Bowling Alone : America's declining social capital", *Journal of Democracy*, July 1995) : « *L'ensemble des composantes de la confiance sociale qui facilite la coordination et la coopération en vue d'un bénéfice mutuel.* » Selon Antoine de Saint-Exupéry (*Citadelle*) : « *Le nœud divin qui noue les choses.* »
2. Lors de la transition du Kazakhstan à l'économie de marché, on rapporte que les serres dont dépendaient les moyens d'existence du pays perdirent toutes leurs vitres. Les habitants n'avaient pas confiance, et pensaient que le verre serait volé par d'autres. Il n'était donc pas absurde de prendre les devants, au risque de plonger le pays dans la récession.

Tableau 1.
Indicateurs de présence ou d'absence de capital social dans une entreprise

	Capital social élevé	Capital social faible
Le rapport au collectif	Les personnes présentes dans une réunion de travail représentent un savoir collectif. Elles sont convoquées parce qu'elles détiennent un élément de réponse aux questions soulevées par l'ordre du jour. La compétence prime sur la fonction.	Les invités représentent les différentes organisations de l'entreprise concernées, et les questions de positionnement (qui fait quoi ?) sont centrales. La fonction prime sur la compétence.
Le rapport à l'écrit	Peu de notes internes et de comptes rendus. L'oral domine, et les décibels enregistrés dans les couloirs des bureaux en témoignent. L'écrit y est tendu vers le passé, et sert à garder la mémoire historique des actions menées, dans un souci d'apprentissage ou de traçabilité pour les clients.	Organisation feutrée et silencieuse. L'écrit, tendu vers le futur, y est quasiment systématique et a pour objet principal de contractualiser les relations internes. D'où l'usage parfois du courriel entre deux bureaux distants de dix mètres.
Le rapport au temps	L'impératif de vitesse se fonde sur des temps de dialogue et de rencontre assez longs entre chefs et subordonnés pour parvenir à un accord qui engage les parties en présence, et un temps d'exécution très court.	La vitesse à tout prix s'obtient d'abord en économisant sur le temps de réflexion. La hiérarchie dicte sa volonté, les budgets de déplacement ; réunions de travail et outils de communications se réduisent.
Le rapport à l'échec	Les échecs sont une occasion d'apprendre. Ils sont systématiquement décortiqués pour en comprendre les causes et en tirer les enseignements. En ce qui concerne les personnes, ce n'est pas l'échec qui est puni, mais l'engagement non tenu. On évite donc de les pousser à la faute en leur forçant la main.	La pression sur les personnes est forte, et elles sont amenées à prendre des risques sur leurs engagements, pour pouvoir repérer les « meilleurs ». Les échecs sont avant tout des événements de politique intérieure. Ils sont camouflés et oubliés lorsque les responsables sont membres du sérail, ou servent à écarter une personne réputée responsable de l'échec, baptisée « fusible ».
Le rapport aux chefs	Le chef est disponible. On peut entrer dans son bureau sans prendre rendez-vous, même si l'on ne fait pas partie de ses subordonnés directs. Il répond rapidement aux courriels qu'un subordonné lui envoie	Le chef est toujours en réunion ou dans un avion (the brain in the plane). Il faut s'y prendre deux mois à l'avance pour obtenir un créneau d'un quart d'heure après avoir expliqué dans le détail à son assistante les motivations de cette demande de rendez-vous. Les mêmes comportements se retrouvent dans le monde virtuel, en mesurant le taux de réponse aux courriels envoyés.

	Capital social élevé	Capital social faible
Le rapport à la hiérarchie	Les organigrammes sont aplatis et comportent peu de niveaux hiérarchiques. Ils sont souvent difficiles à représenter clairement, car les personnes cumulent des fonctions temporaires de nature très différente.	Les organigrammes sont verticaux et présentent un grand nombre de niveaux hiérarchiques. Ils sont le centre de toutes les attentions et reflètent une forme de paix armée entre vassaux d'un même suzerain.
Le rapport à l'information	La communication est horizontale, interactive, transparente, en temps réel et directe. Toute information qui n'a pas de bonnes raisons de rester confinée dans un cercle restreint est réputée publique. L'employé est appelé à faire le tri dans le volume considérable d'informations à sa disposition.	La communication est verticale, à sens unique, codée, différée et relayée par des professionnels de la communication interne. Toute information qui n'a pas de bonnes raisons d'être diffusée est réputée confidentielle, et chaque employé doit aller rechercher l'information dont il a besoin pour travailler.

L'état des lieux dans les entreprises : peut mieux faire

L'évolution du monde du travail au cours des vingt dernières années, marquée par les gains de productivité et les plans sociaux, n'a pas favorisé le développement des liens de confiance dans les entreprises. Les employés, cadres compris, ce qui est nouveau, se sentent de plus en plus éloignés de leurs dirigeants[1]. Le besoin de confiance est pourtant réel, et il prend la forme d'une revendication : l'employé souhaite vraiment que son supérieur lui fasse confiance afin qu'il n'ait plus à justifier de ses moindres faits et gestes. Cela s'exprime par le besoin récurrent :

- De pouvoir s'exprimer à titre personnel ;
- D'être traité avec justice ;
- De trouver un sens à l'action commune ;
- D'avoir une grande autonomie ;
- De ne pas être confiné dans un espace clos ;
- De pouvoir construire son réseau social dans l'entreprise.

---

1. Seulement 38 % des employés aux États-Unis déclarent avoir confiance dans les promesses de leurs entreprises (source : Princeton Survey Research Associates, étude de 2 400 adultes en 2002).

Or, compte tenu des enjeux de survie collective auxquels l'entreprise est confrontée aujourd'hui, rien de cela ne va de soi, car si la confiance est difficile à établir, il suffit d'une simple maladresse pour la casser. Au niveau interpersonnel, il suffit de mal communiquer et de ne pas se comprendre. C'est pourquoi le *contrat* s'est imposé comme un garde-fou : d'un côté il diminue les risques de malentendus, et à ce titre il bâtit la confiance, de l'autre il la fige à un niveau minimum en rendant presque impossible toute résolution conjointe d'un problème imprévu.

Les nouvelles technologies de communication ont leur part de responsabilité dans la détérioration de la confiance. Elles ont effectivement créé un village planétaire, mais elles ont eu aussi des effets déstructurants sur les relations interpersonnelles dans les milieux où l'on les a introduites sans trop réfléchir[1]. On communique certes avec plus de monde, mais moins bien. Plus de canaux, mais moins de bande passante. Nous avons donc privilégié, *volens nolens*, l'émergence du politique au détriment du collaboratif.

> *« Les réseaux d'information s'étendent sur le monde. Rien ne reste caché. Mais rien que le volume d'information dissout l'information. Nous sommes incapables de tout absorber. »*
>
> Günther Grass

Au niveau de la culture d'entreprise, il n'y a probablement rien de plus destructeur de confiance que le clientélisme dans la promotion des personnes. La promotion d'un individu indigne de confiance engendre bien sûr le cynisme des employés, mais elle entraîne aussi l'incapacité de l'entreprise à apprendre de ses échecs, ce qui est bien pire. En effet, dans le meilleur des cas, l'échec est pardonné et oublié. Dans le pire des cas, on choisit un bouc émissaire (« fusible »), on le disgracie ou on le met à la porte. Cette perte de mémoire volontaire est particulièrement destructrice de confiance lors des passations de pouvoir. C'est pourquoi General Electric a mis en place un principe d'évaluation des managers par leurs successeurs à un poste donné, ce qui permet de limiter un peu les comportements prédateurs.

---

1. La messagerie électronique est la première en cause. De 1,8 milliard de courriels envoyés en 1998, on est passé à 17 milliards en 2004. Une enquête menée par Thomas Davenport en 2005 sur l'usage du courriel a montré que 26 % des personnes pensent qu'il est trop utilisé, que 21 % se sentent dépassées par le volume reçu et que 15 % estiment qu'il a entraîné une baisse de leur productivité.

La confiance par l'attitude

> « *Quand vous savez, dites ce que vous savez. Quand vous ne savez pas, dites que vous ne savez pas. C'est cela la connaissance.* »
>
> Confucius

La confiance entre deux personnes, chacun le sait, se construit dans le temps. Au départ, il y a fondamentalement une rencontre, qui peut être fortuite ou arrangée. C'est pourquoi les mécanismes de *parrainage* et de *médiation* revêtent une importance considérable dans le développement d'un climat de confiance. Lorsqu'un tiers « de confiance » établit le lien entre deux personnes, il se porte garant de la bienveillance et de la compétence de l'une ou l'autre d'entre elles. Si l'un de mes amis me recommande d'avoir recours à telle personne dans tel contexte, j'aurai un avis favorable *a priori* et une plus grande capacité d'écoute. Le mécanisme du tiers de confiance est tellement puissant qu'il opère même quand la confiance a presque disparu. C'est pourquoi on a si souvent recours à des médiateurs extérieurs (consultants, invités, experts) pour faciliter une réflexion collective lorsque les rapports interpersonnels internes sont trop détériorés.

La perception positive de l'autre lors de la rencontre initiale n'est bien sûr qu'un point de départ. La confiance se construit en réalité dans l'accumulation d'expériences partagées positives qui viennent renforcer le lien et améliorer la qualité de communication entre les personnes. Pour bâtir des relations de confiance avec une personne, il est donc nécessaire d'adopter des attitudes particulières de communication interpersonnelle visant à éliminer les ambiguïtés et les interprétations erronées. Elles sont différentes suivant que les relations que l'on bâtit sont de nature égalitaire (entre pairs) ou hiérarchique (lien d'autorité).

Dans les relations hiérarchiques, où les parties en présence valorisent avant tout l'efficacité de l'action, la confiance s'établit surtout sur l'idée de *délégation effective d'un pouvoir*. Vis-à-vis d'un subordonné, on est dans une logique de contrat, et l'on peut se passer d'un niveau de confiance élevé. On gagne la confiance de son chef par des attitudes simples :

1. La **prévisibilité** : tenir ses promesses ;

2. L'**autonomie** : remplir sa mission malgré les imprévus ;

3. Le **contact** : le tenir informé de ce qu'il souhaite savoir.

Vis-à-vis d'un supérieur, on est plutôt dans une logique de justice, et le niveau de confiance attendu est plus élevé. On gagne la confiance de ses subordonnés à travers trois attitudes[1] :

1. La **réciprocité** : récompenser l'employé lorsqu'il fait gagner l'entreprise ;

2. La **paternité** : reconnaître les succès et les attribuer à leurs véritables auteurs[2] ;

3. La **rétroaction** : alimenter la boucle d'apprentissage du subordonné.

Dans les relations entre pairs, où les parties en présence valorisent avant tout la *transmission effective d'un savoir*, il est nécessaire de viser des niveaux de confiance encore plus élevés. On gagne la confiance de ses pairs sur la base de cinq attitudes[3] :

1. Le **langage commun** : utiliser les mêmes terminologies, voire le même jargon ;

2. La **vision commune** : partager les mêmes buts, préoccupations, et le même sens des choses ;

3. La **discrétion** : tenir sa langue et ne pas divulguer d'informations sensibles ;

4. La **réceptivité** : écouter activement ;

5. La **proximité des liens** : interagir fréquemment.

Ainsi, pour gagner du temps, on peut adopter des attitudes personnelles récurrentes qui prédisposent aux relations de confiance, par exemple en adoptant les dix règles de comportement suivantes et en les diffusant dans l'entreprise en tant qu'expression d'une volonté de développer une culture de la collaboration[4] :

1. Assurer la confidentialité de l'information reçue ;

2. Aligner ses actions sur ses paroles ;

3. Communiquer régulièrement pour rester transparent sur ses intentions et ses capacités ;

---

1. Source : Jean-Yves Prax, KM Forum 2001.
2. Andy Grove, P-DG de Intel, a un jour déclaré devant une assemblée générale d'actionnaires à propos du lancement réussi de l'activité chipset : « Et je pensais que c'était impossible. » Ce faisant, il imposait une norme culturelle d'honnêteté, rendait ainsi la paternité d'un succès à son véritable instigateur et bâtissait des liens de confiance à la fois avec ses collaborateurs et avec ses actionnaires.
3. Source : "Trust is Critical", IBM, IKO, 2002.
4. Adapté de Abrams, Cross, Lesser & Levine (2002).

4. Établir une vision et un langage commun, pour que chacun vise un même but ;
5. Accepter les limites de son savoir pour éviter de décevoir ;
6. Établir des rapports extraprofessionnels ;
7. Donner des informations qui ont de la valeur pour l'autre (par exemple, des contacts à haut niveau) sans rien attendre en retour ;
8. Aider l'autre à reformuler plus clairement des propos confus ;
9. Prendre des décisions justes et transparentes ;
10. Récompenser ceux qui font de même.

On voit apparaître en filigrane dans cette liste une idée essentielle : **la confiance est d'abord et avant tout une question de confiance en soi.** Il faut être prêt à s'exposer tel qu'on est. Ce dépouillement présente bien des risques et il ne peut se manifester pleinement que dans une organisation à capital social élevé. Une bonne attitude ne peut pas tout faire.

La confiance par la marque

La confiance s'exprime aussi au niveau d'une personne morale que constitue une organisation tout entière. C'est la confiance qu'on porte à une marque. Les marques sont l'expression d'un capital social et d'une culture, et c'est pourquoi elles ont une telle importance dans l'économie du savoir. Elles jouent le rôle de tiers de confiance dans la transaction entre un acheteur et un vendeur, mais aussi au sein même de la communauté de ses employés et de ses partenaires, surtout lorsque l'accès à cette communauté est difficile et fondé sur le mérite.

Quand la marque est ancienne et l'organisation est grande, elle véhicule une culture, sédimentée au cours du temps. Il est alors plus facile de la subir plutôt que de la construire, d'autant que les hommes passent et que les structures demeurent. Cependant, le dirigeant de l'organisation est réellement et avant tout le garant de sa culture, et donc de la marque, dans la mesure où il a le pouvoir à la fois de fixer des normes comportementales (par mimétisme), et d'agir sur le contexte organisationnel (par les structures et les processus). Reconnaissons que c'est une tâche parfois très lourde. Il faut bien plus que de l'intégrité personnelle pour bâtir une culture de collaboration et de confiance au sein d'une organisation qu'on dirige. Quand on est patron, on est sans cesse bombardé de messages souvent contradictoires, si bien que lorsqu'un problème apparaît au sein de l'organisation, il reste souvent très longtemps méconnu. Il est néanmoins de la responsabilité des dirigeants de développer une culture de la collaboration afin d'élever le niveau d'engagement et de réduire le besoin de contrôle.

À retenir

1. La qualité des relations sociales entretenues au sein d'une entreprise étendue à ses partenaires et clients – son « capital social » – détermine sa capacité d'innovation et d'apprentissage.

2. Les « problèmes de communication » dans les entreprises sont avant tout l'indication d'un déficit de confiance mutuelle, de détérioration de son capital social.

3. Au niveau personnel, on peut adopter des attitudes visant à faciliter la création de relations de confiance avec ses interlocuteurs. Elles tendent toutes à établir une meilleure qualité de communication.

4. Mais cela ne suffit pas, car la confiance n'est pas seulement une question d'attitude. Elle se bâtit dans la collaboration.

Chapitre 3

La voie de la confiance : la collaboration

> « *Force-les de bâtir ensemble une tour et tu les changeras en frères. Mais si tu veux qu'ils se haïssent, jette-leur du grain.* »
> Antoine de Saint-Exupéry

La confiance est le fruit de la collaboration, et la collaboration engendre la confiance. La question essentielle est donc de savoir bien collaborer au sein d'un groupe, et de comprendre en quoi consiste une bonne collaboration. On ne peut pas se contenter de l'idée que tout honnête homme possède une inclination naturelle à collaborer. En entreprise, la capacité collective de collaboration se heurte d'une part à l'obstacle des modèles mentaux hérités de l'âge industriel, et d'autre part à l'absence de cadre systémique d'analyse des modes de collaboration de groupe qui permettent d'établir pas à pas les relations de confiance qui vont démultiplier la capacité d'innovation de l'entreprise.

Il est bien difficile de collaborer...

Ce n'est pas naturel

Victoria Climbié est une petite fille de huit ans décédée le 24 février 2000 à Londres par suite de mauvais traitements que lui infligeaient sa tante et le compagnon de celle-ci. Après avoir constaté cent vingt-huit blessures anciennes ou récentes sur le corps de l'enfant, le médecin légiste déclara que c'était le pire cas d'enfance maltraitée qu'il ait jamais vu. Or, beaucoup de gens savaient ce qui se passait dans cette famille : trois agences de logement, quatre services d'aide à l'enfance, deux équipes de police municipale, deux hôpitaux, un pasteur... Pourtant personne ne lui vint en aide. Pourquoi ?

On a comme toujours évoqué l'absence de moyens, la bureaucratie ou les querelles entre services concurrents. La réalité, c'était que **ces différents services ne savaient pas collaborer.** Ainsi, l'enquête révéla que les vraies causes étaient foncièrement de nature culturelle :

* Refus de voir au-delà de sa tâche immédiate ;

* Pas de vocabulaire commun pour décrire un même problème ;

* Absence de rencontre de routine entre ces services ;

* Incompatibilité des systèmes d'information ;

* Manque de respect pour les autres groupes (« on connaît notre métier »).

A contrario, la collaboration la plus spectaculaire de tous les temps fut incontestablement l'opération Overlord du 6 juin 1944. Le débarquement en Normandie fut préparé en quatorze mois à peine. Il mobilisa trois millions d'hommes, douze mille avions, et près de sept mille navires. Il nécessita la pose en quelques jours de trois pipelines à travers la Manche, et la création en quelques semaines d'un gigantesque port artificiel à Arromanches. Il impliqua un grand nombre de missions complexes de diversion et de désinformation. Toute planification minutieuse était impossible, et la mise sous contrôle de l'opération impensable. Et pourtant...

La réussite de l'opération Overlord ne tient pas à la centralisation du pouvoir de décision, en l'occurrence impossible, mais plutôt au fait que l'intention stratégique était comprise et partagée, que le risque considérable était perçu par tous, et que tout le monde était mobilisé sur le

même objectif. Si le projet lui-même dura quatorze mois, la collaboration avait commencé au moins quatre ans auparavant, à la déclaration
de guerre.

D'où une première leçon à retenir : lors d'une crise majeure, les
hommes serrent les rangs et témoignent d'une solidarité étonnante. *A
contrario*, l'oisiveté conduit au repli sur soi, à une focalisation sur des
préoccupations personnelles immédiates, et donc à une détérioration
du lien social. **Sans sentiment partagé d'une urgence vitale, chacun
travaille pour soi.**

On n'y a pas souvent intérêt

> « *Les murs qui séparent les départements sont plus épais
> que les murs extérieurs des institutions.* »
>
> Pierre Dansereau, université de Montréal

On véhicule parfois l'idée que la rétention d'information dans une
entreprise est une attitude déviante. C'est évidemment faux. Dans
beaucoup de grandes organisations, c'est au contraire une stratégie
gagnante. Il est bien souvent plus gratifiant pour faire carrière d'optimi-
ser un fonctionnement local, sans trop se préoccuper de l'intérêt général. **Si l'entreprise valorise avant tout la performance individuelle,
l'information « asymétrique » – celle qu'on détient et que les autres
n'ont pas – est une source de pouvoir.** On a beaucoup à gagner à savoir
conserver cette information pour l'utiliser au bon moment. Les affaires
Elf ou Enron ont clairement montré l'intérêt pratique qu'il peut y avoir
à confiner l'information sensible au sein d'un petit groupe. Mais au-
delà de toutes ces formes criminelles de délit d'initié ou d'abus de biens
sociaux, il est utile dans une perspective de carrière de savoir attirer une
attention positive sur soi, en particulier dans les réunions importantes.
Il est bon d'être le premier à annoncer les bonnes nouvelles et de feindre
de n'avoir pas été mis au courant des mauvaises. Armé d'une information qu'on est seul à connaître, on peut utiliser le levier puissant de la
peur pour accroître son pouvoir et être perçu comme un expert. Bloquant la diffusion au sein de son équipe des informations externes, on
peut asseoir son autorité de manager et conserver le contrôle de son territoire, etc. D'où le fameux NIH (*Not Invented Here*) des ingénieurs,

qui refusent toute idée nouvelle venant d'ailleurs, et le non moins fameux « notre marché est différent » des commerciaux, qui signifie en réalité qu'ils n'ont pas besoin de conseils.

Pour collaborer, les employés ont besoin d'être confortés dans l'idée que donner son savoir ou prendre celui de quelqu'un d'autre est une valeur centrale de l'entreprise, portée au plus haut niveau par les dirigeants eux-mêmes. Lorsque des organisations internes partiellement redondantes se font concurrence, chacune veillant jalousement sur son territoire, le débat ouvert nécessaire pour interpréter ensemble les événements, trouver un sens commun à l'action, voire apprendre de ses erreurs, ne peut pas avoir lieu et chacun est poussé à choisir un camp.

> *« Plus un régime est autoritaire, plus les élites se focalisent sur le pouvoir et le statut plutôt que sur l'élaboration d'une politique. »*
>
> Fang Zhu

Sur le registre purement technique, on l'oublie aussi trop souvent, la transmission du savoir est une activité coûteuse, comme en témoignent les budgets des écoles et universités. Sans la création et l'entretien d'espaces de collaboration au sein desquels la connaissance se transmet, sans la médiation de spécialistes et sans recours aux dernières technologies, tout expert détenteur d'un savoir peut se retrouver submergé de demandes d'interventions, au point de ne plus pouvoir faire correctement son travail. L'ignorant, quant à lui, peut perdre beaucoup de temps à comprendre et s'approprier des connaissances, au point d'en arriver à nuire à sa propre image.

Ainsi, la collaboration n'est pas seulement une question d'attitude personnelle mais aussi une question de culture d'entreprise, reflétée par la présence d'espaces dédiés à la collaboration, et qui fonctionnent bien. Les nouvelles technologies jouent ici un rôle déterminant.

On s'y prend mal

> *« La tyrannie est de vouloir par une voie ce que l'on ne peut obtenir que par une autre. »*
>
> Pascal

Les programmes réussis de transformation des modes de travail – et donc de la culture – d'une entreprise ont montré la nécessité de toujours travailler en parallèle sur quatre dimensions[1].

1. **Les structures.** La position dans l'organigramme représente essentiellement le degré de maîtrise de l'allocation des ressources. En réorganisant l'entreprise, on redéfinit l'exercice du pouvoir sur l'allocation des ressources ;

2. **Les processus.** Ils représentent les habitudes de travail de l'entreprise pour tout ce qui est récurrent. En agissant sur les processus par la mise en place de méthodes de type Six Sigma ou par la mise en place d'infrastructures informatiques de type ERP, on refocalise l'attention sur des tâches non redondantes ;

3. **L'instruction.** L'apprentissage représente la dimension cognitive du travail. En élevant le niveau de compétence individuelle et collective, on donne aux employés la possibilité de s'approprier le changement ;

4. **Les liens sociaux.** La dimension sociale du changement se situe au niveau du partage des croyances et des valeurs. En encourageant les interactions entre les employés au sein de communautés, on accroît la qualité des échanges, on développe les liens entre personnes et l'on donne un sens au changement en le négociant.

Si les deux premières dimensions sont bien maîtrisées par les managers de l'ère industrielle, les deux dernières le sont beaucoup moins. Or, les plans d'actions qui transforment vraiment l'organisation sont des ensembles d'actions *coordonnées* sur ces quatre niveaux destinés à susciter les comportements souhaités chez les employés, les partenaires et les clients.

C'est pourquoi les dirigeants qui pensent s'attaquer à ce nouveau défi culturel de la collaboration avec des approches industrielles échouent. La raison en est qu'ils concentrent leur attention sur les deux premiers niveaux et la déploient de haut en bas. Ils réorganisent, mais la collaboration ne se développe pas dans les structures formelles. Ils automatisent les processus, alors que le partage du savoir n'a rien à voir avec le partage des données. Ils déploient de nouveaux outils de collaboration alors que la messagerie enchaîne déjà les employés à leurs écrans et les force à trier à longueur de journée des centaines de messages provenant de n'importe qui et parfois rédigés n'importe comment. Ils mettent en

---

1. Source : professeur N'Guyen, INSEAD.

place des indicateurs de performance alors que la qualité d'une collaboration en réseau ne se constate qu'à ses résultats. Ils communiquent sur les attitudes à changer, alors que la culture d'entreprise se crée au sein du comité de direction…

Le défi de la collaboration ne peut pas être relevé par un mode de management fondé sur le contrôle des ressources. Dans les grandes entreprises, l'échec se traduit par une alternance de mouvements de restructuration tous les trois ou quatre ans. À un mouvement de décentralisation visant à donner plus de capacité d'initiative aux équipes sur le terrain (être plus « local »), succède une vague de centralisation pour reprendre le contrôle d'un ensemble qui diverge (être plus « global »). Le risque de perte de compétitivité est donc double, par balkanisation lorsque la décentralisation instaure un régime quasi féodal érigeant de nombreuses frontières intérieures, et par bureaucratie lorsque la centralisation reconstitue un appareil hiérarchique monolithique, incapable de s'adapter aux évolutions du monde.

Le problème, c'est moi !

Un modèle mental est une représentation symbolique de la réalité, que nous considérons d'autant plus vraie qu'elle est partagée par les autres. Le modèle mental qui prévalait à l'ère industrielle était celui de l'entreprise en tant qu'oligarchie de la connaissance, où la volonté peu étayée d'un petit nombre déterminait le comportement de tous. Ainsi, l'un des modèles mentaux les mieux partagés dans les entreprises est celui de l'affrontement concurrentiel symétrique. Il entraîne une vision de l'entreprise semblable à celle des forces armées du XXᵉ siècle. Le marché est un territoire ; le client est un bastion ; la force commerciale est l'infanterie ; les tableaux de bord sont les cartes ; le siège social est l'état-major et le comité exécutif est le quartier général. Ce modèle mental s'exprime tout particulièrement dans les fusions d'entreprises menées tambour battant avec prise de pouvoir d'une entreprise sur l'autre. Le mobile profond est alors seulement de mettre la main sur une base de clientèle, et non de développer la collaboration entre les équipes fusionnées.

Une telle conception du monde a une influence considérable sur la perception des modes d'apprentissage des entreprises. Le système d'apprentissage y est encore essentiellement compris comme l'institutionnalisation du savoir de quelques-uns au profit d'un plus grand nombre, en dehors des « heures de travail ». La collaboration y est nécessairement secondaire[1].

Toutes les publications de management actuelles mettent l'accent sur l'innovation, la capacité d'adaptation, les partenariats, bref sur tout ce qui est horizontal, réticulaire et relationnel, par opposition à ce qui vertical, hiérarchique et patrimonial. Mais pour autant nos modèles mentaux le permettent-ils ?

Le cadre systémique : les quatre espaces de communication

> « *Si le langage n'est pas correct, alors ce qui est dit n'est pas ce qu'on veut dire ; si ce qui est dit n'est pas ce qu'on veut dire, alors ce qui doit être fait ne l'est pas ; et si ce qui doit être fait ne l'est pas, alors la morale et les arts se détériorent ; et si la justice s'égare, alors les hommes se dispersent dans la confusion. C'est pourquoi il ne doit y avoir aucun arbitraire dans ce qu'on dit. Cela importe plus que tout.* »

Confucius

Pour bien comprendre la collaboration, qui crée le capital social de l'entreprise, il faut repartir de la communication, car la qualité de la communication entre deux personnes détermine le niveau accessible de collaboration entre elles. Le psychologue Albert de l'université de Graz représente la communication interpersonnelle en quatre niveaux ou espaces. À la base, l'espace *physique binaire de la reconnaissance mutuelle* : la simple interaction entre personnes, le fait de se rencontrer ou de s'éviter, de sourire ou de grogner. Ensuite, l'espace de l'*information*, où l'on interagit par la parole ou l'écrit pour partager de l'information. Ensuite,

---

1. Si l'Armée rouge a été vaincue en Afghanistan, c'est avant tout parce qu'elle s'était entraînée pour une attaque frontale contre les forces de l'OTAN, et pas pour une guérilla en montagne contre des moudjahidines. Elle était trop lente, trop visible, et surtout trop prévisible. Les tactiques de l'Armée rouge étaient enseignées comme les « meilleures pratiques », et la CIA s'était fait un plaisir de les communiquer à ses adversaires.

l'espace de la *cognition*, où l'on interagit en vue de construire une compréhension commune de la situation. Enfin, l'espace social de l'*éthique*, où l'on interagit en vue de partager des croyances (figure 5).

Figure 5. Les quatre espaces de la communication

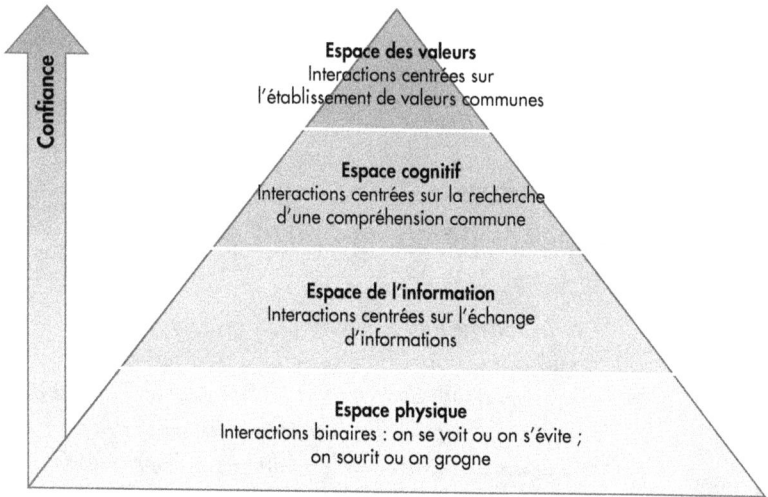

C'est à mesure que la confiance s'établit entre personnes que la « bande passante » de la communication s'élargit pour atteindre les niveaux supérieurs.

Bâtir la confiance, c'est donc rechercher constamment les modes de collaboration entre personnes qui vont permettre *progressivement* de monter vers les espaces de communication les plus élevés. De ce fait, on peut définir des étapes successives dans les interactions d'un groupe de personnes[1] en fonction croissante du niveau de confiance atteint entre ses membres.

Au départ, l'interaction se limite à la reconnaissance de l'existence de l'autre par le regard. C'est binaire : on lui sourit ou on l'évite, c'est tout. C'est bien comme cela qu'on se comporte face à un inconnu. Quand on s'intéresse un peu plus à l'autre, on engage une conversation informelle de

---

1. Source : Janet Salmons, "Taxonomy for collaborative e-Learning" (www.vision2lead.com).

personne à personne, du type de celle qu'on a un verre à la main dans un cocktail. La médiation d'un tiers peut se révéler utile, voire nécessaire, pour amener deux personnes à se rencontrer et amorcer une conversation. Mais conversation n'est pas encore collaboration. La collaboration en tant que telle commence vraiment avec le *dialogue*, lorsque les personnes se parlent et s'écoutent avec attention. Ainsi, lorsque les membres d'un groupe se connaissent peu et se méfient les uns des autres, les amener à parler de leurs expériences et à informer les autres de ce qu'ils font est pratiquement le seul mode de collaboration possible. Un objectif raisonnable est de les amener à développer l'écoute active et l'intérêt pour l'autre. Le premier signe visible de la bonne volonté collaboratrice d'un groupe est lorsque ses membres acceptent de s'asseoir en cercle sans rien mettre au milieu qui fasse obstacle comme une table ou un bureau, et de parler à tour de rôle[1]. C'est plus difficile qu'on ne le pense. En entreprise notamment, on est centré sur l'action. L'impatience y est une valeur cardinale, si bien qu'on a tendance à expédier les réunions d'échange d'idées. Le manager qui réunit ses subordonnés pour leur expliquer l'objectif et distribuer les tâches à accomplir sera toujours mieux vu que celui qui les réunit pour les faire parler de ce qu'ils font. On lui reprochera de vouloir trouver un *consensus*. Or, il ne s'agit pas du tout de s'aligner sur une position commune concernant les actions à mener, mais d'un premier pas vers un accord sur le sens de l'action commune, pour pouvoir passer d'un simple rapport d'obéissance à un engagement personnel.

Première étape de la collaboration : parler de ce qu'on fait

Un jour de mai 2002, chez Schneider Electric, on réunit à Barcelone des spécialistes du levage industriel (grues, portiques, etc.) en provenance de trois pays particulièrement performants sur ces marchés, afin de les faire travailler à une stratégie commune pour le groupe. Les représentants, convaincus qu'ils n'avaient rien à apprendre des autres, participèrent à la réunion contraints et forcés, chacun portant un dossier de recommandations stratégiques à « faire remonter ». Au cours de la première réunion, on les amena à parler de leurs expériences respectives en se racontant leurs histoires de guerre. Le dialogue s'engagea, jusqu'au moment où le groupe prit conscience que les trois pays ne s'étaient pas spécialisés sur les mêmes marchés. Au début de

---

1. Harrison Owen, "The practice of peace" (www.practiceofpeace.com).

la réunion, chacun voulait défendre l'expérience de son pays contre celle des autres. À la fin de la réunion, chacun enseignait aux autres les particularités de son segment de marché. C'est ce qui permit incidemment de se rendre compte que le marché accessible était finalement beaucoup plus grand qu'on ne le pensait.

Un deuxième niveau de collaboration est la *revue par les pairs.* Lorsqu'un niveau de confiance élémentaire est établi, un membre du groupe est prêt à accepter la critique constructive des autres membres sur son action propre. On peut alors organiser des rencontres au cours desquelles on demande aux membres du groupe de porter un avis d'expert sur l'action de l'un d'entre eux afin qu'il puisse en tirer des enseignements. Ce principe a été retenu par BP comme l'une des composantes essentielles de son système d'apprentissage.

Une troisième étape est la *collaboration parallèle,* quand les membres du groupe deviennent capables d'entreprendre une action commune, mais sans toutefois trop dépendre des autres. Si d'aventure – fréquemment, dans les faits – un membre du groupe ne remplit pas ses obligations, il ne met pas en danger le travail des autres, car un autre membre du groupe peut le remplacer au pied levé. L'exemple type est la réalisation commune d'un document par des experts d'un domaine, dont chacun s'engage à écrire un chapitre. La confiance est suffisante pour qu'ils se reconnaissent mutuellement comme crédibles, mais ils entretiennent souvent aussi des relations de rivalité dont il convient de maîtriser le risque.

Le quatrième est la *collaboration séquentielle,* mode de travail classique de l'équipe de projet. Les tâches sont alors réalisées en série, si bien que la réussite de l'ensemble dépend de l'action de chacun. Afin de limiter les risques d'échec au cas où l'un des membres manquerait à ses devoirs, on fixe des points de contrôle à intervalles réguliers qui jalonnent le projet. Les règles de fonctionnement du groupe deviennent alors plus explicites.

Le dernier enfin est la *collaboration synergétique,* lorsque le niveau de confiance est tel que le groupe s'auto-organise en permanence pour réaliser l'intention commune. On est alors dans la configuration d'un système adaptatif complexe, décrit ci-contre, où l'action de chacun s'ajuste constamment à celle des autres, et où la défaillance d'une personne est immédiatement contrebalancée par l'engagement d'une autre. Les opérations militaires de commando donnent une illustration de ce type de collaboration (figure 6).

Figure 6. Archétypes de collaboration

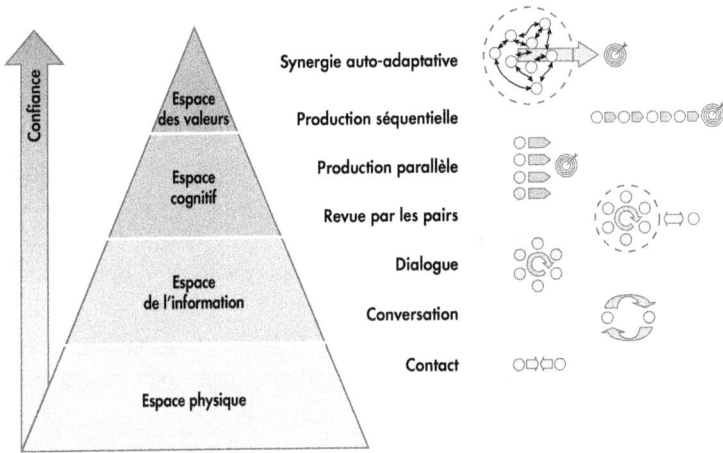

Notons au passage, une fois n'est pas coutume, que la culture française valorise tout particulièrement ce mode de collaboration de niveau élevé, qui est à l'origine de grandes innovations et de réalisations exceptionnelles. L'*esprit de corps,* qui est la « *capacité collective à faire marcher ce qui ne marche pas*[1] » est une tradition ancrée dans notre culture, et elle est incontestablement à l'origine de bien des manifestations de notre génie national. On la voit à l'œuvre tout particulièrement dans les industries d'ingénierie où un grand nombre de personnes à haut niveau d'expertise doivent collaborer à la réalisation d'un objet particulièrement complexe : une voiture compacte, un avion gros porteur, une centrale nucléaire ou un sous-marin d'attaque.

Ainsi, plus un groupe de personnes élève la qualité de sa communication interpersonnelle par le biais de la collaboration, plus il est en mesure de sortir de lui-même et de tourner son regard vers un objectif commun, et de s'auto-organiser pour l'atteindre. Bâtir la confiance par la collaboration, c'est permettre aux hommes de sortir d'eux-mêmes.

---

1. L'expression est du commandant Thomas Lockardt de la Marine nationale.

À retenir

1. L'entreprise industrielle propose un cadre de travail qui ne favorise pas la collaboration entre les employés. C'est une conséquence directe de la division du travail et du management par allocation de ressources, qui eux-mêmes reposent sur une vision oligarchique du savoir.

2. Pour développer la collaboration au sein d'une entreprise, il faut en comprendre la dynamique : la capacité de collaboration d'un groupe se construit progressivement par étapes, en ayant recours à des activités de plus en plus exigeantes sur le plan de l'interdépendance des personnes, depuis le simple dialogue jusqu'au projet complexe.

3. Il faut aussi apprendre à diversifier ses méthodes de travail de groupe et valoriser le rôle de médiateur/facilitateur, dont le savoir-faire devient central dans une économie du savoir.

4. Un bon manager de la connaissance doit maîtriser les trois savoirs essentiels qui fondent la collaboration : communication, sciences sociales, technologie.

Chapitre 4

Les technologies de la confiance : les outils de collaboration

« ... *Un profond changement est en train de se produire – une transition de la technologie en tant que moyen au service des individus vers la technologie au service des relations. Cette transition sera très importante parce qu'elle nous fera découvrir de nouveaux moyens, de nouveaux outils et de nouveaux protocoles pour nous entraider, ce qui est vraiment l'essence de l'apprentissage social. C'est aussi l'essence de l'apprentissage à vie, une forme d'apprentissage que des écologies d'apprentissage pourraient faciliter considérablement. Et si l'on est capable de créer de telles écologies d'apprentissage dans une région, c'est une première étape vers la construction d'une culture de l'apprentissage.* »

John Seely Brown

Dès le début, l'Internet a été inventé comme un outil de collaboration au service d'une communauté de scientifiques, celle des physiciens du CERN à Genève. Cependant, l'attitude des chefs d'entreprise face aux nouvelles technologies de collaboration est ambiguë. Elle oscille entre enthousiasme et déception. En général, ils sous-estiment le potentiel du Web en tant qu'infrastructure de circulation du savoir, et ils surestiment la capacité d'adoption, par les structures formelles en place, des nouvelles technologies.

Dans ce chapitre, on donnera quelques pistes pour mettre la puissance des outils de collaboration en ligne au service de la construction du capital social de l'entreprise. On en tirera quelques leçons sur les choix et les modalités de mise en œuvre.

Internet, plate-forme de l'innovation

Lors de la bulle des années 1997-2000, on croyait qu'Internet allait révolutionner le commerce, alors qu'il a avant tout révolutionné la science, en la rendant plus collaborative et plus ouverte. John Chambers, le patron de Cisco, annonçait déjà, à contre-courant, en 1999 que le marché de l'Internet était celui de l'éducation et que c'était tellement énorme que la messagerie électronique apparaîtrait bientôt comme un épiphénomène…

Ce qu'Internet a apporté à la science est effectivement considérable. Il a apporté en particulier[1] :

- La diffusion rapide des meilleures techniques et des standards ;
- La stimulation de nouveaux hybrides et recombinaisons technologiques ;
- La mise à disposition en juste-à-temps d'expertise et d'outils de travail de recherche ;
- L'accélération des cycles d'apprentissage du savoir public à l'entreprise privée, grâce à l'interpénétration plus intime des réseaux sociaux des universités et des entreprises ;
- Le développement d'un modèle de recherche et d'innovation de plus en plus horizontal et distribué, avec une plus grande ouverture aux savoirs, outils et réseaux scientifiques.

L'adoption de ces technologies entraîne de ce fait une remise en cause de certains principes de contrôle du savoir largement répandus dans les entreprises, comme celui du huis clos qui a prévalu jusqu'à présent au

---

1. Source : Don Tapscott & Anthony Williams, *op. cit.*

sein des équipes de recherche et développement. C'est pourquoi la réflexion sur les apports de l'Internet s'est longtemps limitée à la sphère plus fluide de la communication marketing (les sites Web) et de la transaction commerciale (e-commerce) en substitution d'applications ou de pratiques existantes.

Une dynamique d'adoption dans les entreprises

Pendant les années Internet, les technologies associées à la collaboration, qu'on qualifiait alors sous le vocable KM (« knowledge management »), étaient chères et de ce fait restaient sous le contrôle des grandes organisations. Depuis les années 2002-2003, elles sont devenues accessibles au plus grand nombre, soit qu'elles soient nées dans le terreau d'expérimentation du logiciel libre, soit qu'elles soient intégrées dans les offres des grands éditeurs de logiciels personnels, Microsoft en tête.

Dès lors que les nouvelles technologies de collaboration deviennent bon marché, les individus et les petites structures de type associatif se les approprient en masse, et beaucoup plus rapidement que les grandes organisations. Et comme de nouvelles offres apparaissent à un rythme effréné, l'écart se creuse entre des colonies mondiales de fourmis de plus en plus éduquées et des lions qui apprennent lentement. En effet, **l'introduction de nouvelles technologies dans une grande organisation s'opère toujours en deux temps.** Dans un premier temps, la nouvelle technologie est utilisée en substitution pure. On remplace des applications en technologie ancienne par les mêmes applications en technologie nouvelle. L'amélioration est de ce fait au départ assez peu spectaculaire. C'est ce qui s'est passé généralement avec les initiatives « e-business » des années 1999-2002. Dans un second temps, les utilisateurs s'approprient la technologie et imaginent de nouvelles applications auxquelles personne n'avait pensé. C'est alors que la technologie porte ses fruits, et c'est ce qu'on a baptisé « Web 2.0 » en 2005. Si on sait tirer les leçons de ces expérimentations réussies, on peut alors lancer de nouveaux projets pilotes, puis des projets d'infrastructure. C'est donc seulement maintenant que les nouvelles technologies peuvent enfin donner leur pleine mesure.

Cette gestation prend du temps, et elle s'enracine dans une culture de l'expérimentation au service d'un projet d'entreprise. C'est pourquoi, en l'absence de vision stratégique d'ensemble et d'approche expérimentale au niveau opérationnel, l'introduction de nouvelles technologies se révèle le plus souvent décevante. La technologie est toujours à voir comme une aide au service d'une intention stratégique[1]. De même que l'électricité a aidé Ford à réaliser le programme tayloriste, l'informatique aide Wal-Mart à appliquer le programme toyotiste.

Le mouvement du Web 2.0

Le phénomène le plus marquant de ces dernières années est indubitablement l'appropriation des applications de collaboration par les individus pour leur usage propre. Les sites Internet personnels ont laissé place aux blogs, qui sont en quelque sorte la version Web du journal personnel, d'abord en format texte, puis photos, puis audio (*podcasts*) et vidéo. Les publications, en général courtes et en langage courant, y sont organisées par ordre chronologique et disposent d'une adresse (URL) permanente qui permet de créer un lien vers elle à partir d'une autre publication du même site ou d'un autre. Ils sont également dotés de fonctions de catégorisation des contenus, de gestion des accès, et d'export de contenus.

Phénomène de société depuis 2002-2003, les blogs dans le monde professionnel se sont développés d'abord dans les communautés de journalistes, de technologues, d'universitaires ou de chercheurs, en tant qu'outil de partage d'expériences au quotidien avec un réseau de pairs. Utilisés depuis dans le monde politique, ils s'introduisent depuis 2004-2005 dans le monde de l'entreprise en lieu et place des pages personnelles pour les employés. Ils prennent peu à peu une importance croissante dans la panoplie des outils de communication de l'Intranet[2].

Dans ces mêmes années, on a vu apparaître les premières manifestations d'un travail collaboratif à grande échelle sur Internet. Outre l'apparition de Wikipedia[3] l'encyclopédie en ligne renseignée par des centaines de milliers de bénévoles, on a vu naître de nouveaux services en ligne

---

1. Source : Daniel Cohen, *op. cit.*
2. Source : voir en particulier Adobe Macromedia, qui offre un portail d'accès structuré à 750 blogs d'employés, de clients et de partenaires commentant les produits de l'entreprise. Ce portail est devenu la principale source d'information sur les produits de l'entreprise, au détriment du site officiel.
3. http://fr.wikipedia.org/wiki/Accueil

comme del.icio.us[1] permettant de donner des attributs contextuels de catégorisation et de classement à une information trouvée sur Internet, et de les partager avec d'autres. Cela a permis d'enrichir considérablement l'approche sommaire des classeurs sur Windows ou des signets sur les navigateurs.

Ce changement de paradigme a été d'abord baptisé « logiciel social » (*social software*) puis « Web 2.0 »[2]. Ces appellations matérialisent en réalité le rôle désormais donné à l'informatique pour tout ce qui a trait à la communication interactive et à la collaboration. Jusqu'alors, on voyait les ordinateurs comme des machines capables de se substituer à l'intelligence humaine pour toutes les tâches réputées modélisables, d'où l'insistance sur les processus. Depuis, on reconnaît que les ordinateurs savent faire certaines choses comme traiter des grandes quantités de données, mais ne savent pas en faire d'autres comme comprendre le sens de certains mots. On propose donc d'utiliser les ressources informatiques un peu plus pour *améliorer* la communication et la collaboration entre les hommes, et un peu moins pour l'*automatiser*.

C'est pourquoi Internet est vu aujourd'hui moins comme un outil de diffusion d'information que comme une plate-forme de collaboration massive proposant une boucle d'apprentissage à l'utilisateur – le retour qu'il obtient de ce qu'il y publie – qui modifie son comportement et le pousse à l'action. Techniquement, il ne s'agit pas d'une rupture mais de la manifestation que nous sommes rentrés dans la seconde phase d'adoption des technologies du Web. Elles sortent maintenant de leur confinement à la représentation des données sur un écran pour devenir réellement des plates-formes d'applications nouvelles. Ainsi, Google est une application Web pure. Pour utiliser le service, on n'a pas besoin d'autre logiciel que son navigateur, qui offre par ailleurs de plus en plus de richesse fonctionnelle. On peut maintenant effectuer toutes sortes d'opérations à partir d'un navigateur sans rafraîchir la page et envoyer des données[3]. De même, le logiciel n'est plus lié à un terminal ou à un serveur particulier. Tous nos équipements électroniques communicants

---

1. http://del.icio.us
2. L'appellation Web 2.0, inventée en novembre 2005 par Tim O'Reilly, recouvre plusieurs réalités sociales et techniques.
3. Les méthodes de programmation AJAX (Advanced Javascript & XML) permettent notamment de rendre l'interface utilisateur d'un navigateur beaucoup plus riche et proche de celle d'un logiciel client résident.

sont connectés à la toile et utilisent les contenus qui y circulent (téléphones mobiles, agendas électroniques, GPS, ordinateurs, etc.). Enfin, de plus en plus de services Web sont en réalité des *mash-ups*, c'est-à-dire des assemblages d'applications hétérogènes hébergées sur plusieurs serveurs, ce qui permet notamment la réutilisation et l'assemblage d'applications existantes pour en créer de nouvelles non prévues par leurs concepteurs.

Une conséquence directe de cette nouvelle conception de la toile en tant que plate-forme est **la valeur croissante des contenus en provenance des utilisateurs.** Ils deviennent progressivement indissociables de l'application. L'intérêt d'un service comme Google pour l'utilisateur n'est pas dans l'application logicielle moteur de recherche, mais dans cette application associée au térabits de données utilisateur indexées en permanence. Il en est de même pour un grand nombre de services en ligne comme Amazon, eBay, Wikipedia ou YouTube[1], caractérisés par leur valeur d'usage croissante en fonction du nombre de personnes qui l'utilisent. Ainsi, une base de données bien construite associée à un moteur de recherche avancé est aujourd'hui une clé de réussite. C'est ce qui a permis à Google de devenir le premier système de renseignement planétaire. L'application devenant indissociable du contenu, on sort d'une logique de vente de licences d'utilisation d'un logiciel avec des versions successives pour entrer dans celle d'une vente d'un service en ligne qui évolue en permanence avec de nouvelles fonctionnalités (le moteur Google change de version douze fois par jour), selon des statistiques et des comportements des utilisateurs. Cela permet d'explorer de nouveaux modèles économiques centrés sur la publicité, l'abonnement et les droits d'auteur. Enfin, les applications Web collaborent de plus en plus et deviennent interopérables, ce qui veut dire que les contenus produits par une application peuvent être réutilisés par une autre, de façon transparente pour l'utilisateur. Déjà le standard RSS permet de s'affranchir de visiter un site Web pour en consulter le contenu. Il suffit désormais de s'abonner à des sources et de gérer les liens.

---

1. www.amazon.com ; www.ebay.com ; www.wikipedia.org ; www.youtube.com.

Les modes sociaux de circulation du savoir sur Internet

Les moteurs de recherche ne suffisent plus

Le développement de l'Internet s'est traduit, on l'a dit, par une crois-sance explosive de la quantité d'information disponible en ligne. Les informations pertinentes sont noyées dans un bruit de fond qui les rend difficilement repérables. Or, encore aujourd'hui, la communication électronique sur le Web s'effectue majoritairement suivant deux modes : le mode *push*, suivant lequel un producteur transmet un con-tenu à une liste de destinataires consentants ou non, et le mode *pull*, par lequel un producteur publie un contenu sur un site Web accessible à une communauté particulière ou au monde entier. Ces deux modes ont engendré un tel bruit de fond qu'ils sont devenus inefficaces : le mode *push* encombre nos messageries par des messages non sollicités[1] et le mode *pull* présuppose un niveau d'attention que nous n'avons plus.

Les moteurs de recherche, technologie phare du partage des connaissan-ces, ont apporté un premier élément de solution au problème dans le mode *pull*, et leur succès a permis l'extension de leur champ d'applica-tion à d'autres formats que le texte : image, son, vidéo… On s'en sert aussi pour dresser des cartographies sémantiques d'un espace de publi-cation et représenter tous les liens qui le relient au monde extérieur. On peut ainsi mesurer la popularité d'un site Web[2], cartographier un réseau des bases de connaissances s'apparentant les unes aux autres par leur contenu et représenter les liens établis entre elles. Appliqués aux blogs, les moteurs de recherche peuvent indiquer le niveau de connaissances acquises par leur auteur, donnant ainsi sa « carte de visite » d'expert en temps réel. Toute l'histoire d'une personne peut donc être enregistrée tout au long de sa vie, au rythme de ses interactions sur le Web, créant comme une signature dynamique de son passage, c'est-à-dire son iden-tité numérique.

---

1. Ce sont les messages qualifiés de « spams », en référence à un sketch des Monty Python, ou de « pourriels » par les Québécois, en référence aux « courriels », qui eux sont sollicités.
2. Par exemple, le moteur de recherche d'Amazon, Alexa (www.alexa.com).

Les moteurs de recherche ont néanmoins leurs limites, qu'on peut résumer en trois points :

- Malgré tous les espoirs placés dans l'intelligence artificielle, et malgré les succès indéniables des technologies d'analyse sémantique, ils ne savent pas interpréter le sens des mots ;

- Les technologies d'indexation introduisent un délai de latence entre la mise à disposition d'un contenu et sa découverte possible par le biais d'un moteur de recherche ;

- Le Web est plus opaque qu'on ne le pense, et les meilleurs moteurs ne s'attaquent qu'à 10 % à 20 % de son contenu.

En somme, ils servent à rechercher une aiguille dans une botte de foin parmi d'autres, et non à mettre en contact une personne qui a un besoin immédiat d'une aiguille avec une autre qui en a une à prêter.

Le mode « publish and process »

C'est pourquoi ces deux modes ont laissé la place à un troisième, dit *publish & process* par lequel on dissocie l'acte de publication d'une information de l'acte d'abonnement à cette source d'information. C'est en quelque sorte une généralisation du principe du téléphone, suivant lequel la communication n'a lieu que si l'émetteur et le récepteur sont tous les deux d'accord pour qu'elle s'établisse. L'un de ces destinataires peut être une personne physique, une personne morale, voire un service en ligne comme un moteur de recherche, ce qui permet l'indexation en temps réel du contenu, au moment même de sa publication. **Ainsi, aujourd'hui, sur Internet, on ne gère plus des contenus mais des liens,** depuis des sources d'information identifiées et réputées fiables et vers des personnes ou des groupes de personnes libres d'établir ou non la connexion. Avec Internet, *on gère son réseau*[1].

Les conséquences sociales de ce nouveau mode de communication en ligne sont encore à peine imaginables. Déjà, il établit des liens entre des personnes qui n'auraient jamais pu se rencontrer autrement. De nouveaux réseaux se créent spontanément sur le terrain. Les marchés devien-

---

1. D'où le développement rapide des services en ligne permettant précisément de gérer son réseau social professionnel, tels que Xing, LinkedIn ou Viadeo, mais aussi des services en ligne plus interactifs comme Facebook ou Ning.

nent des conversations mondiales qui permettent à un objet unique de trouver un acheteur unique à l'autre bout du monde. On peut maintenant gagner sa vie sur des marchés de niche à l'échelle planétaire.

On voit que les outils de collaboration sur le Web jouent un rôle essentiel dans la dynamique de formation et de structuration des réseaux sociaux informels et leur permettent de s'affranchir de certaines contraintes liées aux distances géographiques, temporelles, et même sémantiques si l'on inclut dans ces outils les logiciels de traduction. C'est pourquoi le développement de la confiance dans les entreprises, et par là même sa capacité d'adaptation et d'innovation, passe par la maîtrise de cet outil.

Les applications élémentaires de collaboration en ligne

Si l'on revient à nos quatre espaces de communication du chapitre précédent, chaque application de collaboration élémentaire s'inscrit sur l'un de ces niveaux. Les fonctionnalités qu'elle propose et son caractère plus ou moins intrusif caractérisent le niveau de communication (la « bande passante ») et de collaboration qui lui est attaché.

Dans l'espace *physique* de la communication, il s'agit des applications de publication et de diffusion de messages publicitaires et d'alertes, qui sont de type binaire : cela m'intéresse ou non. Ils prendront de plus en plus l'aspect d'un lien sur une page que je visite, et de moins en moins celui d'un message publicitaire non sollicité sur ma messagerie, que je ne lirai pas de toute façon, car il sera automatiquement éliminé. Dans l'espace *informationnel*, les applications seront de type *publish and process* en mode asynchrone et mettront l'accent sur les mécanismes d'abonnement et de génération de métadonnées. Aujourd'hui, les messages personnels en point à point utilisent les standards de la messagerie électronique, et les messages destinés à un grand nombre ceux des blogs[1], mais c'est fondamentalement la même chose du point de vue de la dynamique sociale. Dans l'espace *cognitif* de la recherche d'une interprétation commune de la réalité, les applications de collaboration mettront l'accent sur les échanges en mode synchrone ou quasi synchrone.

---

1. XML/RSS/RDF/OPML/Atom, etc.

Les outils associés sont les forums de discussion, les Web-séminaires et les conférences téléphoniques, qui exigent des participants un engagement plus fort les uns vis-à-vis des autres. Enfin, dans l'espace *social* de la recherche de valeurs communes et de l'action commune, les applications de collaboration pourront être intrusives. Les outils associés sont la messagerie instantanée, le chat, le téléphone… (figure 7).

Figure 7. Usage des outils de collaboration en ligne

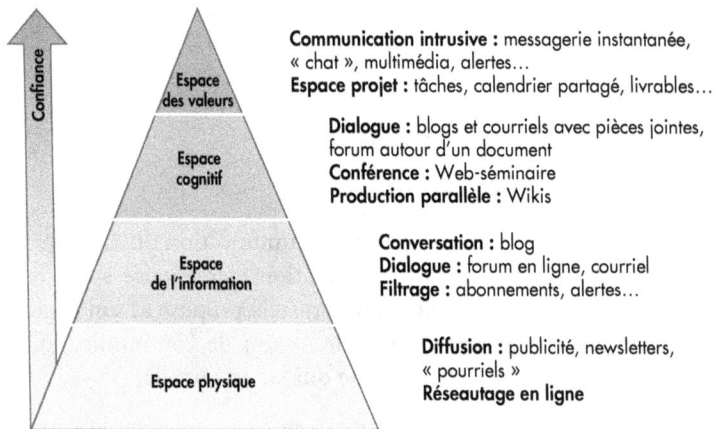

Les outils collaboratifs avancés agrègent de façon flexible ces applications élémentaires avec des outils de gestion de processus, afin de refléter des modes de collaboration récurrents de groupes préalablement constitués : équipes projet, communautés de métier, associations d'anciens élèves, etc. C'est le concept du « portail », qui regroupe en un lieu virtuel unique et personnalisable l'ensemble des applications en ligne accessibles au groupe, avec la gestion des droits d'accès associés. Mais l'employé et, *a fortiori*, le client sont des personnes aux identités multiples, amenées à utiliser bien d'autres services que ceux qui auront été sélectionnés par leur employeur ou leur fournisseur. D'où la tendance actuelle à considérer les portails comme un lieu virtuel d'abonnement à des services et non plus comme un lieu de destination, ce qui explique la tendance au dépouillement graphique des portails modernes. Tous les flux d'information vers une personne donnée sont maintenant agrégés sur un outil personnel qui gère tous les accès aux applications et aux services en ligne associés à ces flux de façon parfaitement transparente (Serence Klipfolio, Netvibes, Microsoft Live, etc.) (figure 8).

Figure 8. Agrégation des flux d'information par l'outil Netvibes

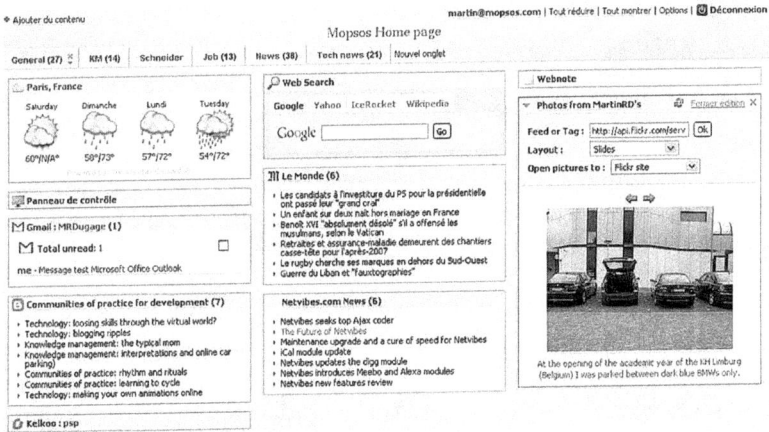

L'interface de navigation dans cet espace informationnel prend des formes de plus en plus sophistiquées, jusqu'à faire appel à tous nos sens. Le service SecondLife[1] nous en fournit une perspective d'avenir (figure 9).

Figure 9. Recrutement chez IBM *via* Secondlife

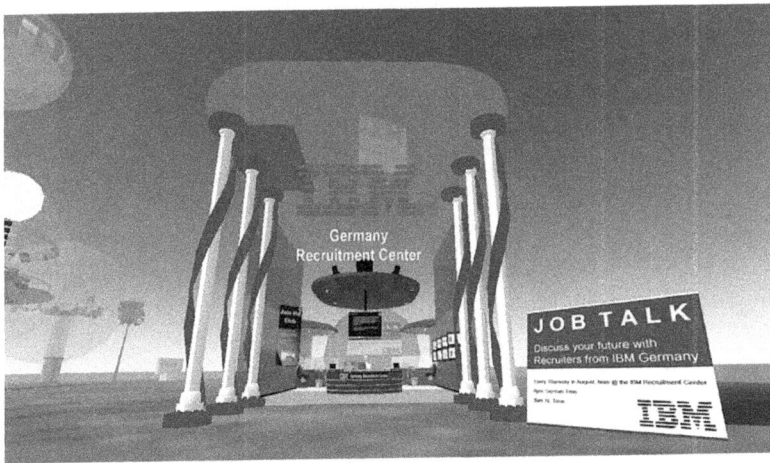

---

1. www.secondlife.com

La nécessaire interopérabilité des applications : la question centrale des métadonnées

Comme tout groupe social, une entreprise est donc amenée à utiliser une grande diversité d'outils de collaboration. La dynamique de développement de ces outils, on l'a vu, est telle qu'il est illusoire de les imposer par le haut sous la forme d'une suite logicielle intégrée d'usage universel[1]. Il faut au contraire admettre que les outils de collaboration les plus performants refléteront des modes de collaboration particuliers et que la question centrale sera de les rendre interopérables, c'est-à-dire de permettre aux contenus, produits par une application, d'être réutilisés par une autre, de façon transparente.

De ce fait, une minorité de directions informatiques de grandes organisations commencent à se détacher des grands systèmes d'information monolithiques d'entreprise pour s'intéresser de près aux standards d'interopérabilité permettant aux contenus de circuler librement entre différents systèmes locaux, voire personnels (blogs). Mais elles ont aujourd'hui généralement pour mission de choisir et imposer des *outils* et non des *interfaces* standard pour toute l'entreprise. La logique est classiquement industrielle : les outils s'achètent et sont mis en œuvre par des équipes dédiées. Il leur est donc associé un budget et des ressources. Ce n'est pas le cas pour les interfaces, dont le choix signe un accord d'alliance, mais qui sont des intangibles difficilement capitalisables dans une comptabilité.

La question des standards d'interopérabilité est complexe et sort du cadre de cet ouvrage. Cependant, pour bien comprendre leur rôle dans l'orientation des informations que l'on produit vers les personnes les plus susceptibles d'en avoir besoin, quelles que soient les applications qu'ils utilisent, il faut aborder la question des attributs contextuels de catégorisation et de classement de l'information, que l'on appelle aujourd'hui « métadonnées ».

---

1. *« Nous devons nous méfier de tout système ou procédé opérationnel planifié dans le détail, déployé depuis le centre, et développé avec minutie. Les systèmes et procédés qui marchent seront agiles et dynamiquement adaptatifs ; ils grandiront et évolueront selon les besoins dans le temps »*, Ray Ozzie, directeur technique, Microsoft.

Une métadonnée, comme son nom l'indique, est une donnée qui n'est pas contenue dans le document, mais qui sert à le décrire[1]. Il en existe de quatre types (figure 10) :

1. Celles qui décrivent le document de l'extérieur (titre, auteur, éditeur, date, format, langue, etc.) ;

2. Celles qui en caractérisent le contenu (type de document, classification, mots clés, descriptif, résumé, etc.) ;

3. Celles qui définissent l'usage qui peut en être fait (droits d'accès, droits d'utilisation, copyright, etc.)[2] ;

4. Celles qui décrivent les relations existant entre ce document et d'autres, et permettent de retracer sa vie (références, révisions, commentaires, utilisateurs, liens – *trackbacks* –, etc.).

Figure 10. Les quatre types de métadonnées

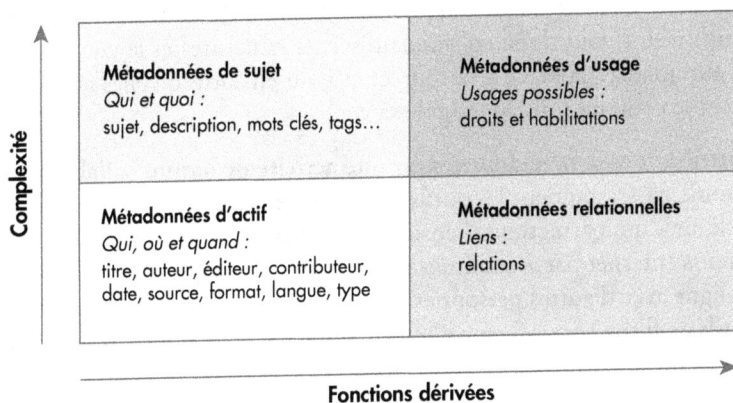

Métadonnées de sujet
Qui et quoi :
sujet, description, mots clés, tags...

Métadonnées d'usage
Usages possibles :
droits et habilitations

Métadonnées d'actif
Qui, où et quand :
titre, auteur, éditeur, contributeur, date, source, format, langue, type

Métadonnées relationnelles
Liens :
relations

Complexité

Fonctions dérivées

---

1. Source : Dublin Core (http://dublincore.org/documents/dces/) et Joseph A. Bush, *Taxonomy Strategies*.
2. Chez KPMG comme chez tous les grands cabinets d'audit et de conseil, la confidentialité des documents est devenue, surtout après l'affaire Enron, une question si délicate que la société est encouragée par ses assureurs à ne plus conserver ses documents de travail une fois les rapports finaux d'audit remis à ses clients. Depuis 2002, les droits d'accès à certains documents produits par les équipes de KPMG ne sont plus attachés comme souvent à la base de connaissances qui les héberge, mais au document lui-même. Ainsi, c'est l'auteur du document lui-même qui définit la communauté des personnes autorisées à en lire ou à en éditer le contenu à l'exclusion de toute autre.

On pourrait penser que les technologies des moteurs de recherche ont fait de tels progrès qu'il est inutile de perdre son temps à donner une structure à la base de connaissances d'une communauté, d'autant que le volume de données à indexer peut être grand. En réalité, la recherche plein texte est une régression par rapport au travail accompli depuis la fin du XVIIIe siècle avec les fiches de description des livres (titre, auteur, contenu, cote...). En effet, une fois qu'une information est trouvée, il faut pouvoir la récupérer ultérieurement soi-même et pouvoir l'orienter – la « vectoriser » – vers les bonnes personnes. C'est ce que permettent les métadonnées : elles simplifient le processus de publication et facilitent la recherche et la découverte en associant plus étroitement un émetteur d'information avec un récepteur ayant besoin de cette information.

Le problème inhérent aux métadonnées est celui des coûts associés. L'approche déclarative consistant à remplir un tableau descriptif à la manière des documentalistes est totalement incompatible avec l'explosion des contenus de tout type et les besoins de communication en temps réel. Il faut donc en standardiser les structures et le vocabulaire, en automatiser la saisie à la source, et faire en sorte qu'elles accompagnent le contenu tout au long de sa vie.

L'attribution de métadonnées est une activité de nature collaborative, comme en témoignent les outils de filtrage et de classement personnels en ligne[1], qui permettent d'enrichir le principe des signets sur les navigateurs Internet par attribution de mots clés ou « tags »[2], et par partage en ligne avec d'autres personnes. On y trouve en outre parfois quelques outils de filtrage sous forme de commentaires ou de notation de la qualité ou de la pertinence de la publication.

Les métadonnées qui apportent la plus grande valeur ajoutée aux contenus sont bien sûr celles que les experts du domaine choisissent. C'est pourquoi on ne peut pas approcher les métadonnées de façon normative à la manière des bibliothécaires, mais bien à partir du terrain dans un mouvement de standardisation de bas en haut. La plupart des systè-

---

1. Par exemple, del.icio.us (http://del.icio.us).
2. On appelle « tag » un mot clé de classement défini par l'utilisateur lui-même et non choisi dans une liste prédéfinie. Lorsqu'on collecte les tags utilisés par un grand nombre de personnes au sein d'un groupe, on peut alors normaliser certains d'entre eux, qui deviennent alors des mots clés communs.

mes de classement d'entreprise, normatifs de haut en bas, fonctionnent mal. Chaque personne a ses propres préoccupations et son propre vocabulaire pour établir ses propres métadonnées, et c'est à partir de la confrontation des métadonnées *effectivement expérimentées avec succès* qu'on peut négocier et convenir d'une approche collective commune.

La loi de puissance de la participation

Ainsi, les applications de collaboration sont à comprendre à la fois comme des espaces de collaboration pour leurs utilisateurs, mais aussi comme des machines à produire des métadonnées permettant la réutilisation de certains contenus dans une autre application. À chaque fois qu'un utilisateur recherche, télécharge, évalue, commente ou catégorise une information trouvée sur Internet, il l'enrichit de métadonnées qui orientent cette information, consciemment ou non, vers les personnes qui en ont le plus besoin. Auparavant, toute information devait être poussée par son auteur vers son destinataire final ; aujourd'hui, l'auteur peut se contenter de publier l'information vers un grand nombre de personnes et d'applications. **Ce sont les lecteurs qui enrichiront cette information et la feront ainsi parvenir de proche en proche à la personne qui en a besoin, au moment où elle en a besoin.**

C'est ce qu'illustre le diagramme de la loi de puissance de la participation en ligne[1]. Lorsqu'on publie un contenu sur Internet, la plupart des internautes ne le voient pas, et la plupart de ceux qui le voient n'en font rien. Seulement un très petit nombre de personnes souhaite entrer en contact avec l'auteur en vue d'une collaboration. Entre ces deux extrêmes, on trouve tous ceux qui indiquent leur intérêt en donnant une appréciation positive de ce contenu, puis ceux qui le classent pour une réutilisation ultérieure, puis ceux qui le commentent, puis ceux qui le retravaillent et le republient, etc. Tout ce réseau de traitement simultané de l'information constitue aujourd'hui le mécanisme de base de la rencontre et de la collaboration sur Internet (figure 11).

---

1. Source : Ross Mayfield, de SocialText (www.socialtext.com).

Figure 11. Loi de puissance de la collaboration sur Internet

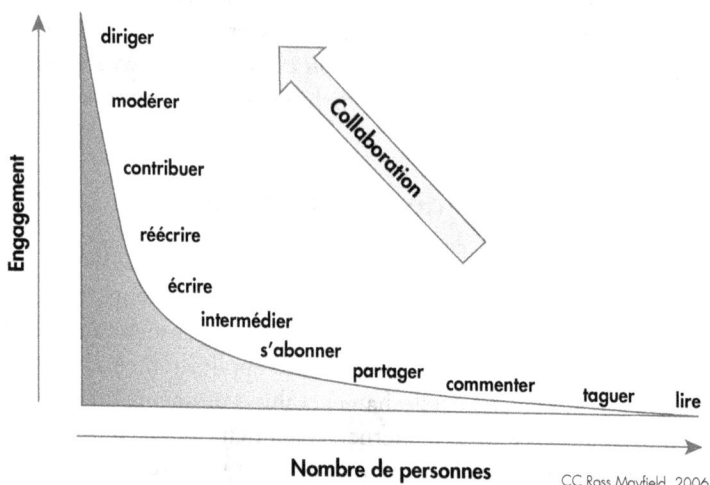

CC Ross Mayfield, 2006

Ce principe général de subsidiarité appliqué à la gestion de l'information donne à l'auteur la responsabilité de définir ses propres métadonnées, et tout spécialement les droits d'utilisation de ce qu'il produit, et aux ayants droit celle d'enrichir l'information avec de nouvelles métadonnées qui l'orienteront de proche en proche vers les bonnes personnes. La question des métadonnées est donc au centre de la question du partage des connaissances explicites, qu'il s'agisse de textes ou de toute autre forme de contenu audiovisuel. Elle est aussi stratégique, car toute alliance d'entreprises repose d'abord sur le partage d'informations. Le partage des codes AF/DL est le point de départ des alliances entre compagnies aériennes, par exemple.

Rappelons toutefois que c'est le capital social d'un groupe qui définit le champ des activités de collaboration qui lui sont accessibles. **Il est illusoire de proposer des modes et outils de collaboration de niveau élevé à un groupe de personnes qui n'est pas prêt à les utiliser.** En revanche, on peut – et on doit – par un choix astucieux et graduel d'activités collaboratives et d'applications associées leur faire gravir les échelons de la confiance mutuelle et développer leur intelligence et leur capacité d'action collective. En ce sens, la technologie peut être un prodigieux accélérateur de la confiance mutuelle.

On verra au chapitre 6 un modèle permettant de comprendre comment ces différentes applications de collaboration élémentaires se combinent pour donner naissance à un système d'apprentissage complet au service du projet d'entreprise.

À retenir

1. Internet est l'infrastructure par excellence de la collaboration à distance, autant par les applications de collaboration elles-mêmes que par les standards d'interopérabilité entre applications.

2. Les grandes entreprises seront toujours suiveuses par rapport aux structures légères quant à l'adoption d'applications de collaboration innovantes sur Internet. Elles doivent donc apprendre à les expérimenter aux frontières pour les amener peu à peu vers le cœur de leur activité.

3. Pour tirer parti de la puissance du Web, il faut dissocier totalement les mécanismes de publication et de traitement, afin que l'information puisse circuler d'application en application. Il faut donc s'intéresser autant aux fonctions des outils qu'à leurs interfaces.

4. La puissance de la collaboration en ligne repose plus sur le traitement parallèle de l'information par un grand nombre de personnes que sur la puissance de calcul des moteurs de recherche.

Chapitre 5

Les structures sociales de la confiance : réseaux et communautés

THE EMPLOYEE OF THE MONTH IS TINA, FOR ALL OF THE UM... VARIOUS WORK THAT SHE DOES.

« Les réseaux et les communautés sont à la fois la source et la forme du capital social dans les organisations, la manifestation première d'un relationnel de coopération entre les personnes. »

Larry Prusak

Investir dans la confiance, c'est modifier la forme et les schémas de collaboration de l'organisation vers plus d'ouverture et plus de prudence.

Il faut plus d'ouverture, car la transparence crée la confiance, et la rétention d'information la détruit. L'ouverture réhabilite les conversations, dans lesquelles certains voient l'une des sources de la fertilité intellectuelle du Quartier latin à Paris jusqu'aux années 1960, et du développement de la Silicon Valley aujourd'hui.

Il faut plus de contrôle aussi, car au-delà du problème réel de la confidentialité – toute vérité n'est pas bonne à dire –, il y a celui autrement plus complexe de l'élasticité du langage, car toute information donne lieu à interprétation par celui qui la reçoit. Elle sera donc d'autant plus déformée et propagée en rumeur qu'il n'en aura pas compris le sens ou le contexte[1].

Ce double impératif paradoxal de transparence et de contrôle des communications est au cœur du débat. C'est là que les réseaux et les communautés entrent en scène en tant que structures sociales informelles de la confiance collective.

La dynamique sociale de la confiance

Le développement des réseaux sociaux

Comment s'organise un réseau social ? Tout commence lorsqu'une des personnes indépendantes appartenant à des entités différentes pense qu'il est de leur intérêt de développer des liens entre elles. L'ensemble de ces connexions deux à deux définissent un réseau social informel, qui est un système complexe adaptatif au sens ci-dessus. Les interactions entre membres de ce réseau s'établissent en dehors de tout équilibre, et cependant il s'auto-organise à partir de l'échange de messages.

La théorie des graphes associée à la puissance de calcul des ordinateurs modernes permet de faire tourner différents modèles de développement de tels réseaux sociaux (voir annexe 2). On s'intéresse tout particulièrement à ces modèles aujourd'hui car le pouvoir d'influence des réseaux est directement lié aux technologies de communication disponibles. Si le développement de l'imprimerie au XVe siècle, des transports au XIXe siècle, du téléphone et des médias au XXe siècle a donné aux hommes de nouveaux moyens d'établir des connexions entre eux, le XXIe siècle naissant leur a donné Internet.

---

1. Suivant le contexte, le mot Java peut signifier une île d'Indonésie, une danse populaire française ou un langage de programmation. Pour les moteurs de recherche, c'est un casse-tête, mais notre cerveau est capable de resituer immédiatement le mot dans un contexte, lui associer un référentiel culturel et en saisir le sens. Cependant, certains choix de mots et subtilités de style, en particulier lorsque l'on porte un jugement, ne peuvent être compris que par des personnes avec lesquelles on entretient des rapports étroits.

Le pouvoir de créer de nouveaux réseaux sociaux s'est complètement démocratisé depuis le développement des blogs en 2003. On voit maintenant apparaître des réseaux des organisations de portée mondiale et de caractère inédit, et ce dans tous les domaines. C'est à la fois exaltant et inquiétant. Exaltant, car on ne peut que se réjouir de voir se multiplier les ponts entre les hommes, pour qu'ils se connaissent et se comprennent mieux. Inquiétant, car la transformation des réseaux d'allégeance se traduira nécessairement, comme l'Histoire l'a montré à maintes reprises, par des conflits opposant les tenants de l'ordre établi et ceux de la modernité.

Quand les réseaux deviennent communautés

Un réseau social informel est par nature ouvert et non borné. L'information circule librement et sans contrainte entre les nœuds du réseau. La qualité de cette information n'est pas toujours très bonne, car chaque personne dans le réseau peut interpréter et répercuter comme il l'entend les messages qui lui parviennent. On reste alors dans les espaces inférieurs de communication, émaillés de bruits et de rumeurs. Pour passer aux niveaux supérieurs, il faut alors faire appel au mécanisme du tiers de confiance, qui, on l'a vu, n'opère que dans le registre de compétence du médiateur. Les amis de mes amis ne sont pas nécessairement mes amis, mais si un de mes amis qui travaille dans le bâtiment me recommande un architecte, j'aurai un *a priori* favorable, sinon sur sa bienveillance au moins sur sa compétence.

Une personne particulièrement bien connectée à d'autres dans un domaine de connaissances particulier est en général très courtisée. Elle attire à elle, comme par gravité, un grand nombre de personnes spécialistes de ce domaine qui cherchent un point d'ancrage de leur savoir. Elle peut alors décider d'organiser les activités de son réseau proche pour faire progresser la connaissance collective de ce domaine tout en économisant son temps. Le réseau devient alors *communauté*.

Le terme de communauté désigne un groupe de personnes rassemblées autour de buts, d'expériences, de tâches ou d'intérêts communs, et « *mutuellement engagées dans des actions dont elles négocient ensemble le sens* », selon les termes d'Étienne Wenger. Ce qui distingue une communauté d'un réseau social informel, c'est la formalisation et l'adoption des structures de base de toute société humaine :

1. **L'existence de frontières et une forme d'exclusivité**, une définition permettant de reconnaître qui est membre de la communauté et qui ne l'est pas ;

2. **Une raison d'être**, une rationalité qui va au-delà du simple désir d'être ensemble ;

3. **Un engagement au service des autres**, une attention mutuelle des membres les uns vis-à-vis des autres, ou au moins un sentiment de responsabilité individuelle vis-à-vis de la communauté dans son ensemble ;

4. **Des règles**, des limites imposées au comportement des membres, avec menace d'exclusion en cas de transgression ;

5. **Des rites**, des événements récurrents qui lient les membres les uns aux autres et facilitent le dialogue, manifestant le passage à un état supérieur ;

6. **Une langue commune**, parfois un jargon impénétrable pour les néophytes ;

7. **L'autodétermination**, la liberté de la communauté de décider par elle-même de son mode de fonctionnement et du choix de ses membres.

Une communauté naît toujours d'un réseau social préexistant, et non de la volonté d'une personne isolée, quelles que soient les ressources dont elle dispose. Elle s'organise typiquement en espaces de vie concentriques autour d'un ou plusieurs centres de gravité d'ordre géographique (le village, l'école, l'association) et autour de la figure centrale d'un médiateur, tiers de confiance par excellence du domaine : l'inspirateur, le gourou, l'animateur…

Selon le psychologue Seymour Sarason (1974), le sentiment d'appartenance à une communauté est fondé sur plusieurs perceptions qui relèvent de la confiance mutuelle : la similitude entre les membres, leur interdépendance, la volonté commune de maintenir les échanges au sein d'une structure sociale plus ou moins pérenne. **Au centre d'une communauté particulièrement vivante, il y a toujours une forme de transcendance (une idée, une théorie ou une divinité) qui soude la communauté** ; c'est pourquoi les communautés socialement engagées publient souvent des manifestes ou des livres blancs qui fondent leur identité. À l'instar des communautés religieuses, les communautés professionnelles les plus vivantes et actives sont toujours portées par une idée originale, partagée par tous les membres, et déviante par rapport à la pensée dominante. C'est elle qui soude la communauté.

À ceux que cette idée communautaire inquiéterait un peu par sa connotation anarchisante ou sectaire – « communautarisme »-, rappelons que l'individualisme et les obligations qui naissent de la vie en communauté ne s'opposent pas. C'est le sentiment d'appartenance à une communauté qui donne un sens à nos actions, et c'est par la reconnaissance et l'estime de ses pairs qu'on développe l'engagement, le dépassement et l'estime de soi. Le développement personnel et l'entretien des liens sociaux avec les autres se renforcent mutuellement. Plus on est éduqué, plus on est capable de créer des liens positifs avec les autres. Plus on est capable de créer des liens avec les autres, plus on est capable d'apprendre d'eux. Ainsi, ce sentiment d'interconnexion et d'interdépendance est essentiel, non seulement pour vivre en société, mais pour assurer le développement personnel des individus. Husserl, en 1913, évoquait le fait qu'un monde extérieur ne saurait être perçu que de manière intersubjective, c'est-à-dire par une majorité d'individus percevants qui communiquent entre eux. L'expérience que nous avons des autres personnes joue un rôle éminent dans la genèse de la connaissance.

Une typologie de communautés

Il y a de nombreuses typologies de communautés, suivant le référentiel qu'on adopte.

Si l'on se situe dans le registre de la confiance, on revient une fois de plus à nos quatre espaces de communication du chapitre 2. On peut alors considérer que les niveaux 2 (information), 3 (cognition) et 4 (éthique) correspondent à trois types de structures sociales bien différentes :

1. **Les réseaux d'information**, où les liens entre personnes sont essentiellement instrumentaux et symétriques ;

2. **Les communautés professionnelles**, où les liens de conseil mutuel entre les personnes deviennent asymétriques et nécessitent de ce fait une plus grande structuration sous forme de communauté ouverte pour tenir dans la durée ;

3. **Les corps**, communautés professionnelles fermées fondées sur l'amitié et les histoires communes.

Si l'on se place dans le registre des activités des communautés, on peut distinguer quatre types génériques de communautés, par ordre croissant d'engagement des membres les uns vis-à-vis des autres :

1. **Communauté d'intérêt** : groupe de personnes partageant des intérêts communs et disposés à s'entraider. Exemple : les contributeurs de Slashdot, à l'origine un forum de discussion d'informaticiens et qui est maintenant devenu l'un des grands médias interactifs du Web[1] ;

2. **Communauté d'objectif** : groupe de personnes engagées dans une collaboration en vue d'accomplir quelque chose ensemble. Exemple : le groupe des 300 000 contributeurs de l'encyclopédie en ligne Wikipedia[2], ou plus simplement un groupe de bénévoles réhabilitant un gîte en montagne ;

3. **Communauté de pratique**, aussi appelée CoP pour *Community of Practice*, ou « communauté de métier » : groupe de personnes engagées dans des activités professionnelles semblables et qui se réunissent pour apprendre les unes des autres et faire progresser les pratiques du métier. Exemple : le groupe CoP-1[3], communauté de knowledge managers de grandes entreprises francophones, ou plus simplement une école de peinture ;

4. **Communauté d'innovation** : groupe de personnes engagées dans des activités collaboratives de création. Exemple : le groupe de développeurs de produits logiciels libres comme Linux, Apache ou Mambo, ou un orchestre de jazz.

Si l'on se place dans le référentiel des relations avec l'extérieur, la présence ou non d'un parrain, qui incidemment possède des droits sur les productions de la communauté, se révèle très structurante. Elle permet de distinguer trois types de communautés :

1. **Communauté indépendante** : groupe de personnes se constituant en communauté à partir d'un réseau social informel. Exemple : communauté d'action sociale ou politique comme Moveon.org ;

---

1. www.slashdot.org.
2. www.wikipedia.org.
3. www.cop-1.net.

2. Communauté parrainée par un consortium : groupe de personnes engagées dans des activités communes au nom de l'organisation qui les emploie. Exemple : communauté de standardisation et de normalisation comme le W3C (WorldWideWeb Consortium), ou communauté de logiciel libre ;

3. Communauté parrainée par une organisation unique : groupe organisé en communauté sous l'égide d'une organisation et subordonné à sa mission première, de nature commerciale pour les entreprises. Exemple : un groupe d'utilisateurs d'un produit.

Dans ce même référentiel centré sur le parrainage, on peut affiner et classer les communautés en quatre catégories caractéristiques du type d'organisations formelles qui les parrainent :

1. *Developers Networks* : groupe de personnes à profil technique engagées dans le développement d'applications nouvelles à partir d'une offre. Elles relèvent typiquement de la fonction R & D ou de la direction des systèmes d'information. Exemple : Adobe Developers Network [1] ;

2. *Business to Business* (B2B) : groupe de personnes représentatives de l'entreprise élargie à ses fournisseurs, clients et partenaires. Elles relèvent typiquement de la fonction marketing. Exemple : Fibre2Fashion ou la communauté automobile de McKinsey [2] ;

3. *Business to Consumers* (B2C) : groupe de personnes clientes d'une même entreprise. Elles relèvent typiquement de la fonction marketing ou commerciale. Exemple : Amazon [3] ;

4. *Business to Employees* (B2E) : groupe de personnes employées d'une même organisation. Elles relèvent typiquement de la fonction ressources humaines. Exemple : Firstgov [4] ou les *knowledge communities* de grandes sociétés comme J & J, Shell ou Caterpillar, souvent organisées comme des forums de discussion entre des milliers d'employés.

Ce dernier classement présente surtout l'intérêt de pouvoir les rattacher à une organisation formelle, et donc d'associer certains coûts de fonctionnement de la communauté à des lignes budgétaires précises.

---

1. www.adobe.com/devnet.
2. www.fibre2fashion.com, http://autoassembly.mckinsey.com/html/home.asp.
3. www.amazon.com.
4. www.firstgov.org.

La vie des communautés professionnelles

L'entreprise est un archipel

Une caractéristique importante des communautés professionnelles est qu'elles s'engendrent les unes les autres en cycle. Une communauté d'intérêt engendre une communauté d'innovation lorsque quelques membres de la communauté, en provenance de métiers différents décident de creuser un sujet particulier et d'expérimenter ensemble pour créer de nouvelles connaissances. Si tout se passe bien, une communauté de pratique apparaît alors, lorsque d'autres personnes décident de s'approprier ces nouvelles connaissances pour les mettre en pratique en apprenant les unes des autres. De cette communauté de pratique naît une communauté d'objectif, dont le but est de codifier et disséminer un savoir validé par la communauté de pratique. Enfin une communauté d'intérêt se met en place autour de ce nouveau savoir codifié. Cette dynamique sociale communautaire reflète bien le cycle de l'innovation (figure 12).

Figure 12. Cycle du développement industriel et cycle de l'innovation

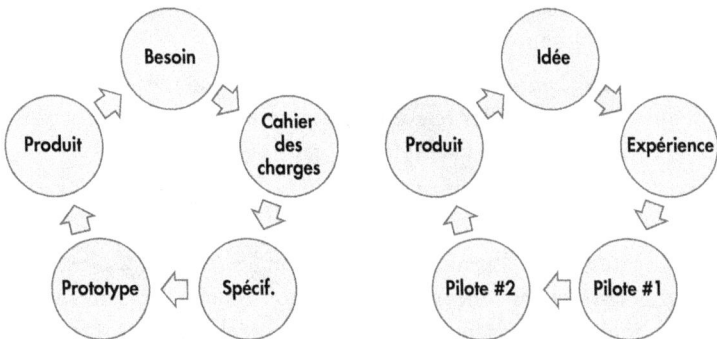

Ce cycle est assez différent du cycle classique et codifié de développement industriel. Il n'y a pas d'innovation possible dans une entreprise si l'on n'y entretient pas cette dynamique communautaire.

Encore rien de nouveau, dira-t-on. Dans le monde professionnel, les communautés existent depuis toujours. Ce qui est nouveau, c'est l'urgence de redécouvrir cette dimension communautaire de l'entreprise en raison de ce nouvel impératif d'innovation, et de promouvoir activement le développement de ces communautés. Une entreprise est, *a minima*, la communauté d'intérêt des gens qui y travaillent, dans la mesure où c'est la collaboration de tous les employés à son succès qui leur assure un salaire. C'est particulièrement visible à travers la symbolique militaire de certaines entreprises américaines, japonaises ou coréennes, où l'uniforme et le salut au drapeau de l'entreprise sont de rigueur. Cependant, il est plus pertinent et plus utile de voir l'entreprise non comme la communauté d'intérêt unique de ses salariés, mais comme l'ensemble des communautés que l'entreprise parraine par sa marque et dont l'unité est maintenue par leurs nombreuses intersections et par le faible degré de séparation entre deux personnes prises au hasard[1] (figure 13).

Figure 13. L'entreprise en tant qu'ensemble de communautés[2]

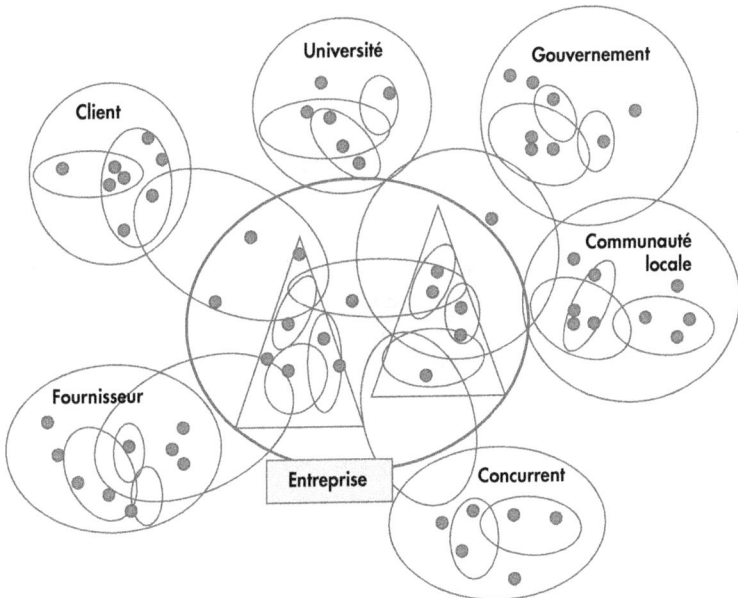

_____

1. L'entreprise de ce fait présente les caractéristiques d'un « petit monde » (voir annexe 2).
2. D'après Ikujiro Nonaka & Ryoko Toyama, "Knowledge Creation as a Synthesizing Process" (in *Knowledge Management Research & Practice*, vol. 1, n° 1, Palgrave McMillan, July 2003).

La communauté centrale :
le « noyau dur » de l'entreprise

Art Kleiner[1] pense qu'il existe, au sein de toute organisation formelle au moins une communauté restreinte, un noyau dur constitué de « ceux qui savent », autour duquel toute l'activité du reste de l'organisation gravite. En entreprise, cette communauté d'objectif ne reflète pas nécessairement les couches hautes de l'organigramme. Si elle est principalement composée de membres de l'équipe de direction, elle ne les admet pas nécessairement tous en son sein, et d'autres personnes internes, et parfois externes, à l'institution peuvent en faire partie. Quand vous faites partie de cette communauté centrale, vous le savez. Vous êtes courtisé par l'ensemble de l'organisation, qui se plie en quatre pour réaliser le moindre de vos désirs. Tout ce que vous pouvez dire est interprété, amplifié et étudié par des exégètes de toutes sortes. Tout s'organise afin de vous donner satisfaction[2].

Dans certaines entreprises de culture participative, cette communauté peut être assez large. Dans d'autres, de culture plus autoritaire, elle peut être très restreinte. Elle se renouvelle peu en période de stabilité, alors qu'en période de crise, elle est sans cesse renouvelée. Comme pour toute communauté, la valeur de cette communauté centrale est dans la connaissance et les valeurs qu'elle incarne. Par les sujets auxquels elle prête attention, c'est-à-dire ceux sur lesquels elle s'attarde, on sait quelles connaissances ont de l'importance. Si elle est médiocre, elle ne s'attache au fond qu'aux savoirs permettant de conserver son pouvoir. Si elle est de grande qualité, elle concentre et symbolise le savoir collectif de l'entreprise tout entière. Selon les mots d'Art Kleiner, elle est alors « *accordée à l'ambiance professionnelle de l'entreprise comme un bon chef d'orchestre, qui repère immédiatement que le piccolo a fait son entrée un tout petit peu trop tôt, et que le troisième violon joue un peu trop fort* »[3]. Aucune organisation ne réussit durablement sans la cohésion de cette

---

1. Art Kleiner, *Who Really Matters*, Currency Doubleday, 2003.
2. Incidemment, un bon nombre de déclarations d'entreprise sur la primauté du client sont battues en brèche par cette théorie qui place au centre la satisfaction du noyau dur de l'entreprise.
3. Dans son livre, Louis Schweitzer (*Mes années Renault. Entre Billancourt et le marché mondial*, Le débat/Gallimard, 2007) écrit : « *Nous étions les seuls à penser dans l'industrie automobile que Nissan pouvait être redressé.* » Si le « nous » n'est pas un pluriel de majesté, il se réfère à ce noyau dur chez Renault.

communauté centrale. Le signe infaillible de son dysfonctionnement est le fonctionnement en silos, qui traduit l'incapacité des départements de l'entreprise à vivre leur interdépendance.

En tant qu'employé de l'entreprise, il est important de savoir se positionner par rapport à ce noyau dur. Quand on n'en fait pas partie, on ne prend pas part aux discussions importantes, et sa voix compte peu, même si l'on continue à faire partie d'une communauté d'intérêt plus large. À une époque où l'externalisation fait rage[1], il faut savoir en prendre acte et gérer sa carrière en conséquence, notamment en prenant des positions plus centrales dans d'autres communautés, si possible connectées à la communauté centrale, ou en assumant le rôle de médiateur entre plusieurs communautés auxquelles on appartient.

Que de gens ont compromis leur carrière et leur santé sur une mauvaise compréhension des modes d'accès à cette communauté centrale, en faisant le pari qu'il suffisait de remplir ses objectifs pour assurer son avenir. C'est souvent nécessaire, mais ce n'est jamais suffisant, comme peuvent en témoigner bien des managers écartés du pouvoir au moment où ils s'y attendaient le moins. **On entre toujours dans une communauté par cooptation et par parrainage.** si l'on ne le comprend pas, on risque fort d'adopter un comportement de masse, en adoptant des schémas comportementaux uniformes, sans unité intérieure qui donne du sens. C'est en quelque sorte la forme limite et aliénante de la communauté d'entreprise.

L'espace communautaire

La grande différence entre une communauté et un réseau social informel, c'est que la communauté a un domaine et une frontière. Alors qu'on peut douter de son appartenance à un réseau, il n'y a aucune ambiguïté dans les communautés. On en fait partie parce qu'on y a été invité ou reçu. Il y a donc une séparation entre le dedans et le dehors, et c'est cette frontière qui délimite l'espace de confiance au sein duquel les

---

1. « *Il n'y a pas d'heures supplémentaires que nous ne paierons pas, pas de niveau de travail temporaire au-delà duquel nous n'irons pas, pas d'externalisations ou de délocalisations que nous ne ferons pas. Nous ferons tout pour éviter de devoir embaucher un seul nouveau travailleur permanent aux États-Unis* », P-DG d'une société high-tech californienne, cité par l'analyste politique Charly Cook en décembre 2004.

membres sont admis et les règles particulières s'appliquent. La confiance se gère donc aussi en mettant des sentinelles aux frontières, même si la *perméabilité* de la frontière d'une communauté est nécessaire pour favoriser l'importation d'idées et de ressources nouvelles.

Dans le cas des communautés d'intérêt, comme les communautés d'entraide fonctionnant sur le principe de la foire aux questions, les frontières sont très perméables. Elles sont les plus proches des réseaux informels. C'est le cas aussi des communautés d'objectifs, où l'on cherche toujours des bénévoles. Dans ces communautés, les liens de confiance entre les personnes sont fondés sur la réputation, les effectifs se comptent en milliers et les rencontres en face-à-face ne sont pas toujours nécessaires (figure 14).

Figure 14. Communauté ouverte

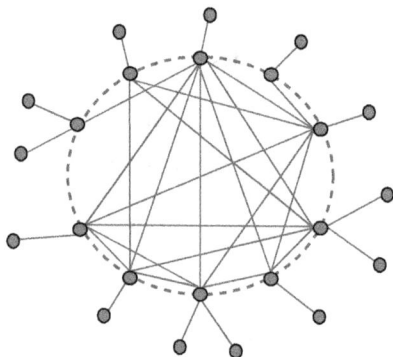

Les communautés de pratique, et plus encore les communautés d'innovation, qui se donnent pour mission de gérer un domaine de connaissance ou de créer un produit, sont naturellement plus fermées. Les effectifs dépassent rarement une centaine de personnes, car il est essentiel que les membres se comprennent très bien. Les rencontres en face-à-face sont alors nécessaires pour leur permettre de tisser des liens interpersonnels plus forts et monter vers les niveaux élevés de communication. La cohésion sociale obtenue renforce les liens de confiance entre les membres et accroît leur motivation (figure 15).

Figure 15. Communauté fermée

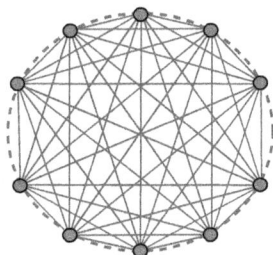

L'économie en réseau

> « *Le modèle de l'open science et la culture de l'homo acade-micus, dont la principale motivation est la reconnaissance des pairs, sont mieux adaptés à la création d'idées nouvelles que l'économie de marché.* »
>
> Daniel Cohen

Au-delà du marché

Même si bon nombre de communautés professionnelles produisent des objets ayant une réelle valeur sur le marché, comprenons bien que **la *première* raison d'être d'une communauté est de servir ses membres.** D'aucuns pourraient penser que c'est un luxe que peu d'entreprises peuvent offrir à leurs employés. Ils se trompent.

En milieu professionnel, la relation de client à fournisseur dans un contexte monopolistique offre le niveau de coûts de fonctionnement global le plus bas, mais aussi le niveau de communication interpersonnelle le plus sommaire. Il suffit d'essayer d'obtenir des papiers d'une administration centrale, ou un dépannage logiciel d'un service informatique d'entreprise pour s'en convaincre. Dans ce type de relation, la réponse à la question « qui fait quoi ? », question fétiche de toutes les bureaucraties, tient lieu de sommet dans la connaissance. Le client se livre alors à un jeu de piste pour tenter de dénicher enfin la personne qui a le pouvoir de faire avancer son dossier d'un cran.

Le marché, c'est-à-dire la relation de client à fournisseur dans un contexte de concurrence, est plus efficace, car il oblige les acteurs à se dépasser, et surtout les pousse à passer à un niveau supérieur de communication pour

maintenir la relation. Le client se livre à des comparatifs et choisit le fournisseur capable de lui fournir le meilleur rapport qualité/prix. La relation
client-fournisseur est donc rééquilibrée en sa faveur.

Certains voient dans l'économie de marché un aboutissement. Il n'y
aurait rien de plus efficace en matière d'échange de biens et de services,
et c'est donc ce modèle qui s'appliquerait à l'échange des connaissances.
Les expériences de « places de marché de connaissances » dans les années
2000-2001 ont déçu et prouvé qu'il n'en était rien, et qu'il fallait changer
de modèle pour entrer dans une relation d'intimité plus grande[1]. Au-
delà du marché dans l'ordre de la communication, il y a la communauté
humaine, établie sur des relations de confiance et d'obligation sociale.
Même si l'on peut être amené à payer une cotisation pour en faire partie,
il n'y a pas de contrats commerciaux au sein d'une communauté, de
même qu'il n'y en a pas au sein d'une cellule familiale. L'argent a le pouvoir de rassembler les personnes autour d'un même but, mais il ne peut
pas amener les membres d'un groupe à prendre soin les uns des autres.

L'économie du don : le logiciel libre

> « Cette nouvelle ère est caractérisée par l'innovation colla-
> borative de nombreuses personnes travaillant au sein de
> communautés douées, tout comme l'innovation à l'ère
> industrielle était caractérisée par le génie individuel. »
> Irving Wladawsky-Berger, VP Innovation et Stratégie d'IBM

L'expérience communautaire ouvre à l'économie du don : dans ma
communauté, je peux enfin *donner* gratuitement, car je crois que la réciprocité jouera en ma faveur plus tard. L'existence d'une frontière réduit
l'insécurité inhérente au don gratuit.

Le mouvement du logiciel libre en donne une illustration. La communauté des développeurs logiciels du monde entier a engendré le système
d'exploitation Linux, les bases de données MySQL, le navigateur Mozilla

---

1. Lors de la bulle Internet, de nombreux sites Web se proposaient de mettre en relation des
offreurs et des acheteurs de connaissance sur des sites marchands, et plusieurs centaines de
millions de dollars furent investis dans cette idée. Ce fut un échec, car l'association entre un
acheteur et un vendeur ayant la même compréhension du problème posé s'est en fin de
compte révélée inextricable. si l'on achète bien des services au contenu codifié, on n'achète
pas de la confiance.

et tant d'autres logiciels libres qui menacent l'hégémonie de Microsoft, prouvant ainsi qu'une colonie de fourmis peut inquiéter un lion. Les dirigeants de SUN, IBM et HP et même du gouvernement de Chine populaire ne s'y sont pas trompés, en parrainant financièrement certains de ces développements. Cependant, ce mouvement n'est pas né de la volonté de lutter contre l'hégémonie de Microsoft, mais d'expérimenter un modèle économique qui permette de produire, et surtout de maintenir des logiciels d'usage général de très grande qualité. Le développement logiciel se caractérise en effet par un taux d'échec particulièrement élevé, soit par manque d'originalité, soit par défaut de qualité. Les logiciels d'usage courant sont de plus en plus complexes et ont des durées de vie très courtes s'ils ne sont pas constamment améliorés. Le cadre de travail de l'entreprise industrielle, marquée par la division du travail et les processus, se révèle peu adapté aux activités de développement de logiciels très innovants, qui relèvent de plus en plus de la création artistique. La lourdeur inhérente à toute décision d'investissement, d'allocation de ressources et de comptes rendus ne permet en pratique que l'innovation incrémentale. Il est également mal adapté aux activités de maintenance et de débogage, qui requièrent l'attention d'un très grand nombre de personnes dans les phases de lancement. Or, la croissance du nombre de lignes de code rend la taille des équipes de développement insuffisante pour leur permettre d'assurer par elles-mêmes la maintenance et l'évolution du produit logiciel dans ses différentes mises en œuvre opérationnelles.

En renonçant à la propriété intellectuelle et aux licences d'utilisation d'un logiciel prototype, en permettant son développement ultérieur en plein jour par une communauté de développeurs indépendants, et en donnant à toute personne la possibilité d'apprécier à tout moment la qualité du produit, l'équipe des concepteurs fait le pari que si le projet n'attire personne et n'engendre aucune conversation, ce sera un signe que la valeur d'usage du produit attendu n'est pas suffisamment remarquable pour susciter de l'intérêt, et cela indiquera clairement à ses concepteurs la nécessité de revoir leur copie. Si au contraire il attire beaucoup d'utilisateurs par son originalité, il attirera aussi des développeurs qui corrigeront les erreurs, apporteront des améliorations et étendront l'usage du logiciel, jusqu'au jour où sa marque sera établie et où l'on pourra créer une activité de produits et de services rémunérateurs dérivés. L'activité commerciale existe toujours, mais elle est différée dans le temps, après la validation effective du produit par une vaste communauté d'utilisateurs et de développeurs.

Ainsi, les développeurs de logiciels libres échangent en quelque sorte le salaire qu'ils pourraient gagner dans une entreprise pour y développer un logiciel auquel ils ne s'identifient pas contre l'appartenance à une communauté de pairs qu'ils estiment pour développer ensemble un logiciel qui leur paraît génial. Et au-delà de cette justification à court terme – endorphines contre dollars –, ils pensent que leur communauté est une école dans laquelle une réputation d'expert vaut tous les diplômes du monde. Ils ont raison. IBM a été très surpris de se voir refuser l'accès à la communauté Apache par certains de ses ingénieurs au motif qu'ils n'étaient pas assez bons. C'est toute la différence entre le jugement porté par un chef et le jugement porté par des pairs au sein d'une communauté de spécialistes. Le mécène d'un artiste peintre peut juger si le tableau a été fait dans les temps et suivant les spécifications. Un autre peintre peut juger de l'originalité du style et du savoir-faire. Le client est l'arbitre final, lorsqu'il décide ou non d'acheter.

Le mouvement du logiciel libre n'est pas une utopie égalitaire d'étudiants anarchistes. Un logiciel libre ne naît pas de la coalescence miraculeuse d'une communauté de développeurs autour d'une idée géniale. Il y a toujours au départ un produit issu d'un projet structuré : Mozilla est un dérivé de Netscape, Linux un dérivé d'Unix. Il y a toujours une hiérarchie pour procéder aux arbitrages et prendre des décisions. La différence, c'est que cette hiérarchie est, pourrait-on dire, le résultat d'une élection, et non d'une nomination arbitraire par une autorité de tutelle.

Cet exemple montre qu'au sein des communautés professionnelles, on est *au-delà des relations de client à fournisseur*. Par la connaissance intime des personnes et de leur savoir-faire, on peut engager une collaboration de haut niveau. La confiance mutuelle permet de se passer de tenir des comptes détaillés et des indicateurs de performance à l'intérieur de la communauté, et de les reporter à ses frontières. Une entreprise désireuse d'entretenir de bonnes relations avec ses clients n'aura donc de cesse que de les accueillir dans la communauté de l'entreprise au sens large, ainsi que dans certaines communautés plus exclusives dans certains cas, comme s'ils faisaient partie de la famille, afin de les engager ainsi dans un partage de connaissances permanent mais maîtrisé sur des thématiques précises. C'est sans nul doute un des changements majeurs à intégrer dans toutes les réflexions marketing et commerciales des entreprises actuelles, si ce n'est pas déjà fait.

Un modèle de l'économie en réseau : la production cinématographique

On voit actuellement naître en Chine des réseaux d'affaires de centaines d'entreprises locales capables de s'allier pour rivaliser avec les grandes entreprises mondiales sur le marché des motos ou des téléphones mobiles, sans qu'aucun nouveau concurrent n'apparaisse sur les écrans radars. Leur modèle économique s'apparente plus à celui de la production cinématographique qu'à celui de l'entreprise industrielle : de petites entreprises spécialisées se regroupent sous l'égide d'un architecte intégrateur pour produire ensemble un objet complexe, chacun étant très spécialisé sur son domaine de compétence.

SuiteTwo, le logiciel de collaboration produit par Intel

En 2006, l'engouement pour le Web 2.0 a persuadé les dirigeants d'Intel de se lancer dans l'aventure des plates-formes de collaboration. En 2006, Intel décide de lancer sur le marché une offre de serveur de collaboration pour le marché des entreprises, et de rentrer en concurrence avec les grands éditeurs de logiciels comme Microsoft et IBM/Lotus. Absente de ce marché du logiciel d'application, Intel n'a pourtant pas eu recours aux acquisitions pour constituer son offre. Le développement, qui combine des fonctions de blog, de wiki, de réseaux sociaux et de fils RSS, est né d'une alliance, parrainée par Intel, de sept start-up, chacune très spécialisée sur une des composantes de l'offre finale : Six Apart (blogs), SocialText (wikis), SimpleFeed (génération RSS), NewsGator (agrégation RSS), Visible Path (réseaux sociaux) et SpikeSource (intégration). Le produit final, SuiteTwo, est distribué par les réseaux d'Intel et de NEC.

Comme on le voit, la création de l'offre SuiteTwo s'apparente beaucoup plus à la création cinématographique qu'à un projet de recherche et développement. Intel a en quelque sorte pris le rôle de producteur et de distributeur, et a confié à des spécialistes le soin de collaborer pour créer ensemble le produit final. Il va de soi que ce mode de travail prend appui sur un capital social élevé préexistant entre les partenaires, et sur un chef de projet charismatique. En l'occurrence, les dirigeants de ces petites entreprises se connaissaient de longue date et interagissaient régulièrement au sein du réseau des start-up de la Silicon Valley.

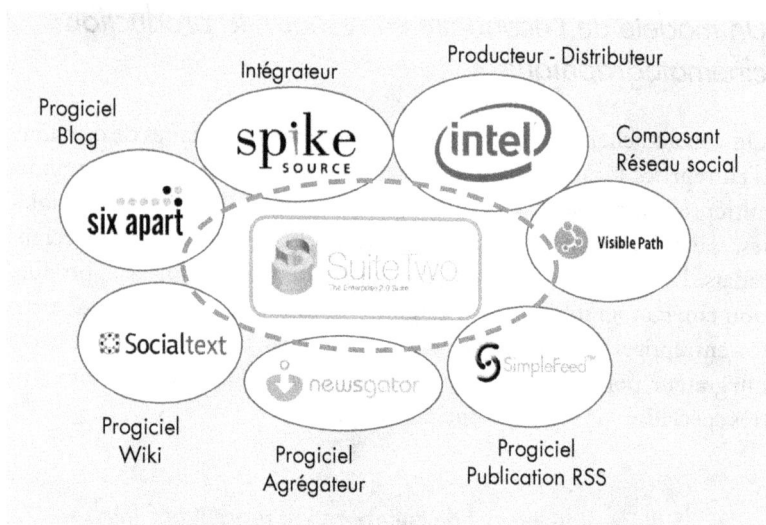

Bien évidemment, les petites et moyennes entreprises, qui disposent de budgets limités et qui sont par nature beaucoup plus agiles que les grandes organisations, se révèlent capables de tirer un bien meilleur parti de ce modèle émergent d'alliances en réseau. Il faut s'attendre à un coup de tonnerre lorsqu'une grande entreprise bien établie perdra un contrat d'envergure face à une alliance de petites entreprises ayant collaboré à une offre commune disposant d'une marque distincte.

Les communautés de pratique

> « Ce que j'entends, je l'oublie ; ce que je vois, je m'en souviens ; ce que je fais, je le comprends. »
>
> Confucius

De quoi s'agit-il ?

Parmi les différentes communautés décrites plus haut, s'il en est une qui revêt une importance toute particulière pour les entreprises, c'est la communauté de pratique. Un effet inévitable de la division du travail est d'isoler les unes des autres les personnes qui exercent des métiers similaires et partagent un même domaine de compétence, mais travaillent sur des projets différents, comme des ingénieurs commerciaux spécialistes d'une même offre et opérant dans différents pays. La conséquence de ce compartimentage est l'incapacité structurelle à apprendre les uns des autres, et donc à résoudre des problèmes pratiques difficiles.

Or, avant d'aborder la question de l'innovation de rupture, il faut au moins que les entreprises puissent tirer parti de toutes les innovations incrémentales qui marchent, en poussant à leur réutilisation et à leur amélioration. On peut appeler cela « transfert des meilleures pratiques », bien qu'il ne s'agisse pas d'un processus, comme son nom semble l'indiquer, mais plutôt d'un système d'apprentissage, au cœur duquel se trouvent les communautés de pratique[1].

Le concept de communauté de pratique est né des travaux du laboratoire PARC de Xerox sur les modes d'apprentissage des adultes[2]. Étienne Wenger, qui est à l'origine de l'appellation « communauté de pratique », la définit comme « *un groupe de personnes qui partagent un intérêt sur un sujet, interagissent et créent des relations entre elles, partagent et développent de la connaissance, et ainsi contribuent au succès de l'organisation* ». Comme elles partagent un même intérêt sur un sujet, ces personnes en comprennent les enjeux et peuvent donc s'accorder sur des approches communes. Comme elles interagissent et créent des relations entre elles, elles s'entraident à répondre à des questions et à résoudre des problèmes, en transversal par rapport aux organisations formelles. Comme elles échangent des trucs, des astuces et des expériences pratiques, elles construisent ensemble leurs outils et leur base de connaissances communes. Dans sa thèse sur les communautés de pratique,

---

1. Le mot anglais *learning* désigne beaucoup mieux le mot français « apprentissage » au sens de ce livre. Il s'agit du fait d'apprendre, et non d'être l'apprenti d'un patron, ce qui se traduit par *apprenticeship*. Il manque un mot dans la langue française.
2. Il serait prétentieux de vouloir traiter ici la question de la connaissance sous l'angle philosophique. Disons seulement que l'école constructiviste, sur laquelle s'appuient les communautés de pratique, part de l'idée qu'apprendre est un acte social. On n'apprend pas bien tout seul. « *La connaissance, c'est la réponse à une question* », écrit Bachelard. Elle n'est pas le fruit d'une cogitation intellectuelle solitaire qu'on vérifie par l'expérimentation, mais le résultat d'une action présente en vue d'une autre action future. Ainsi la connaissance n'est pas ce qui siège quelque part entre les deux oreilles d'une personne. Le monde est plein de connaissances qui préexistaient avant notre naissance et qui donnaient du sens au monde de ceux qui nous ont précédés. Nous les avons apprises à travers notre participation à la vie des communautés humaines, et si nous en venons à personnifier certaines de ces connaissances, c'est parce que nous en détenons la mémoire pratique.

Guillaume Schoenen met l'accent sur le *défaut de prescription* en tant que phénomène générateur. Selon lui, **une communauté de pratique se met en place lorsque des professionnels se retrouvent confrontés à des missions opérationnelles comparables sans disposer d'instructions claires sur la façon de les mener.** Reconnaissons que c'est assez fréquent dans le monde du travail.

La notion de communauté de pratique n'a qu'une quinzaine d'années d'existence, et cependant elle recouvre une réalité connue depuis longtemps : les compagnonnages au Moyen Âge, les écoles de peinture à la Renaissance fonctionnaient déjà sur un mode semblable. Si elles ont été redécouvertes et si elles donnent lieu à tant de littérature, c'est pour trois raisons essentielles :

- Elles répondent à une attente latente de toutes les grandes organisations qui veulent développer le partage des connaissances pour l'innovation ;
- Elles savent mobiliser la connaissance tacite, c'est-à-dire non exprimée sous forme de documents, de chacun de leurs membres[1] ;
- Elles peuvent tirer le meilleur parti des nouvelles technologies de communication et de collaboration.

La participation est périphérique

La préoccupation centrale de tout animateur de communauté de pratique est d'obtenir la participation des membres à la vie de la communauté, alors qu'il n'a aucune autorité hiérarchique sur eux. Or, une communauté de pratique n'est pas une équipe projet. Une équipe projet se constitue en vue de la réalisation de quelque chose – un « livrable » – destiné au reste du monde. De ce fait, elle mobilise l'attention de ses membres pendant toute la durée du projet. C'est pourquoi – tous les chefs de projet le savent – il est beaucoup plus efficace de disposer d'une petite équipe à temps plein que d'une équipe pléthorique à temps partiel. Une communauté de pratique est constituée d'un grand nombre de

---

1. La connaissance peut résister obstinément à toute forme de codification, par exemple lorsqu'elle est trop dépendante du contexte comme dans le cas du diagnostic et de la réparation de produits complexes (exemple : débogage d'un logiciel), ou expérimentale et en contradiction avec les pratiques officielles, comme lorsqu'on court-circuite le processus normal pour apporter une réponse originale à un problème pressant et grave (exemple : sauvetage des astronautes d'Apollo XIII).

personnes qui se réunissent pour apprendre. Elle est toujours en arrière-plan par rapport aux tâches opérationnelles. C'est pourquoi, statistiquement, la moitié de ses membres y consacre en pratique à peine une ou deux heures par mois. L'autre moitié, constituée de l'animateur et des membres particulièrement actifs, n'y consacre finalement que 10 % à 20 % de son temps dans la plupart des cas. Ce qui peut paraître déroutant à l'animateur débutant est en réalité parfaitement normal : tout professionnel sait que la communauté est un moyen à sa disposition pour bien faire son travail, et en aucun cas une fin en soi. Lorsque la communauté devient trop envahissante pour ses membres, elle devient dangereuse pour eux comme pour l'organisation qui les emploie.

De cette observation, on peut inférer que l'animateur devra faire preuve d'une très bonne connaissance des membres de sa communauté pour pouvoir programmer des activités qui attireront leur intérêt immédiat. Il devra aussi faire appel aux techniques de gestion de l'attention en vigueur dans les médias : régularité des rencontres, messages courts, recours à l'image et au son, instantanéité de l'information, etc. Il devra toujours se rappeler que rien n'attire plus l'attention que d'offrir un cadeau utile. Enfin, il devra afficher une grande maîtrise des outils de collaboration sur le Web, car ils lui permettront de gérer à moindre frais l'attention des membres[1].

Domaine, communauté et pratique

La structure de base d'une communauté de pratique peut se décrire comme la combinaison de trois éléments[2] :

1. **Le domaine de *connaissance*,** ce qui définit les sujets à aborder (que voulons-nous apprendre à mieux faire ensemble ?) ;

2. **La communauté de *personnes*** qui souhaitent vraiment apprendre les unes des autres (qui sommes-nous ? Qui recrutons-nous ? Quelles activités ? Quelle périodicité ?) ;

1. Meetic, le réseau de rencontres sur Internet, gère l'attention de ses adhérents en leur envoyant régulièrement des alertes et des messages de rappel de choses à faire dans le cadre d'un processus séquentiel qui commence par un message de bienvenue et s'achève lors de la rencontre de l'âme sœur.
2. Étienne Wenger, *Cultivating communities of practice*, Harvard Business School Press, 2002.

3. La *pratique* qu'elles développent ensemble pour être meilleures dans leur domaine (quel est notre métier, notre référentiel, notre vocabulaire ?).

Quand ces trois éléments sont bien définis, la communauté de pratique peut fonctionner en tant que structure sociale d'échange et de développement des connaissances. Il faut s'astreindre régulièrement à repréciser ensemble ces trois éléments. C'est ce qui permet de renforcer la cohésion du groupe et de communiquer facilement sur la raison d'être et les modes de fonctionnement de la communauté.

Fiches d'identité des communautés de pratique chez Schneider Electric

Cinq communautés de pratique ont été mises en place chez Schneider Electric au cours des années 2002-2003 pour partager sur les pratiques de vente de l'entreprise dans certains segments de marchés spécifiques (constructeurs de machines). Leur carte d'identité se décrivait ainsi :

Mission :

- Mutualiser le savoir sur les marchés et les clients, et s'entraider à obtenir des affaires ;
- Produire ensemble des documents d'aide à la vente utiles pour les commerciaux, et relatifs au segment de marché (études de marché, descriptions fonctionnelles de machines, positionnement concurrentiel de l'offre…).

Domaine :

Connaissance d'un segment de marché applicatif, taille et dynamique des marchés, circuits de prescription, projets clients, applications.

Communauté :

- Responsables marketing opérationnel, ingénieurs d'affaire et gérants de clientèle ;
- Rencontres régulières en face-à-face (une fois par trimestre) et en virtuel (une fois par mois) pour partage d'expérience ;
- Foire annuelle.

Pratique :

- Revue des projets des membres par la communauté ;
- Projets de rédaction en commun de documents marketing ;
- Entretien d'une base de connaissance commune relative au marché.

C'est pourquoi chez British Telecom, toutes les communautés de pratique parrainées par l'entreprise sont tenues de se doter d'une charte expliquant les règles de fonctionnement de la communauté. Cette charte sert de guide de réflexion au moment de la création de la communauté, et de constitution lorsque la communauté est lancée. Elle s'articule ainsi :

1. Nom de la communauté et nom des personnes clés (animateur, parrain, coach, etc.) ;

2. Règles d'accès pour les membres ;

3. Objet général de la communauté et présentation du domaine ;

4. Mission spécifique de la communauté ;

5. Politique d'animation et règles de fonctionnement ;

6. Rôles et responsabilités ;

7. Procédures de support, formation et administration ;

8. Signataires de la charte.

Le cycle de vie d'une CoP

Même codifiée de la sorte, une communauté de pratique reste un organisme vivant qui naît, qui grandit et qui meurt. On reconnaît typiquement cinq phases de développement[1] :

1. **Une phase d'*incubation*** où un petit groupe de personnes décide de lancer le projet de structuration d'un réseau informel en communauté de pratique ;

2. **Une phase *potentielle*** où les membres de la communauté se découvrent une réalité commune et imaginent des futurs possibles ;

3. **Une phase de *coalescence*** où la communauté devient un point d'attraction et décolle. Des connaissances s'échangent, des liens se créent, et de nouveaux candidats se présentent ;

4. **Une phase de *maturité*** où la communauté devient visible des organisations formelles de rattachement de ses membres, et doit donc démontrer sa valeur. C'est une phase de turbulences, car la communauté doit alors non seulement gérer l'équilibre entre les nouveaux membres et les anciens, mais aussi tenir compte des attentes des

---

1. Sources multiples : É. Wenger, E. Lesser, etc.

organisations de parrainage pour attirer un soutien financier rendu nécessaire par l'afflux de nouveaux membres[1]. Elle doit accepter le foisonnement d'idées et de demandes et néanmoins garder le cap, ce qui n'est pas facile si sa culture n'a pas été bien établie lors des phases précédentes ;

5. **Une phase de *stabilité*,** qui est un équilibre délicat entre l'appropriation (faire ce que l'on a promis) et l'ouverture (accueillir et accepter le changement).

Que se passe-t-il après ? Eh bien, quand la communauté n'a plus de raison d'être, soit que sa mission est accomplie, soit que ses membres se dispersent et rejoignent d'autres communautés plus attractives, elle doit archiver son fonds documentaire et disparaître. C'est pourquoi l'institutionnalisation des communautés de pratique est à mener avec prudence. si on les transforme en organisations formelles de type associatif, c'est qu'on croit vraiment à la pérennité et à l'efficacité de leur mission. Or, le monde est rempli d'associations professionnelles dont la principale raison d'être est de pérenniser le financement qui leur permet de survivre.

Le cycle de vie d'une communauté de pratique est un bon outil au service de ses animateurs (*cf.* tableau 2), car il leur permet de se concentrer sur ce qui est essentiel dans chaque phase de développement. Il est en effet fréquent que des animateurs en herbe, formés à l'école du management industriel, consacrent trop de temps au début sur des tâches secondaires (par exemple, les outils et les bases documentaires), voire inutiles (le logo de la communauté et son règlement intérieur), au lieu de travailler au recrutement des membres et au programme de travail qui va les attirer.

---

1. Une alternative consiste à demander une contribution financière aux membres eux-mêmes, mais cela signifie alors que la communauté devient indépendante de l'entreprise, ce qui devrait alors inquiéter son équipe d'animation.

Tableau 2. Les phases de développement d'une communauté de pratique

	Potentielle	Coalescence	Maturation	Stabilisation
Caractéristiques	Petit groupe/ noyau dur Très peu visible Activités simples	Plus de 30 personnes Intérêt marqué des membres pour participer Activités diverses et régulières	Est soutenue par l'organisation formelle Planifie ses activités dans la durée Publie fréquemment vers l'extérieur	Création de valeur reconnue ; Influence les décisions stratégiques de l'organisation formelle
Facteur clé de succès	Capacité à mobiliser	Capacité à organiser	Capacité à apprendre	Capacité à changer
Parrainage	Absence de parrain	Parrainage limité à la communication	Soutien matériel effectif de l'organisation formelle	Parrainage étendu à d'autres organisations
Leadership	Réunions régulières	Recrutement Organisation des activités	Alliance avec l'organisation formelle	Production d'innovation
Stratégie	Mission, domaine, communauté, pratique Positionnement dans l'écosystème	Fonctionnement interne : constitution, rituels, personnalité	Lettre de mission, points de rencontres réguliers avec le management	Établissement de la marque Création de liens forts avec d'autres communautés internes et externes
Incitations, métriques	Temps passé par le ou les animateurs Respect du plan d'actions (mode projet)	Métriques d'activité (réunions, productions documentaires...) Bonnes histoires de partage de savoirs	Prix des meilleures contributions Recueil systématique des bonnes histoires Suivi des indicateurs opérationnels	Réputation de la communauté à l'extérieur Popularité de ses productions Valeur de la marque
Organisation interne	Régularité des rencontres Processus de recrutement Définition des rôles	Gestion des membres Site Web de collaboration Structure documentaire (taxinomies)	Accompagnement des nouveaux Diversification des activités Structuration en sous-groupes	Formalisation de l'organisation interne

| **Relations extérieures** | Abonnement à des sources d'information externes à la communauté | Manifeste d'existence de la communauté Bonnes histoires de partage de savoirs | Établissement de relations contractuelles avec la gouvernance Publications nombreuses | Institutionnalisation Alliances multiples Intense flux d'informations entrant et sortant |
| **Technologie** | Calendrier en ligne Conférences téléphoniques Réunions | Site collaboratif simple type wiki avec gestion des accès Blog de la communauté Conférences Web Foire aux questions Méthodes simples de collaboration | Outil de gestion documentaire Outil de gestion de projets Agrégateur de flux entrants et sortants Méthodes et outils avancés de collaboration (face-à-face et virtuel) | Environnement portail Multiples possibilités d'abonnement |

Le recrutement, premier rituel d'une communauté de pratique

L'association Réseau IDEAL est un « éditeur » de communautés de pratique, et en a créé une vingtaine dans le secteur des collectivités locales. Son mode de fonctionnement consiste d'abord à repérer un besoin pressant et non rempli de collaboration transversale entre services d'administrations distinctes, puis d'embaucher un animateur chargé de développer une communauté de pratique en utilisant les méthodes éprouvées de l'association, qui combinent des séminaires d'un jour en face-à-face et des activités sur le Web. Lorsque la communauté grandit et attire du monde, l'adhésion devient payante afin de pouvoir offrir un retour sur investissement.

Dans une communauté du Réseau IDEAL, comme dans toute communauté de pratique, tout le monde dispose d'un profil double de demandeur et de donneur. On rejoint la communauté à la fois parce qu'on espère y trouver de la matière utile, et parce qu'on est prêt à aider ses pairs. Par égard pour les experts, souvent très largement sollicités, on ne peut donc pas admettre dans une communauté de pratique des gens qui n'ont pas le niveau requis. On doit donc vérifier à la fois les connaissances du candidat et sa disposition à contribuer.

Les entretiens préliminaires avec les candidats portent sur quatre points clés :

1. L'activité opérationnelle du candidat, afin de comprendre en quoi la communauté pourrait lui être utile et bénéficier de son expérience ;

2. Ses demandes en matière de connaissances, ce qu'il cherche à savoir mieux faire avec l'aide de la communauté ;

3. Ses connaissances de spécialiste qu'il souhaite apporter à la communauté ;

4. Ses enjeux particuliers ou « moments de vérité » prévus dans les six mois à venir.

Muni de ces informations recueillies auprès d'une vingtaine de candidats-membres, l'animateur dispose alors d'une matière première de qualité pour bâtir un programme attractif qui attirera d'autres adhérents.

L'intelligence des communautés de pratique

> « Cent fois par jour, je me rappelle que ma vie intérieure et extérieure dépend du travail d'autres personnes, vivantes ou mortes, et qu'il faut que je m'attache à donner à la mesure de ce que j'ai reçu et reçois encore. »
>
> Albert Einstein

> « Je dois mes succès à la diversité des gens rencontrés plus qu'à mon intelligence. »
>
> Linus Pauling

Comme dans toute communauté, il se développe au sein d'une communauté de pratique le sens de l'appartenance, de l'engagement vis-à-vis des autres et de la réciprocité, et c'est ce qui permet aux connaissances d'y circuler. Mais en plus, son orientation pratique en fait le lieu privilégié de l'apprentissage dans l'action, et la *cellule de base de l'apprentissage professionnel*. Explorons-en quelques bénéfices.

Rompre l'isolement, recruter des talents

À une époque pas si lointaine où l'on pouvait faire toute sa carrière au sein d'une seule entreprise[1], les employés avaient le temps de « faire leur trou » et de bâtir leur propre réseau de relations informelles au sein de l'organisation étendue. L'entreprise n'avait pas à s'en occuper, car elle était solidaire par construction. Aujourd'hui, la forte pression sur les résultats s'est traduite par la mobilité des emplois et par l'instauration systématique de l'évaluation individuelle. En mettant tout le monde en concurrence avec tout le monde, on pousse les employés à se dépasser, ce qui engendre des effets bénéfiques à court terme. Mais ce faisant, on détruit aussi le capital social de l'entreprise, et des stratégies individuelles se développent peu à peu en lieu et place des solidarités du passé. Les premiers cas de suicide sur le lieu de travail ne remontent qu'à une dizaine d'années en France. Ils sont de plus en plus fréquents.

Lors de la vague de suicides au technocentre de Renault en 2006-2007, les commentateurs ont mis l'accent sur le stress au travail du fait des exigences croissantes de productivité intellectuelle. Or, l'expérience des militaires au combat montre que la pression peut avoir des effets stimulants ou inhibants suivant *l'idée qu'on a de sa capacité à faire face aux événements*[2]. **L'efficacité intellectuelle est à son maximum lorsque la pression est forte et la tâche jugée faisable.** L'un des grands bénéfices de l'appartenance à une communauté est de pouvoir accepter de travailler sous plus forte pression, grâce à la capacité de mobilisation de l'intelligence d'un groupe au service d'une tâche individuelle. Imaginons un étudiant qui « sèche » sur un problème de maths qu'il doit remettre pour le lendemain. La solution par la réorganisation consiste à le remplacer par un étudiant plus fort en maths. La solution qualiticienne consiste à lui faire suivre un parcours éducatif pour qu'il assiste à des cours et apprenne ses leçons. La solution communautaire, c'est de le mettre en relation avec quelqu'un qui sait résoudre ce type de problème et qui puisse le mettre sur la voie.

En ce sens, les communautés sont une réponse moderne au besoin de tissu social qui structure depuis toujours le monde du travail à travers différents

---

1. Étymologiquement, le mot « compagnie » désigne les gens avec qui l'on partage le pain.
2. « Des électrons et des hommes. Nouvelles technologies de l'information et conduit des opérations », *Cahier de la recherche doctrinale*, ministère de la Défense, juin 2005.

phénomènes d'entraide. Leur développement volontariste est rendu nécessaire pour conserver des liens de solidarité entre professionnels, que l'entreprise ne peut plus garantir sur le long terme. C'est pourquoi un signe caractéristique d'une communauté de pratique qui fonctionne bien, c'est lorsqu'elle devient **un lieu privilégié de recrutement pour les structures formelles représentées par ses membres.** Elles occupent l'espace vacant de la gestion des carrières pour ceux dont la sécurité de l'emploi n'est pas garantie par statut et qui ne peuvent compter que sur eux-mêmes. C'est une réalité à méditer par les cabinets de recrutement...

Développer l'engagement en particulier des jeunes

L'un des grands drames de la vie d'entreprise, et tout spécialement dans les grandes organisations internationales, est l'aliénation du travail par confinement des conversations au sein de groupes de personnes situées au même niveau d'une hiérarchie, ou en d'autres termes lorsque la seule légitimité est celle de l'organigramme déployé de haut en bas depuis le bureau du directeur général, à l'instar des économies planifiées de l'ancien bloc de l'Est. Cet appauvrissement des relations humaines est générateur de repli sur soi, de peur de l'avenir et d'ossification des organisations.

Il a été montré[1] que la manière la plus efficace d'accroître la loyauté des employés vis-à-vis de leur entreprise est moins d'augmenter les salaires que d'augmenter les opportunités de croissance personnelle. L'emploi à vie étant une idée du passé à laquelle tout le monde ou presque a renoncé, on ne peut plus se contenter d'offrir des opportunités de carrière au sein de l'entreprise. **Il faut donc avoir pour objectif d'accroître la valeur personnelle des employés sur le marché du travail.** Paradoxalement, il faut savoir se préparer à perdre ses meilleurs employés, car pour qu'ils s'engagent dans leur travail et qu'ils restent, il faut qu'ils apprennent et qu'ils espèrent croître. Ainsi, les communautés de pratique jouent un rôle essentiel dans le maintien de la cohésion sociale de l'entreprise et de la société, en offrant un espace de vie enrichissant et un tremplin vers d'autres horizons à ceux qui n'auront pas la chance d'appartenir au groupe des dirigeants de l'entreprise. Ainsi, l'investissement dans les communautés de pratique s'apparente au doublement des salaires décidé par Henry Ford en 1913. En prenant en compte les

---

1. Étude de Aon Consulting.

aspirations des ouvriers à plus de reconnaissance sociale, le *five dollars day* s'est traduit par des gains de productivité considérable.

Les communautés de pratique sont particulièrement utiles lors des fusions et des alliances stratégiques. Les jeux de pouvoir sont alors sans doute incontournables dans les hauts niveaux de la hiérarchie, et ils ont leur utilité, mais il vaut mieux éviter de les voir s'étendre à toute l'organisation, au risque de détruire de la valeur en luttes internes. Les communautés de pratique permettent d'établir des ponts entre deux organisations formelles sur la base de la *réciprocité*, principe qui a fait le succès de l'alliance Renault-Nissan[1].

Réduire les risques, réduire les coûts

La réduction du risque est en réalité la réduction du risque d'erreurs dans nos modèles décisionnels. Les recherches sur le leadership montrent qu'une caractéristique distinctive des bons décideurs par rapport aux moins bons tient au mode de consultation de toutes les parties prenantes touchées par leurs décisions. Les bons décideurs essaient de percevoir au cours de leurs consultations si le moment de la décision est bien venu, alors que les autres comptent sur leur pouvoir pour passer en force. Les communautés permettent de diminuer le coût de ces consultations et de réduire de façon significative les différents biais cognitifs. Cela n'a rien à voir avec la recherche d'un consensus : il s'agit seulement de se mettre à l'écoute des autres et de s'inspirer de leurs opinions. Cette marque de respect se traduira par une moindre résistance à la décision finalement prise, même si elle est contraire à l'opinion dominante.

Quand une communauté permet des économies

La société Northrop-Gruman, particulièrement innovatrice en matière de management des connaissances, a très tôt organisé une communauté de pratique autour du programme Global Hawk d'avion sans pilote, en y incluant l'ensemble des parties prenantes : l'entreprise,

---

1. « *Le transfert de connaissances devait avoir lieu non seulement de Renault vers Nissan, mais aussi de Nissan vers Renault [...]. Il ne s'agissait pas de transcender ces différences mais de faire communiquer deux systèmes que nous considérions comme irréductibles l'un à l'autre. Il nous apparaissait possible de le faire, sans chercher à les fusionner ni à les disperser l'un l'autre dans un nouveau système qui en aurait fait la synthèse au sens propre du terme. Nous avons ainsi introduit l'idée de réciprocité* », Louis Schweitzer, *op. cit.*, p. 131.

mais aussi les universités, les partenaires, les fournisseurs et les clients. La lettre de mission donnée à cette communauté par les dirigeants de l'entreprise était d'identifier les améliorations au programme dans une perspective de réduction des coûts. Les recommandations de la communauté acceptées et mises en œuvre par le directeur du programme se sont traduites par des économies dont le montant total a été supérieur à 800 millions de dollars sur l'ensemble du programme. Cette communauté fut citée en exemple par le client final, l'US Air Force, qui s'en inspira pour ses propres programmes.

Innover, déplacer le marché

Les communautés de pratique sont aussi le vecteur principal de l'innovation incrémentale des entreprises. À partir du moment où l'environnement permet à chacun d'exprimer en confiance ses idées et de les confronter avec celles des autres, on sait améliorer l'existant, et l'innovation suit. L'innovation radicale, celle qui change les règles du jeu, est aussi liée aux communautés de pratique. Elle a toujours lieu aux confins des communautés, dans les zones d'intersection avec d'autres. L'innovation radicale naît de l'ouverture aux influences extérieures. Si l'on considère les villes du monde les plus innovantes, elles ne se caractérisent pas par une cohésion sociale particulièrement élevée qu'on trouve dans certaines villes de province, mais plutôt par une capacité d'ouverture aux idées nouvelles, reflétée par le nombre d'artistes, de créateurs et d'étudiants. En d'autres termes, ce ne sont pas des communautés particulièrement soudées, mais plutôt des carrefours de nombreuses communautés de pratique qui se chevauchent. Dans les entreprises, cette capacité d'ouverture se reflète dans la pratique assidue du benchmarking[1], par la densité des liens de partenariats avec des entreprises tierces.

Le cas des Avions Marcel Dassault – Bréguet Aviation jusqu'au début des années 1980 – illustre le cas d'une société à capital social très élevé, ce qui lui avait permis de devenir l'une des toutes premières machines à produire de l'innovation incrémentale et malgré tout spectaculaire dans

---

1. Ou « parangonnage » en français. Il s'agit de méthodes et pratiques de comparaison systématique de ses modes de fonctionnement avec ceux des organisations les plus avancées dans le domaine : par exemple, Google pour l'innovation de rupture, Air Liquide pour l'intimité avec les clients, Schneider Electric pour la gestion des réseaux de partenaires, etc.

les prototypes de cellules d'avion. Mais centrée sur elle-même, et pas assez maillée avec d'autres communautés de pratique du monde aéronautique, elle s'est trouvée dans l'incapacité de se renouveler au niveau stratégique lorsque les règles du jeu de l'industrie aéronautique mondiale ont donné l'avantage aux entreprises qui s'engageaient dans des partenariats complexes, au premier rang desquelles les partenaires du consortium qui est devenu Airbus[1].

Au cœur d'une communauté de pratique, l'innovation est donc celle qui naît de l'amélioration permanente, le fameux *kaizen* japonais. À ses confins, pour peu que certains de ses membres appartiennent à d'autres communautés, c'est l'innovation radicale. C'est pourquoi les conversations à *l'extérieur* de l'organisation constituent le mécanisme principal pour instituer le renouvellement permanent de la culture d'entreprise. L'un des nombreux paradoxes de l'économie de la connaissance est que la conversation – perçue traditionnellement comme une perte de temps – est en fait devenue la ressource clé pour gagner du temps[2]. Un environnement particulièrement favorable à l'innovation combine donc deux caractéristiques : un capital social suffisant pour apprendre de ses erreurs et entretenir un flux d'améliorations incrémentales, une ouverture suffisante sur l'extérieur pour susciter des innovations de rupture. L'équipe de développement de Google fonctionne sur ce principe : 80 % des dépenses de recherche et développement sont affectées à des projets décidés par la hiérarchie, et 20 % sur des projets initiés par les employés, qui appartiennent par ailleurs à de nombreuses communautés techniques ou scientifiques extérieures à l'entreprise.

Transformer la relation client, augmenter les ventes

On ne compte plus le nombre de programmes d'entreprise visant à faire prendre conscience aux employés de l'importance du client. Or, qu'est-ce que l'« attitude client », sinon la volonté de rendre service au client

---

1. Dassault Aviation reste aujourd'hui une entreprise d'excellence aéronautique sur des marchés où les stratégies d'alliance sont moins déterminantes, dont l'aviation d'affaires. Dassault eut aussi la clairvoyance de pousser dehors sur un terrain neuf son activité de conception assistée par ordinateur qui devint le très grand succès qu'est Dassault Systèmes.
2. « Les entreprises qui pratiquent l'art des conversations extérieures sont bien mieux équipées pour modeler le nouvel environnement de la connaissance, auquel les concurrents plus lents devront s'adapter », Alan Webber, *Harvard Business Review.*

au-delà de la relation commerciale, et ainsi lui témoigner l'importance qu'on lui accorde ? **L'attitude client commence là où s'arrête la relation contractuelle.** C'est du domaine du don gratuit, et cela se traduit en pratique par du conseil, de l'expertise, du relationnel, bref par une démarche de type réseau. La recommandation par un tiers de confiance, autrement dit la prescription, est une pratique très ancienne de marketing que les médias de masse ont eu tendance à nous faire oublier, sauf dans le monde réglementé des professions libérales, où la publicité est exclue. Bien maîtrisés, les outils de collaboration associés aux communautés de pratique lui redonnent un nouvel essor.

Ainsi, au-delà des questions d'efficacité collective, les communautés de pratique redéfinissent profondément les relations de l'entreprise avec son environnement, en les étendant sur le territoire de la prescription. Elles entérinent dans les faits que c'est **bien la situation dans laquelle se trouve le client, et non le client lui-même, qui est l'unité quantique de l'analyse marketing.** Dès lors que des communautés vivantes réunissent autour d'un métier commun les employés de l'entreprise et ceux de ses fournisseurs, partenaires et clients, elles deviennent le lieu privilégié de création de la marque. C'est au sein des communautés que l'histoire de la marque se construit et se transmet. Le client se fait alors « contenu de la marque » et diffuse ses valeurs, qui sont celles de la communauté, au sein de son propre réseau social. C'est ainsi que la marque peut devenir un repère de proximité nationale dans une économie mondialisée[1].

Les communautés de pratique, ça sert à vendre !

En 2002, trois employés du groupe de communication Ogilvy décidèrent de créer un groupe de réflexion sur la stratégie de communication des groupes de télécommunication (Telcos).

Professionnels de la communication, ils s'étaient rendu compte que le marché des télécommunications évoluait si rapidement, notamment avec l'explosion de la téléphonie cellulaire, qu'il fallait entretenir une *practice* permanente destinée à entrer dans l'intimité du métier pour en comprendre la dynamique et les ressorts, et ainsi pouvoir entretenir un dialogue de haut niveau avec les clients et les prospects.

---

1. Steve Denning, *The Leader's Guide to Storytelling*, Jossey-Bass, 2005.

Ce groupe, baptisé Telco Community, se réunit régulièrement. L'une de ses pratiques consistait à analyser systématiquement les campagnes de communication de tous les Telcos du monde et dans tous les pays pour en tirer des enseignements sur les stratégies poursuivies et les positionnements recherchés. Une deuxième pratique consistait en une veille systématique des nouveaux produits du marché. Une troisième consistait à tenter de comprendre les modèles de *business* et l'économie du système. Le degré de compréhension de cette industrie par la communauté Telco devint telle qu'elle se mit à organiser des séminaires en interne destinés à échanger et à transmettre leur savoir à l'ensemble de l'entreprise. Les associés trouvèrent ces séminaires tellement instructifs qu'ils commencèrent à inviter certains clients, puis des prospects.

Aujourd'hui, les séminaires de la communauté Telco sont devenus une institution. Ils réunissent parfois plus de 300 personnes et permettent à Ogilvy de signer de gros contrats de communication publicitaire sans être mis en concurrence, car les clients invités repartent convaincus qu'Ogilvy comprend bien leur secteur et saura gérer leur communication.

Le marketing en réseau de Purina et Kodak

Purina est une filiale de Nestlé basée à Saint-Louis, dans le Missouri, qui produit et commercialise des aliments pour animaux de compagnie. Depuis longtemps, l'entreprise sait que la recommandation de bouche à oreille joue un rôle très important dans la diffusion de ses produits sur le marché. Pour en comprendre la dynamique, le service marketing de Purina a entrepris d'étudier précisément les interactions entre consommateurs pour repérer les leaders d'opinion qui influencent les autres. Le profil de ces personnes a pu être établi, et toute l'action promotionnelle de l'entreprise consiste à établir des relations privilégiées avec ces personnes, notamment en ayant recours aux médias qu'ils utilisent de préférence.

Kodak a décidé de faire appel aux mêmes principes pour accompagner le changement d'image de l'entreprise depuis le monde de la photographie argentique vers celui de l'image numérique. Ainsi, chaque leader d'opinion du monde de la photo s'est vu affecter un ambassadeur de chez Kodak, chargé d'établir des relations personnelles de confiance avec lui et de lui faire découvrir la nouvelle entreprise Kodak. Les interactions ne sont pas de nature commerciale. Elles ont lieu de façon privilégiée dans les congrès, conférences et salons professionnels.

Vectoriser l'information

Dernier point, certainement le plus important : les communautés de pratique forment *la clé de voûte du système d'information de l'entreprise*. Il y a dix ans, lorsqu'on parlait des « autoroutes de l'information », on parlait des nouvelles infrastructures de communication à haut-débit. Mais depuis qu'elles sont devenues une réalité, on s'aperçoit que ce n'est plus la rivière qui compte aujourd'hui – elle est devenue fleuve – mais les pépites d'or qu'elle charrie. Ce qui est essentiel n'est pas tant d'obtenir des informations que de les filtrer, afin de ne retenir que ce qui est intéressant, utile et digne de confiance. Or, c'est précisément ce que font les communautés de pratique. Elles sélectionnent des sources d'information pertinentes pour leur domaine et s'y abonnent ; elles ajoutent de la valeur à cette information au travers des différentes activités qu'elles mènent, elles amplifient les signaux faibles pertinents pour leur domaine, filtrent les bruits de fond et publient des informations retraitées, parfois en quasi-temps réel, pour les mettre à disposition d'autres communautés. Elles diminuent l'entropie, l'« information perdue ».

Cette valeur ajoutée prend différentes formes :

* Filtrage des informations pertinentes pour la communauté et pour l'entreprise ;

* Attribution de métadonnées qui vont l'orienter immédiatement et automatiquement vers des personnes ou des communautés cibles ;

* Création de nouveaux contenus à partir de l'information traitée, comme des résumés ou des synthèses, plus faciles à absorber.

Parce qu'elles sont peuplées de praticiens experts d'un domaine, les communautés de pratique génèrent des métadonnées de très haute qualité qui permettent effectivement à une information traitée par la communauté de trouver immédiatement son ou ses destinataires les plus pertinents. Lorsqu'une communauté de praticiens s'accorde sur le sens des mots, convient d'une structure documentaire, normalise un plan de classement ou s'accorde sur une politique de droits d'accès, elle démultiplie considérablement la bande passante de communication de l'organisation tout entière. Dans le domaine qui est le sien, elle permet à toute personne abonnée à ses publications de n'avoir accès qu'à des informations de qualité validées par des experts, de ne recevoir que celles dont elle a besoin, et seulement au moment où elle en a besoin.

En créant son propre répertoire documentaire et en l'organisant par des classifications qui lui sont propres, les communautés de pratique créent le référentiel ou taxinomie[1] du métier. Dans la mesure où il est négocié entre les membres de la communauté, ce référentiel est en soi très fécond, car son élaboration est l'apprentissage d'un langage commun qui a valeur de référence. Il est important d'en prendre conscience très tôt et d'y consacrer le temps nécessaire[2].

Ainsi, par exemple, la communauté de pratique « marchés aéroports » de Schneider Electric pouvait classer dans la rubrique « projets à suivre » toute information évoquant le lancement de nouveaux travaux dans n'importe quel aéroport du monde. Toute personne abonnée à cette rubrique[3] pouvait donc être informée en temps réel du moindre « signal faible » indiquant un nouveau marché à saisir dans les aéroports. Si la communauté aéroports était réputée efficace et digne de confiance, tout employé de l'entreprise pouvait se désabonner de toutes les autres sources d'information publique sur ce sujet. Bien plus, la technologie lui permettait en outre d'ajouter des agents personnels de filtrage avec mots clés permettant par exemple de ne s'intéresser qu'aux aéroports de certaines villes.

La représentation graphique que l'on peut faire d'un tel mécanisme évoque un neurone dont les synapses seraient les liens vers les sources d'informations externes auxquelles la communauté s'est abonnée et les axones les liens vers les sources d'information externes sur lesquelles la communauté publie (figure 16).

L'analogie est d'autant plus frappante que c'est bien ce qui se passe techniquement aujourd'hui. Quand on pense que deux « neurones » de ce type, où qu'ils soient dans le monde, ont au maximum six degrés de

---

1. La taxinomie (ou taxonomie) est définie à l'origine comme « *la science qui a pour objet de décrire les organismes vivants et de les regrouper en entités appelées taxons (familles, genres, espèces, etc.) afin de pouvoir les nommer et les classer* », Wikipedia.
2. L'erreur classique consiste à déléguer à l'un des membres de la communauté le soin de créer cette taxinomie. Elle se révèle alors le plus souvent confuse et peu pratique.
3. Notamment par flux RSS.

séparation[1] – et beaucoup moins au sein d'une entreprise, même étendue à ses clients et partenaires –, on dispose sans s'en rendre compte d'un système de circulation de l'information en quasi-temps réel.

**Figure 16. Les communautés de pratique
dans la circulation des connaissances**

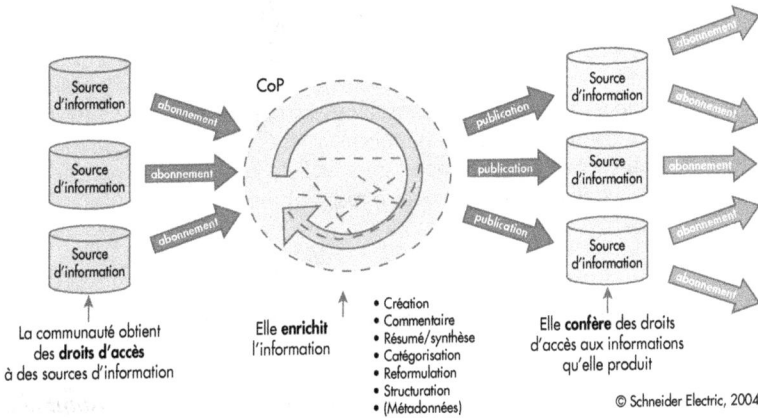

© Schneider Electric, 2004

Ces connexions de type abonnement à un flux d'information sont autant de connexions synaptiques entre tous les lieux de production de connaissance dans le monde. Nous sommes les témoins du développement d'un réseau planétaire de circulation du savoir, dont les nœuds sont indifféremment des individus ou des groupes d'individus ayant une identité propre (communautés, équipes projets, organisations, villes, entreprises, associations, etc.). C'est inédit dans l'histoire de l'humanité, et nous n'avons encore qu'une vague idée de la portée du phénomène. Au sein de ce réseau planétaire, les communautés de pratique joueront un rôle clé en tant qu'espaces privilégiés de production d'informations fiables de grande valeur. Il est évident que le monde du travail en sera transformé. Peut-être parlerons-nous dans quelques années de l'entreprise en réseau avec le même sérieux que des « opérations en réseau » des militaires aujourd'hui.

---

1. On dit que deux personnes ont n degrés de séparation lorsqu'elles sont reliées l'une à l'autre au travers d'une chaîne de relations individuelles comprenant au plus n–1 autres maillons. En 1967, Stanley Milgram a popularisé l'idée que deux personnes quelconques dans le monde n'avaient pas plus de six degrés de séparation.

Quand le réseau devient un actif stratégique[1]

La société ARM (Advanced RISC Machines), l'un des fleurons de la Cambridge Valley, compte environ 1 000 salariés et couvre près de 80 % du marché des microprocesseurs pour téléphones mobiles. ARM n'assure que la conception des microprocesseurs et vend ses licences à des fabricants. Pour tenir face à des poids lourds comme Toshiba, Intel ou TI, une excellente gestion de la propriété intellectuelle est cruciale, d'autant qu'ARM n'a pas d'autre activité. Or, ARM échange activement de la propriété intellectuelle avec de très nombreux interlocuteurs dans le monde. Elle reçoit toute l'information dont elle a besoin et redistribue partiellement à chacun de ses partenaires. Son modèle d'affaires consiste à contrôler parfaitement les échanges en organisant le réseau comme une araignée tisse sa toile. C'est certainement plus efficace que d'intenter des procès à tour de bras.

Il n'y a pas que de bonnes communautés

> « *Une culture entre en décadence lorsque, ne consistant plus qu'en louanges qu'elle s'adresse à elle-même, elle s'exalte en dénigrant les autres cultures.* »
>
> Jean-François Revel

Une communauté de pratique utile et productive est toujours ouverte sur le monde. Elle communique avec l'extérieur dans les deux sens, à travers ses publications, ses invitations et la vie de ses membres. Mais le danger de repli sur soi est toujours présent lorsque la communauté se met à rejeter ce qui lui est extérieur. Toute communauté peut ainsi devenir sectaire, arrogante, potentiellement dangereuse et destructrice de valeur. On peut penser à ces centres de recherche et développement où des ingénieurs un peu trop convaincus de leur avance technologique poursuivent leurs travaux coupés de l'extérieur. Il en est de même pour la communauté centrale d'une grande entreprise lorsqu'elle se coupe de sa base. C'est aussi le cas lorsqu'une communauté se transforme en corporation dont la seule mission est de protéger le statut et les privilèges de ses membres. Comme tout groupe qui s'isole, une communauté repliée sur elle-même se reconnaît à la « pensée unique », ce processus

---

1. Source : Arnould de Meyer.

de résolution de problèmes dans lequel le spectre des solutions possibles et de leur analyse critique est restreint de telle sorte que la production de connaissance tend toujours vers l'opinion dominante du groupe.

L'étanchéité des frontières d'une communauté est toujours stérilisante. Une communauté de pratique se doit d'avoir pour objectif d'être reconnue comme compétente dans son domaine par le monde entier. Cela impose qu'elle sache attirer les meilleurs talents dans ses effectifs, même si ceux-ci ne sont pas salariés de l'entreprise. Cela impose aussi qu'elle sache porter un regard critique sur ses productions de nouvelles connaissances. Une communauté de pratique n'est pas un club où tout le monde se congratule en permanence, mais un lieu d'intenses débats d'idées, qui peuvent parfois être houleux, mais qui doivent rester compatibles avec sa raison d'être, dont le parrain de la communauté est le garant ultime.

Jim Collins, essayiste et chercheur, ancien professeur à Stanford, a tenté d'expliquer les scandales Enron et Worldcom à partir du comportement de ces patrons d'entreprise qui utilisent leur charisme et leur intelligence pour tirer parti des situations avec, pour seul objectif, leur enrichissement personnel. Du point de vue de la dynamique sociale, il s'agit précisément de la transformation d'une communauté en secte. En flattant les cadres dirigeants par des avantages matériels substantiels, on les isole progressivement du reste de l'entreprise. On élimine ainsi les débats d'idées et l'on réduit les flux d'information entre la communauté et le reste de l'entreprise. Puis, subrepticement et par touches successives imperceptibles, on use de son influence pour entraîner le groupe sur des terrains moralement douteux. Ce risque est plus important avec des dirigeants qui sont montés très vite dans la hiérarchie parce qu'ils ont été repérés jeunes et qui ont sauté de poste en poste sans jamais rester assez longtemps pour être confrontés à l'échec, sans que personne prenne véritablement en charge leur formation. Au moment où ils accèdent aux plus hautes fonctions, ils peuvent devenir arrogants et autoritaires. Convaincus de leur destin unique, ils s'entourent alors d'une cour servile qui fait écran avec le reste de l'organisation.

À retenir

1. Les réseaux sociaux et les communautés professionnelles sont les structures sociales informelles de la confiance dans le monde des affaires. Leur importance et leur audience reflètent le capital social de l'entreprise étendue à ses partenaires et ses clients.

2. La cartographie organisationnelle d'une entreprise ne se limite pas à son organigramme. Toutes les communautés internes ou étendues à ses partenaires et clients en font partie, dès lors qu'elles sont parrainées par l'entreprise et en portent la marque.

3. La vision de l'entreprise en tant qu'ensemble de communautés entraîne une nouvelle posture pour tous les employés. Elle les rend capables de mieux prendre en charge leur carrière.

4. Les communautés de pratique sont la clé de voûte du système d'apprentissage de l'entreprise. Elles peuvent développer considérablement son efficacité collective et sa capacité d'innovation. Elles transforment profondément la relation client en y introduisant la dimension nouvelle de la confiance.

5. Il n'y a pas que de bonnes communautés. Si elles sont trop ouvertes ou trop fermées, elles peuvent se révéler destructrices de valeur.

6. Il est urgent pour les entreprises de consacrer un peu moins de temps à peaufiner les organigrammes et un peu plus à développer leurs réseaux et leurs communautés.

Chapitre 6

La confiance au quotidien : faire vivre une communauté

Dans le monde virtuel du Web, une communauté se crée lorsque plusieurs personnes interconnectées entre elles, notamment *via* leurs blogs, décident de se fédérer sous une marque unique, par exemple en partageant un même blog thématique. Cette coalescence se traduit par la création d'une liste de membres et l'apparition d'un partage des rôles. Cela ne coûte pour ainsi dire rien.

Ainsi, dans ses premières phases de développement, une communauté de pratique vit essentiellement de l'énergie de ses membres. Elle a besoin essentiellement d'outils de collaboration adéquats et de quelques marges de manœuvre sous forme de temps alloué à l'animation et de frais de déplacement. Dans un second temps, une personne morale ou physique extérieure à la communauté peut avoir intérêt à ce que cette communauté se professionnalise. Elle peut alors l'aider à se structurer en fournissant ressources et soutien et en orientant ses activités.

Ce chapitre est consacré à l'animation des communautés de pratique dans toutes les phases de vie de la communauté. Il aborde notamment la question de la participation des membres, du choix des outils de collaboration et du soutien de la hiérarchie formelle.

Vendre son projet de communauté

Pour « vendre » un projet de communauté de pratique à une organisation formelle, c'est-à-dire obtenir le minimum vital pour en assurer correctement l'animation, il faut aborder clairement les bénéfices pratiques qu'on peut en attendre. Il est alors utile d'adopter deux perspectives différentes et complémentaires : celle des membres et celle de l'entreprise représentée par ses dirigeants. Lorsqu'on a un projet de communauté de pratique, il faut donc savoir utiliser des arguments de vente différents.

Pour un membre de la communauté, on soulignera que le bénéfice à court terme est dans le soutien effectif que la communauté peut lui apporter dans le cadre de son travail : accès à une base de connaissances, possibilité de résolution de problèmes en groupe, accès à des experts de confiance… À plus long terme, les connaissances acquises et la reconnaissance des pairs accroîtront sa valeur sur le marché du travail en tant qu'expert du domaine : reconnaissance, réputation, réseau social[1]. Participer à une communauté de pratique, c'est pour un membre la meilleure formation permanente qui soit, car si l'on est peu enclin à partager sur ses défauts, ses erreurs et son ignorance, on peut le faire au sein d'une communauté de pratique, qui est un espace de confiance entre pairs d'un même métier, un îlot de communication vraie *où l'on peut exprimer qui on est*.

Pour l'entreprise, on soulignera que le bénéfice à court terme est dans l'amélioration de la performance opérationnelle : accélération de la résolution de problèmes, réduction du temps passé en réunions stériles, mise à niveau rapide des nouveaux employés, satisfaction des clients… À plus long terme, les capacités stratégiques de l'entreprise accrues grâce à un système efficace d'enseignement et de renseignement : détection d'opportunités, capacité de négociation, innovation, maîtrise des risques… Soutenir l'émergence de communautés de pratique, c'est en quelque sorte **une assurance contre la rétention d'information et la fuite du savoir**.

---

1. Thomas A. Stewart, dans *The Wealth of Knowledge* (Currency Doubleday, 2001), souligne à cet égard qu'il y a une part de « snobisme » dans le partage de connaissances, le processus question-réponse permettant notamment aux protagonistes de vérifier qu'ils sont « du même monde ».

Si l'on ne dispose pas d'exemples probants au sein de l'entreprise, on pourra citer des cas particulièrement marquants de succès remportés par des communautés de pratique, comme :

- Celles de la société d'assurances Clarica au Canada, qui ont joué un rôle déterminant dans le succès de l'acquisition par Clarica de Met-Life en 1998, en fournissant en temps réel aux négociateurs des informations de terrain de grande valeur ;

- Celles de DaimlerChrysler (Tech-Clubs) dont les bases de connaissances métier sont réputées si bonnes que les serveurs qui les hébergent sont désormais protégés contre des intrusions externes, au même titre que les données comptables ;

- Celles de l'équipe d'oncologie de la division de recherche de Bristol-Myers Squibb, qui a démontré qu'on remporte plus de succès que les autres quand on est mieux connecté en interne, et membre d'un plus grand nombre de communautés de pratiques externes.

Distribuer les rôles

Une fois le projet vendu en interne, il faut obtenir l'engagement à plusieurs niveaux de quelques acteurs clés. Et comme une communauté de pratique ne peut pas être administrée, mais seulement animée, il faut être très clair sur les différents rôles et sur les personnes qui les prennent en charge.

Les rôles internes

L'animateur et le co-animateur

L'animateur d'une communauté joue bien entendu le rôle central. Sans lui, rien ne se fait. L'animation d'une communauté de pratique est une tâche difficile et prenante. Quand on part de rien, ce qui n'est pas recommandé, la tâche de rassembler un nombre minimum de personnes autour d'un projet de communauté, sans aucune autorité hiérarchique sur elles, peut être un travail à plein-temps pendant un ou deux mois. C'est pourquoi il est préférable d'expérimenter l'organisation en communauté de pratique à partir d'un réseau informel préexistant. Mais ce n'est pas toujours possible.

Les tâches de l'animateur sont très diverses. On peut les résumer par la liste suivante :

1. Donner un sens à l'action, définir la mission et la communiquer ;
2. Développer les modes de recrutement, la règle et les statuts ;
3. Recruter et tenir à jour la liste des membres ;
4. Distribuer les rôles (tableaux de service) ;
5. Élargir les rituels de la communauté ;
6. Élaborer le calendrier des événements ;
7. Faciliter, modérer les rencontres importantes ;
8. Vérifier le niveau d'engagement des membres ;
9. Trouver la place de la communauté dans l'organisation ;
10. Tenir le cap, refonder.

C'est pourquoi il est essentiel d'obtenir un engagement bienveillant de l'animateur à *servir* les autres membres de la communauté. S'il est avant tout préoccupé par sa carrière, il vaut mieux qu'il s'abstienne.

Seul, un animateur peut passer entre 20 % et 50 % de son temps à faire vivre sa communauté. Quand c'est un expert reconnu de l'entreprise, cela peut être incompatible avec sa charge de travail. Pour l'alléger, on peut constituer une équipe d'animation de deux personnes : un senior, leader officiel de la communauté, et un junior, jeune diplômé nouveau venu dans l'organisation formelle[1]. Le senior est un praticien expérimenté et parfaitement crédible dans le domaine de la communauté. C'est un « réseauteur », comme disent les Québécois, c'est-à-dire une personne qui connaît beaucoup de monde, va chercher des contacts bien au-delà de sa zone de confort et aime connecter les personnes. C'est quelqu'un qui comprend la dynamique d'une collectivité et qui

---

1. Chez British Telecom, de jeunes étudiants se voient confier la co-animation d'une communauté de pratique, soit dans le cadre d'un stage de fin d'études, soit dans le cadre d'une embauche. Les étudiants passent ainsi sans rupture du monde de l'éducation à celui de l'entreprise. En interagissant et en collaborant avec les membres de la communauté, ils apprennent à connaître l'entreprise et ses métiers. En apportant leur réseau de relations universitaires et leur connaissance des outils de collaboration mis en œuvre dans les universités, ils créent de la richesse pour l'entreprise. Ce modèle, expérimenté avec succès également chez Schneider Electric, est incontestablement appelé à un grand avenir. Soulignons aussi que les femmes ont une inclination plus naturelle à l'animation des communautés, car elles sont beaucoup plus tournées vers le relationnel et en comprennent bien la logique. Les hommes ont parfois tendance à structurer trop vite.

sait quand il faut la revitaliser par de nouvelles activités ou de nouveaux outils. C'est un organisateur d'activités et d'événements de rencontre, qui sait attirer des volontaires et confier des tâches. Avant tout, c'est une personne attentive aux besoins de chacun des membres de la communauté, qui éprouve de la joie à leur rendre service, et qui se sent responsable de leurs succès et de leurs échecs. Vis-à-vis du management, il « vend » sa communauté en expliquant son action et sa valeur pour l'entreprise, et en la raccrochant à ses processus et à sa stratégie. Il essaie d'obtenir qu'ils donnent assez de temps et de budget (temps, déplacements) aux membres pour leur permettre de participer aux activités de la communauté.

Le junior est en quelque sorte l'« éminence grise » de la communauté. Il décharge l'animateur de certaines tâches d'ordre logistique. Il n'hésite pas à se déplacer ou à prendre son téléphone pour rencontrer les membres de la communauté et les interroger sur leurs besoins, leur savoir-faire, leurs succès, leurs échecs et leurs enjeux à court terme. Ce faisant, il crée son propre réseau et se forme lui-même en entrant vraiment dans la communauté de l'entreprise. Jeune diplômé, il a encore des contacts utiles dans le système éducatif à la communauté.

Le junior est aussi le « scribe » de la communauté. En effet, l'une des activités les plus techniques et consommatrices de temps au sein d'une communauté de pratique est de garder une trace facilement consultable, donc numérique, des activités de la communauté : comptes rendus de réunions, documents produits par la communauté, chronique de ses succès… L'animateur de la communauté n'a souvent ni le temps ni la compétence pour le faire. Cela demande en effet un savoir particulier de structuration pour rendre l'information exploitable par les moteurs de recherche et pour en faciliter la syndication sur le Web. Elle doit donc être confiée à une personne du XXIe siècle à mi-chemin entre le documentaliste et le journaliste, et qui de plus dispose d'une bonne compréhension des modes de communication sociaux sur le Web. Les jeunes diplômés qui utilisent Internet depuis leur enfance sont mieux armés que leurs aînés dans ce domaine, et ont souvent des intuitions inaccessibles aux seniors pour qui l'Internet se limite à la messagerie et à l'utilisation épisodique de Google[1].

Les participants

Les participants constituent le corps de la communauté. Ils sont choisis par l'équipe d'animation *seulement* sur des critères de confiance. En effet, on attend d'eux des qualités particulières de bienveillance et de compétence à partir desquelles leur engagement au service des autres pourra se développer. Leur *compétence* dans le domaine de la communauté est importante, car elle permet le transfert des connaissances tacites par le biais des échanges informels et de l'entraide. Leur *bienveillance* vis-à-vis des autres l'est tout autant car elle permet le transfert des connaissances explicites par le biais des échanges de documents.

Du point de vue de sa dynamique collective, une communauté de pratique s'apparente à un réseau social aléatoire. Les connexions entre personnes et les niveaux de participation ne sont pas homogènes. Souvent, habitué au travail en mode projet où tous les membres de l'équipe collaborent plus ou moins, le groupe d'animation se trouve désemparé de constater que, dans la communauté, seulement 20 % des membres sont vraiment actifs, et que 50 % se comportent en consommateurs et ne contribuent pas. Pour avoir une communauté vivante, certains animateurs auront alors tendance à privilégier la participation et à recruter plutôt des enthousiastes que des experts. Or, il est normal d'avoir des participants périphériques dont on entend peu parler. Il peut y avoir bien des raisons à cela, comme une charge de travail trop élevée ou une connaissance imparfaite du sujet que l'on traite à un instant donné. Souvent, on s'aperçoit que des membres dormants d'une communauté de pratique se réveillent au moment où l'on s'y attend le moins pour apporter une contribution décisive.

Par souci de cohésion de la communauté, il est bon d'imposer lors du recrutement dans la communauté un niveau de participation minimale

---

1. Nota : il faut éviter de confier cette tâche à des documentalistes ou à des assistantes, rebaptisées « knowledge managers » pour la circonstance. Le documentaliste non seulement est extérieur à la communauté en tant que praticien du domaine, mais de plus il ne maîtrise le plus souvent qu'une petite partie du spectre de connaissances nécessaires. En effet, on ne parle pas seulement de communication écrite, mais aussi de multimédia. Le son et l'image sont bien sûr de la partie. C'est donc un métier nouveau, dont les utilisateurs de blogs et de wikis sont aujourd'hui les défricheurs.

qu'on essaiera de maintenir en deçà d'une heure par mois en moyenne. Si la bienveillance ne se traduit pas par une certaine activité au service des autres, elle n'existe pas dans les faits. De même, il est souhaitable de demander périodiquement aux membres de renouveler leur adhésion, ne serait-ce que pour épurer les listes.

Il peut être utile aussi de structurer sa communauté de pratique en sous-groupes thématiques homogènes, non pour exclure des personnes, mais pour éviter de perdre du temps. On pourra aussi distinguer les membres actifs, que l'on fait participer à certaines décisions relatives à l'organisation de la communauté, et les membres périphériques à qui on ne demande de se prononcer que par vote. Cependant, quelle que soit la sous-structuration éventuelle, tous les membres de la communauté doivent *a priori* conserver accès à l'intégralité de la base de connaissances de la communauté. Le maintien des relations de confiance est à ce prix.

On pourra enfin, si besoin est, favoriser le développement d'une communauté d'intérêt plus large autour de la communauté de pratique, pour les personnes qui s'intéressent au sujet sans pour autant avoir la volonté ou la compétence nécessaire pour s'engager dans des activités suivies. Extérieures à la communauté de pratique, elles pourront être abonnées à un bulletin d'information émis régulièrement, et on leur donnera la possibilité de se connecter les unes aux autres par un forum de discussion, mais elles ne participeront aux activités qu'exceptionnellement, par exemple à l'occasion des conventions annuelles.

Les rôles externes

L'entraîneur

L'animation d'une communauté est un art qui ne se réduit pas à appliquer des directives et des recettes de cuisine. De là, l'utilité de disposer d'un entraîneur (« coach »), dont la mission consiste précisément à guider l'expérience de l'animateur en l'amenant à percevoir, à observer, à pratiquer des expériences nouvelles. C'est une personne combinant un savoir-faire réel en matière d'animation de groupe et une compétence maintenue à jour en matière de technologies de collaboration. Il est particulièrement présent aux moments clés de la vie de la communauté, en particulier lors des grandes rencontres en face-à-face, qui sont autant de *moments de vérité* de la vie de la communauté, et qu'il convient donc de bien préparer.

L'accompagnement des communautés de pratique chez DaimlerChrysler

Les communautés de pratique des ingénieurs de développement de Chrysler, nées à la fin des années 1990, sont paradoxalement issues d'une réaction conservatrice par rapport à un changement d'organisation.

Historiquement, les équipes d'ingénieurs de Chrysler étaient regroupées par grandes fonctions (transmission, éclairage, électronique de bord, etc.). Une nouvelle organisation par projet et par famille de voiture mise en place en 1993 avait éclaté ces équipes sur différents projets automobiles. Les Tech-Clubs étaient alors nés quelques années plus tard du besoin pratique exprimé par ces ingénieurs de conserver des liens entre eux, afin notamment d'éviter trop de divergences entre les solutions techniques retenues dans différents programmes automobiles. Ces Tech-Clubs par fonction se réunissaient tous les quinze jours pour échanger sur les projets en cours, s'entraider et convenir de standards.

Reconnaissant la valeur de cette initiative de terrain et désireux d'en tirer le meilleur parti, les dirigeants de Chrysler confièrent à un consultant extérieur, Larry Baumgart, la mission de « professionnaliser » ces communautés. L'objectif était double : d'une part, améliorer la qualité du partage des connaissances lors de réunions de travail, et d'autre part faire en sorte que certaines des connaissances partagées puissent aussi être capitalisées sous forme de documents écrits, comme des procédures et d'études de cas.

Ce recueil de connaissances, baptisé EBOK (Engineering Book Of Knowledge) a aujourd'hui atteint une telle valeur opérationnelle que DaimlerChrysler a dû le sécuriser contre certaines tentatives de piratage extérieures à l'entreprise.

Le parrain de la communauté

Quand les communautés de pratique atteignent leur phase de maturité, elles deviennent visibles et font entendre leur voix. Leur pouvoir de prescription grandit au point de supplanter celui de l'organisation formelle. Elles apparaissent alors clairement comme des contre-pouvoirs. C'est alors qu'elles ont besoin d'être protégées contre les forces de rappel de tous ceux qui ont un intérêt personnel à maintenir le *statu quo*. Le parrainage effectif d'une autorité extérieure devient alors indispensable[1]. **La notion de parrainage est fondamentale dans tout ce qui a trait au management du changement.** Sans l'implication d'un parrain reconnu, au plus haut niveau de la hiérarchie formelle, qui explique pourquoi il soutient l'initiative et en quoi il lui apportera son concours, les forces conservatrices en faveur du *statu quo* n'ont aucune difficulté à arracher la jeune pousse comme une mauvaise herbe, tout en protestant de leur bonne foi et de leur soutien[2].

On parle ici d'un parrainage vraiment *effectif*, qui aille au-delà du discours. On sait bien que dans le monde des affaires, on est parfois amené à affirmer publiquement son soutien pour une activité déclarée stratégique tout en négociant en secret sa cession. Il n'est pas possible de faire autrement. Par ailleurs, on réorganise tous les trois ans, et l'on remet à l'heure toutes les pendules à cette occasion. Les paroles volent… Un parrainage n'est effectif que dans la mesure où il s'accompagne d'actes symboliques forts, qui engagent l'institution, comme :

- La remise à la communauté d'une lettre de mission ;
- La détermination des métriques de succès ;
- L'attribution d'un budget de financement de certaines activités ;
- La commande d'un rapport d'étude.

On peut déplorer que ce type de parrainage soit souvent très difficile à obtenir dans les grandes organisations, où le cloisonnement hiérarchique est très développé. C'est incontestablement un point bloquant du développement des relations de confiance dans les grandes entreprises.

Parrainage d'une communauté de métier chez Renault

Au moment de la bulle Internet, Louis Schweitzer, alors président de Renault, a voulu doter chaque membre du comité de direction d'un jeune coach qui le forme aux outils et aux technologies de ce qu'on

---

1. … Mais pas avant. Le parrainage peut même être contre-productif en phase initiale, en donnant une visibilité trop forte à un projet de communauté encore peu structuré. C'est un peu alors comme de jeter de l'engrais sur une jeune pousse. On risque de la brûler.
2. Pour expliquer l'échec de la perestroïka, Mikhaïl Gorbatchev évoquait l'incapacité de l'appareil soviétique à accepter le moindre changement visant à introduire un peu de démocratie en ses rangs. En effet, l'intelligence politique qui permet de gravir les échelons d'un système centralisé où le pouvoir vient d'en haut est très différente de celle qui permet d'obtenir l'investiture du peuple.

appelait alors e-business. Lui-même a donné l'exemple en adoptant son coach. Les coachs étaient des jeunes employés à haut potentiel, recrutés par la DRH, parfaitement « alphabétisés » sur les technologies Web, qu'on formait au préalable pendant deux jours à l'environnement et à la culture Renault.

Le programme a duré six mois avec huit séances de programme individuel. L'objectif était de bien faire comprendre aux membres du comité de direction l'impact du déploiement de ces technologies sur la marche des affaires dans l'automobile. Après ces six mois, Louis Schweitzer a donné la possibilité aux membres du comité de direction de continuer. Très rapidement, les coachs ont formé une petite communauté de pratique. Le président s'investissait dans le programme en s'intéressant aussi de très près à certains projets e-business, qu'il allait voir lui-même avant tout le monde.

Le commanditaire

Le commanditaire est le cadre dirigeant extérieur à la communauté qui a précisément reçu la mission de développer, souvent dans un domaine de connaissances particulier, le partage des connaissances au service d'une stratégie d'innovation de l'entreprise. À ce titre, il dispose de ressources allouées pour mettre en place les dispositifs d'incitation et de soutien au partage des connaissances, donc au service des réseaux et communautés.

Sa mission est multiple :

- Financer les activités des communautés et créer l'infrastructure de travail collaboratif ;
- Organiser des événements de communication qui donnent aux communautés visibilité et légitimité ;
- Négocier le soutien de l'organisation formelle ;
- Former les animateurs et recruter des coachs ;
- Auditer régulièrement le système et démontrer la création de valeur.

Il est également de sa responsabilité de supprimer tout soutien officiel aux communautés qui ne créent pas assez de valeur, qui se verront retirer ainsi l'autorisation d'arborer la marque de l'entreprise et d'utiliser ses outils.

L'équipe de gouvernance

Lorsque l'entreprise soutient un grand nombre de communautés, il est souhaitable que les commanditaires puissent faire appel à une petite équipe de gouvernance[1] pour administrer au quotidien les communautés en leur fournissant un soutien sous forme de méthodes, d'outils et de renforts. Cette équipe doit aussi susciter la création de nouvelles communautés en lien avec la stratégie de connaissances de l'entreprise. Face à tout projet de création de communauté avec demande de soutien de l'entreprise, son rôle est aussi de vérifier qu'elle n'existe pas déjà, sous une forme ou une autre interne ou externe à l'organisation.

Elle peut jouer un rôle déterminant dans le choix des standards d'interopérabilité des applications et la normalisation des métadonnées. Elle peut aussi imposer une taxinomie commune à toutes les communautés de l'entreprise, portant sur des classifications claires et ne nécessitant aucune interprétation, comme la structure même du document (proposition, commande, interview, etc.), son format (.doc, .jpg, .mpg, etc.), ses droits d'accès et ses droits d'auteur. Une telle classification commune *a minima* constitue le socle commun qui permet aux documents de circuler d'une communauté à une autre, un même document pouvant être classé suivant différentes facettes par chaque communauté (figure 17).

Figure 17. Analyse d'un document suivant différents référentiels métier :
exemple d'un rapport d'incident[2]

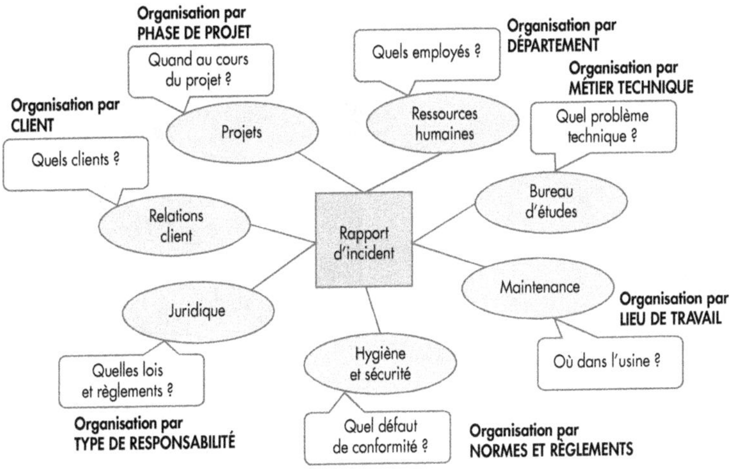

---

1. Chez Schlumberger, on lui a donné le nom de méta-team, chargée.
2. Source : Patrick Lambe, *Organizing Knowledge : Taxonomies, Knowledge and Organizational Effectiveness*, Chandos Publishing, 2007.

Structurer l'espace communautaire

Je peux voir une communauté de pratique à laquelle j'appartiens à la fois comme un groupe de personnes en qui j'ai confiance et comme l'espace partagé par la communauté, au sein duquel je me sens en confiance. La communauté de pratique étant le lieu par excellence de l'apprentissage pratique, on peut sans trop de difficulté risquer la métaphore du campus universitaire, qui va nous aider à structurer l'espace physique et virtuel des activités de la communauté.

Cette structuration en espaces est importante. Il y a des lieux pour apprendre, de même qu'il y en a pour produire, pour vendre ou pour créer. Si les artistes ont des studios et les chercheurs des laboratoires, c'est parce que l'espace de travail que l'on partage conditionne les interactions entre les personnes. Ainsi, on ne se comporte pas de la même façon dans un café, un laboratoire et une salle de conseil de direction. Le café est le lieu de la conversation informelle, le laboratoire celui de l'expérimentation et la salle du conseil celui de la décision… Lorsqu'un groupe créatif se réunit dans une salle de conseil de direction, espace totalement inadapté aux activités créatives, on obtiendra des décisions et des plans d'actions, pas des idées neuves (figure 18).

Figure 18. Espaces de créativité[1]

Comment tuer la créativité   Exemple d'espace de créativité

C'est vrai aussi dans le monde virtuel. On ne communique pas du tout de la même façon par messagerie sur un forum ou par messagerie instantanée. La messagerie est un moyen de communication factuel et informatif ; le forum est logique et argumentatif ; la messagerie instan-

---

1. Source : Innovation Labs.

tanée est débridée et émotive. Les fonctions d'édition et de publication ne sont qu'un aspect des choses : toutes les salles de réunion ne sont pas identiques, même si elles disposent toutes de tables et de chaises. L'expérience de l'utilisateur sur les applications informatiques de l'entreprise envoie un signal clair sur les activités que l'entreprise valorise. Si, par exemple, on fait la promotion des forums en ligne comme moyen de partage de connaissances au service des clients et qu'on adopte pour ce faire une technologie ancienne, l'expérience décevante envoie aux employés un message conflictuel dont ils ne retiendront finalement qu'une chose : ce n'est pas si important que cela.

Il faut donc concevoir chaque espace de travail, physique et virtuel, de ce campus universitaire en fonction des activités de collaboration que l'on y mène, et non comme un ensemble de salles polyvalentes. Si les entreprises technologiques de la Silicon Valley sont conçues comme des lieux de vie avec bar, terrains de sports, salle de jeux, et même service interne de nettoyage de vêtements, c'est pour pouvoir engendrer beaucoup de liens sociaux entre les employés, et par là même améliorer la communication et développer l'innovation. C'est vrai aussi dans le monde virtuel, comme en témoigne le succès des services en ligne comme SecondLife.

Dans le cas d'une communauté de pratique, on peut définir sept espaces types correspondant à des contextes particuliers de collaboration entre ses membres, et de valeur ajoutée pour l'entreprise (figure 19) :

Figure 19. Le campus virtuel d'une communauté de pratique

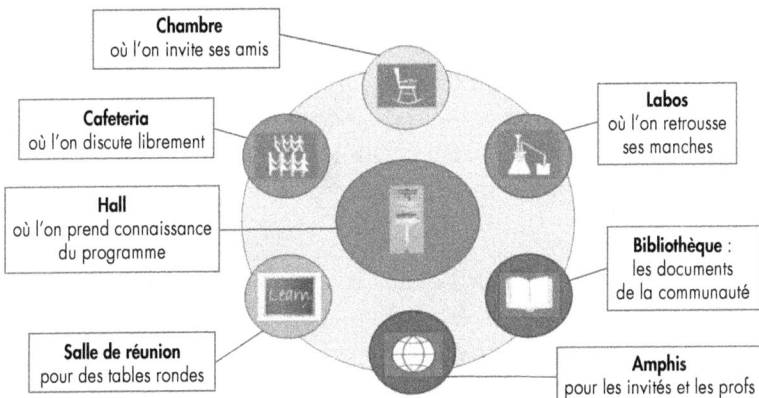

Inspiré par E. Wenger

1. **Le hall d'accueil** : c'est un espace d'*information*. C'est l'endroit où la communauté prend connaissance de tous les événements qui affectent sa vie. C'est là qu'on annonce le programme, et que les membres peuvent s'inscrire à différentes activités et prendre contact avec les autres membres du groupe d'animation. C'est le point de rendez-vous central, le carrefour de la communauté ;

2. **L'espace privé** (l'idée de *fraternity* en anglais est plus parlante) : c'est le lieu de la *conversation*. C'est un lieu privé pour chaque membre de la communauté, éventuellement partagé avec d'autres, où il peut exprimer sa personnalité et inviter d'autres membres de la communauté à converser avec lui. C'est aussi le lieu où il tient un journal de bord de ce qu'il a appris et où il porte un regard critique sur les activités de la communauté ;

3. **Le café** : c'est un espace de *dialogue*. C'est le lieu ou l'on apprend en petit nombre à se connaître mieux, à découvrir les points communs entre les personnes, à partager un même langage ;

4. **Les tables rondes** : c'est un espace de *discussion*. Autour d'une table ronde, l'échange est plus formel, car il a pour but de dégager une position commune. C'est là où les tâches de construction de la communauté sont débattues et distribuées aux uns et aux autres sur la base de la compétence et du volontariat. C'est aussi là où ont lieu les *revues par les pairs*. C'est le lieu par excellence où le leadership de collaboration se manifeste le plus dans la communauté, car c'est le lieu de la synthèse ;

5. **L'espace projets** : c'est l'espace de la *collaboration* encore plus structurée, en mode *parallèle* ou *séquentiel* (*cf.* chapitre 2), où la communauté mène ses propres projets. C'est le lieu où de petits groupes de personnes former des équipes dans le but de produire des livrables. Le groupe d'animation de la communauté est le premier d'entre eux à se constituer ;

6. **L'amphithéâtre** : c'est le lieu de l'*enseignement* et de la diffusion des mêmes messages à tous les membres de la communauté. C'est aussi le lieu privilégié de l'interface avec l'extérieur : on y accueille des visiteurs pour qu'ils présentent leur travail ou pour leur présenter celui de la communauté ;

7. **La bibliothèque** : c'est le lieu de la *mémoire* de toutes les activités de la communauté, ainsi que des documents de référence les plus importants. On la structure de telle façon que tout nouvel arrivant puisse rapidement comprendre ce qu'il peut en attendre et comment s'en servir.

Dans la description de ces sept espaces, on retrouve bien entendu des concepts déjà abordés au chapitre 3 dans les espaces de communication. Il faut voir ces sept espaces comme une instanciation particulière de ces modes de collaboration génériques dans le cas particulier d'une communauté de pratique.

Cette représentation de la communauté de pratique comme un campus, avec ses différents espaces d'activité, est particulièrement utile au commanditaire. Elle lui permet de configurer l'espace communautaire physique ou virtuel comme le ferait un architecte d'intérieur (*conception*). Ce faisant, il oriente les activités de la communauté dans le sens souhaité par l'organisation formelle. Mais il laisse aussi aux membres de la communauté des espaces de liberté à organiser eux-mêmes, comme ils l'entendent (*émergence*). En effet, ces différents espaces ne sont pas tous nécessaires dès le début et peuvent être introduits les uns à la suite des autres au cours des différentes phases de vie de la communauté et en fonction de ses activités. On peut en particulier imaginer qu'un certain nombre d'entre eux soient créés par les membres de la communauté eux-mêmes, en particulier dans le monde virtuel. On songe par exemple aux espaces privés, qui peuvent être constitués par les blogs des membres de la communauté s'ils en ont déjà. Pour le commanditaire, la question sera de mettre en place les conditions qui permettront de regrouper tous ces espaces en un seul « campus communautaire ».

Ainsi, dans le monde physique, toute personne habilitée peut se rendre dans l'espace de son choix en fonction de ses préoccupations du moment. *A minima*, elle se rend régulièrement dans le hall d'accueil pour consulter les bulletins d'information sur la vie du campus. Dans le monde virtuel, elle peut s'abonner aux flux d'informations circulant dans chacun de ces espaces et participer aux échanges. Un membre particulièrement actif de la communauté s'enregistrera dans tous les espaces et s'abonnera à tous les flux d'informations qui en proviennent, alors qu'un membre passif se limitera au portail d'accueil.

Il peut être très utile de reconnaître ces différents espaces de partage lorsqu'on organise un grand congrès professionnel dont le but est de favoriser le maillage des personnes et l'échange de pratiques. En effet, ces événements de rencontre sont suffisamment coûteux pour qu'on tente d'en faire des vecteurs privilégiés d'apprentissage et d'inculturation de l'organisation, pour leur donner un impact maximum sur la marche des affaires. On bâtit l'événement sur une thématique pratique bien définie, et l'on confie à des groupes interdisciplinaires la mission d'organiser les activités typiques de chacun de ces sept espaces.

Organisé de cette façon, l'événement peut amener plusieurs centaines de personnes à collaborer à la résolution d'un vrai problème stratégique. Si les dirigeants sont personnellement engagés dans sa préparation, on peut en outre prévoir de prendre des décisions importantes sur le champ, pendant l'événement lui-même[1].

Ainsi, les dirigeants de Shell Exploration & Production ont-ils pu traiter en deux jours un problème de concurrence interne préjudiciable aux résultats de l'entreprise en amenant les protagonistes à proposer eux-mêmes la solution – fusion des équipes – et les modalités d'application, et en prenant clairement position par rapport à chacune de ces propositions.

Mais commençons la visite de ces espaces, afin de mieux comprendre les méthodes et outils de collaboration les mieux adaptés à chacun.

Le hall d'accueil

Dans le monde physique, certains dirigeants d'entreprise ont fait appel à des architectes urbanistes pour organiser l'espace de vie commun de l'entreprise comme un village autour d'un carrefour central[2] baptisé *atrium* ou *agora*. L'idée n'est pas seulement de créer un espace où les gens ont plus de chances de se rencontrer et de dialoguer, mais aussi de montrer clairement une vision de leur entreprise comme un lieu de vie collective. Or, dans toute société humaine, il y a un point central physi-

---

1. De nombreuses techniques de séminaires ont été mises au point pour professionnaliser ce dialogue dont le célèbre « Townhall » de General Electric, événement codifié sur plusieurs jours et qui prend appui sur ces espaces se conclut par des décisions entérinées par les commanditaires. Si l'on mélange tout, on accumule les frustrations et l'on n'aboutit à aucun résultat tangible.
2. Chez Northern Telecom à Toronto, chaque « quartier » autour du carrefour central dispose d'une certaine liberté d'aménagement reflétant la diversité du groupe.

que qui est le lieu de la rencontre fortuite, et autour duquel tout gravite, à l'instar du *forum* ou l'*agora* de l'antiquité. Seuls les membres de la communauté, les citoyens, y ont un accès libre ; les extérieurs n'y ont qu'un accès partiel.

Dans le monde virtuel, ce hall d'accueil est la page d'entrée d'un portail où l'on peut visualiser en un coup d'œil l'ensemble des activités passées, présentes et à venir de la communauté. Comme tout lieu d'accueil, il doit être agréable à visiter et avoir une personnalité. On y trouve essentiellement les services suivants :

1. L'annuaire des membres avec des liens vers leurs espaces privés ;

2. Un système d'abonnement sélectif aux informations provenant de tel ou tel espace ;

3. Un moteur de recherche sur tout le campus de la communauté.

Qu'il soit physique ou virtuel, le hall d'accueil a quatre fonctions majeures.

Orienter le visiteur

La première fonction est d'orienter, car la première attente d'un visiteur arrivant sur le campus de la communauté, qu'il en soit membre ou non, c'est de comprendre ce qui s'y passe en ce moment même et où ça se passe, sélectionner les activités auxquelles il veut participer et s'y rendre sans se perdre. On doit donc y trouver clairement :

1. Des nouvelles et des annonces ;

2. Le calendrier des activités (le programme de la communauté) ;

3. Des documents de référence (descriptif de la communauté, modalités d'inscription, règlements, glossaires de mots clés…) ;

4. Un système d'inscription aux activités ;

5. Un système de questions-réponses géré par l'équipe d'animation (FAQs, forum, chat).

Ainsi, sur les portails d'accès aux communautés de pratique d'Ogilvy et d'Air Liquide, le visiteur peut reconnaître en un clin d'œil tous les espaces réels ou virtuels où il peut se rendre, avec une indication sur le degré d'activité dans chacun d'entre eux.

Le hall d'accueil des communautés d'Ogilvy

Le portail de connaissances de l'agence de communication Ogilvy a une personnalité très forte. « *C'est un lieu vibrant, où chacun peut voir comment notre réseau se tisse, et comment il se met au travail. On peut y sentir battre le pouls de l'entreprise.* » Chaque employé est encouragé à y déposer des documents de tout type, internes comme externes, qu'il considère comme des pépites de connaissances utiles pour d'autres employés. Ogilvy utilise le terme de « truffes » pour signifier ces documents : « *Nous recherchons les connaissances comme un cochon cherche des truffes.* » Des communautés de pratique y ont leur vitrine, et l'on peut s'abonner aux publications de ces communautés d'un simple clic.

Le site utilise de nombreux ressorts de la profession pour inciter les employés à revenir et à participer. Le design contemporain fait appel à une variété d'images de grande qualité ; les messages sont fortement personnalisés et émaillés de *teasers* qui incitent à creuser plus loin. La messagerie instantanée vers un collègue est possible à partir du site. Les noms de baptême et les logos des différents espaces de la communauté sont porteurs de sens et s'ancrent bien dans la mémoire : les bonnes pratiques sont des « truffes » car elles ont une valeur pérenne ; le forum de discussion, qui n'a de valeur qu'au moment où l'échange à lieu, s'appelle *fungus*.

Donner accès aux membres

La seconde fonction est de donner accès à l'annuaire des membres de la communauté. Il est de type « pages jaunes », réservé aux membres et beaucoup mieux renseigné que l'annuaire général de l'organisation formelle dans le domaine de spécialité de la communauté. Cela permet notamment à une personne qui arrive dans la communauté de rencontrer celles qui sont dans le même cas qu'elle. L'industrie du pétrole a été sans doute la première à accorder beaucoup d'importance aux annuaires d'entreprise pour établir des liens entre les personnes. Par exemple, le projet Connect de BP, né à la fin des années 1990, permettait à tous les employés de tenir à jour des pages Web sur l'intranet où figuraient dans un format préétabli leurs domaines d'expertise, leurs expériences, leurs contacts, ainsi que des informations plus personnelles comme leur CV ou leur photo. Le service, lancé en 2000, connut un très grand succès. Au bout de deux ans plus de 20 000 personnes avaient renseigné leur profil et toutes les trois secondes une recherche était faite sur le système. D'autres sociétés ont emboîté le pas, comme Schlumberger, Solvay ou IBM.

De fait, les annuaires sont en passe de devenir le pivot de tous les systèmes de partage de connaissance et un élément central des systèmes d'information. En effet, c'est là que les personnes déclarent leur profil, leurs centres d'intérêt et leurs habilitations. Quand leur usage se généralise, notamment dans le cadre du marché du travail interne à l'organisation, les employés se mettent à les renseigner dans le détail et ils deviennent le point de référence pour attribuer les droits d'accès aux services en ligne de l'entreprise, comme c'est le cas chez IBM (figure 20, page suivante).

Les systèmes modernes de mise en réseau des personnes sur Internet, dits « réseaux sociaux », comme Facebook, LinkedIn, Viadeo, Xing[1] ont bien compris tout l'intérêt de proposer des annuaires professionnels mondiaux largement diffusés et offrant des fonctions supplémentaires utiles comme les pages personnelles, la visualisation des réseaux de relations, la recommandation par des tiers, les offres d'emploi, les regroupements par communauté d'intérêt, etc. À ce titre, ils peuvent être utilisés comme infrastructure de hall d'accueil pour certaines communautés de pratique particulièrement ouvertes[2].

---

1. www.facebook.com ; www.linkedin.com ; www.xing.com ; www.viadeo.com.
2. Il est probable que certains de ces services en ligne auront une telle audience et une telle richesse fonctionnelle au niveau mondial qu'ils se substitueront partiellement aux annuaires d'entreprise, au risque de voir des informations sensibles apparaître au grand jour. Dans leur grande majorité, les entreprises portent peu d'attention à ces services de réseaux sociaux. Lorsqu'elles les découvrent, leur réaction va de la peur de divulguer des informations sensibles à l'enthousiasme devant la puissance de ces systèmes. Mais la vraie question est de savoir qui finance le développement de ces services et quel usage est fait des analyses d'activité sur le site. Les entreprises ont donc intérêt à créer des liens entre l'annuaire interne et ces annuaires mondiaux, de façon à maintenir la qualité de leur annuaire et à « contrôler les fuites ».

Figure 20. Page personnelle dans l'intranet de Schneider Electric

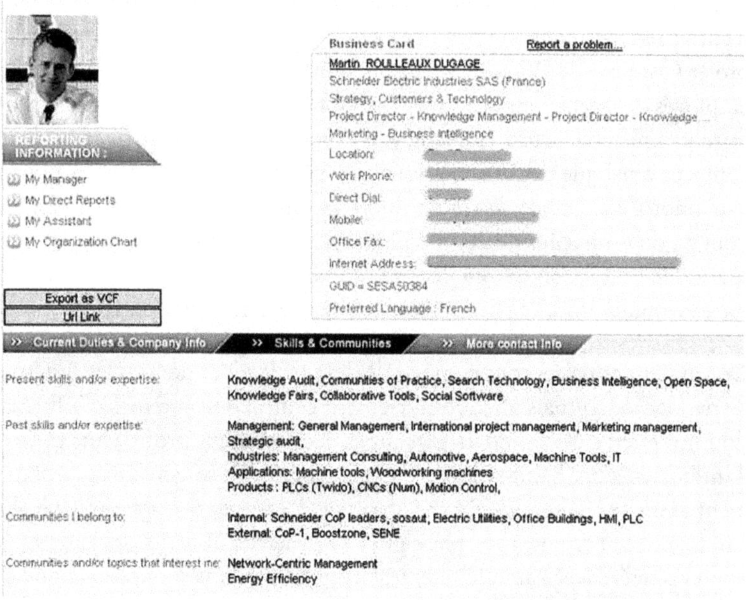

Permettre l'abonnement

Une troisième fonction, qui prend aujourd'hui une importance considérable dans le monde virtuel, est de permettre l'abonnement. Un portail moderne s'inscrit dans la logique *publish & process* évoquée plus haut. Ce n'est pas un lieu de destination où l'on se rend régulièrement pour s'informer, mais un lieu de référence où l'on peut s'abonner à différentes sources d'information en temps réel. On doit pouvoir être sélectif et décider par exemple de s'abonner aux annonces d'arrivées de nouveaux membres dans la communauté, aux nouvelles sur une thématique particulière ou aux nouvelles versions d'un document. On doit aussi de plus en plus être en mesure d'utiliser des agents paramétrables qui permettent entre autres d'être alerté immédiatement de toutes les nouvelles publications de la communauté dans laquelle telle société ou telle personne est citée, comme toutes celles qui vous citent nommément.

Si le hall d'accueil est le point central autour duquel gravitent tous les autres espaces de la communauté, les habitués de la communauté ne s'y rendent pas souvent, car ils comptent plus sur les mécanismes d'abonnement et sur les systèmes d'alerte, y compris celui du réseau social lui-même, pour être tenus au courant. Pour les visiteurs en revanche, le hall d'accueil reste un lieu de destination[1].

Manifester les rituels

Une quatrième fonction est de manifester les rituels sans lesquels il n'y a pas de communauté. En effet, le temps consacré à une communauté d'apprentissage est faible en regard d'autres activités professionnelles opérationnelles, et l'attention portée par les membres aux activités de la communauté s'en ressent forcément. D'où la nécessité de recourir à toutes les techniques de gestion de l'attention en usage chez les professionnels de la communication : messages courts et personnalisés, utilisation de l'image et du son, et surtout points de rendez-vous réguliers inscrits dans les calendriers.

L'un des rituels les plus importants d'une communauté concerne l'admission d'un nouveau membre. On ne doit pas pouvoir entrer dans une communauté par hasard ; les barrières à l'entrée doivent être bien présentes et visibles. Pour obtenir le statut de membre, il faut avoir accompli des tâches, en général simples comme remplir une fiche de renseignement et trouver un parrain dans la communauté. Dans certains cas, l'admission oblige à suivre un parcours initiatique et à passer un examen devant un jury. Une fois admis, le nouveau membre se voit donner accès à des ressources, recettes et petits secrets de la communauté auxquels même les instances dirigeantes de l'organisation formelle n'ont pas accès. Il s'agit d'un processus d'adoption mutuelle. La communauté prend en charge la nouvelle recrue, lui enseigne les ficelles de la communauté en vue d'évaluer sa capacité à devenir un membre actif et productif. Le nouvel arrivant apprend la réalité de la communauté, découvre ses valeurs, ses traditions, sa mémoire et ses normes. Il est donc essentiel de savoir marquer cet événement, au minimum par une annonce à l'ensemble de la communauté dans un endroit très visible du hall d'accueil.

---

1. Le portail de nombreuses entreprises de haute technologie (Adobe, Nokia…) est déjà un lieu d'abonnement à des sources d'information provenant de différentes personnes et groupes concepteurs ou utilisateurs de leurs produits.

L'espace privé

Dans le monde physique, les communautés humaines autorisent en général leurs membres à détenir un espace privé : un bureau, une chambre[1]. L'espace privé permet à la personne d'exprimer sa personnalité, de réfléchir et d'expérimenter par elle-même, et d'attirer l'attention sur elle. Au cours des années passées, on a assisté dans beaucoup d'entreprises à la disparition des bureaux fermés au profit des espaces ouverts, voire au profit de bureaux de passage non attitrés. Ce mouvement était dicté par des considérations économiques relatives au prix du mètre carré de bureau. On l'a justifié aussi par le besoin de rompre les isolements et de rapprocher les personnes, mais comme les niveaux supérieurs de la hiérarchie étaient la plupart du temps épargnés, le message perdait de sa crédibilité. Il est vrai cependant que l'entreprise n'a pas nécessairement vocation à supporter la charge financière de cet espace privé. Sur un campus universitaire, l'étudiant paye souvent sa chambre. Dans un grand nombre d'entreprises technologiques, et surtout celles qui démarrent, les employés rentrent chez eux quand ils ont besoin de retrouver leur espace privé, et il arrive que des réunions de travail aient lieu chez les uns et les autres.

Dans le monde virtuel, ces espaces privés sont typiquement les blogs. Les blogs répondent fondamentalement à notre besoin social d'engager des conversations. En exprimant ses idées du moment sur un thème qu'il a choisi, l'auteur d'un blog peut engager une conversation avec n'importe quelle autre personne qui s'intéresse au même sujet au même moment, où qu'elle se trouve dans le monde. Un blog n'est pas un forum en ligne. Un forum en ligne est un espace de dialogues, cadrés sur une thématique et animés par un modérateur. Un blog est centré sur la personne de son auteur, s'exprimant librement sur ce qui l'intéresse. C'est un espace privé et personnalisé, dont on a rendu la frontière perméable. C'est la brique de base de l'« individualisme en réseau »[2] sur Internet.

Dans le cadre d'une communauté de pratique, un blog permet de se faire connaître, de partager des réflexions et des points de vue de façon très ouverte sur ce qu'on a appris, ce qu'on ne comprend pas, sur ce

---

1. Les systèmes coercitifs réduisent cet espace au minimum, au point d'instrumentaliser la personne et de figer la vie sociale.
2. L'expression est de Lee Bryant, P-DG de Headshift (www.headshift.com).

qu'on a apprécié ou non, et sur toute autre chose qui permette de montrer qui l'on est. Les conversations établies entre personnes à travers les blogs par le biais des commentaires et des hyperliens sont autant de connexions qui se créent entre les membres de la communauté, et qu'on peut éventuellement visualiser sous forme de cartographie. Elles sont aussi des amplificateurs de signaux faibles. Un commentaire apparemment anodin publié sur un blog peut engendrer des phénomènes d'avalanche étonnants si d'autres s'en emparent. Ils sont les lieux privilégiés de l'émergence de nouvelles réflexions dans la communauté.

Les blogs pour fédérer des réseaux d'anciens élèves

The Otter Group à Boston offre un service d'activation de réseaux d'anciens élèves de grandes universités et collèges américains de la côte Est. Le principe est de syndiquer le contenu des blogs de tous les anciens élèves sur le site Web de l'association des anciens, quitte à offrir aux anciens, qui n'en ont pas encore, la possibilité d'en créer un. Pour peu qu'ils s'en servent et que le site central dispose de moteurs de recherche et d'agents intelligents pour réaliser des alertes, on transforme alors le réseau en une communauté d'intérêt, et un site moribond en un système de renseignement à usage des anciens élèves.

Un utilisateur peut ainsi par exemple demander à être notifié de toutes les publications relatives au lancement de nouveaux produits à partir des blogs de tous les anciens étudiants en biologie des trois promotions qu'on connaît le mieux et qui travaillent dans l'industrie pharmaceutique.

Le café

Dans le monde physique, les cafés, les jardins et les squares sont des endroits où les gens se rencontrent pour se découvrir à travers leurs histoires, leurs intérêts exprimés, leurs humeurs. Ce sont les lieux du dialogue, où l'on « brise la glace » et où l'on construit les premiers pas vers la confiance par l'affirmation de soi au sein d'un groupe. Ce sont des lieux d'« *incubation de connaissance* »[1]. La plupart des communautés organisent des carrefours de rencontres informelles entre nouveaux arrivants et anciens pour leur permettre de faire connaissance. Cela prend la forme de journées d'accueil, de cocktails, de déjeuners.

---

1. Larry Prusak, Don Cohen, *op. cit.*

Dans le monde virtuel, cela s'apparente à des forums en ligne sur un thème léger où l'on échange quelques expériences, pensées et plaisanteries, et surtout quelques images, car les photos et les vidéos ont une faculté toute particulière à établir des liens d'intimité entre les personnes.

Les forums en ligne[1] n'ont en général pas bonne presse dans les entreprises. On a voulu en créer beaucoup lors de la bulle Internet, et la plupart sont restés inactifs. La cause en est bien entendu l'incompréhension de la dynamique de la confiance. Personne n'écrit un message sur un forum de discussion sans savoir qui est derrière ce forum, ni comment les messages seront utilisés. Les forums en ligne fonctionnent bien lorsqu'ils sont porteurs de sens et qu'ils disposent du niveau de sécurité et de parrainage adéquat. Buckman Labs aux États-Unis a été l'un des pionniers des forums en ligne en tant qu'outil de management au service des clients, et l'entreprise a été complètement transformée par leur usage. On peut en dire autant de Caterpillar, où les échanges de connaissances par courriel interne ont quasiment disparu au profit des forums. IBM organise régulièrement un grand forum de discussion en ligne, baptisé Worldjam, où tous les employés du monde sont appelés à commenter ensemble la stratégie de l'entreprise et faire des propositions. Lors du premier Worldjam en 2001, des dizaines de milliers d'employés ont apporté leur contribution.

Un forum de discussion pour briser la glace

La communauté CPSquare d'Étienne Wenger et John Smith (www. cpsquare.com) organise deux fois par an un séminaire en ligne sur le partage des connaissances et les communautés de pratique. Ce séminaire virtuel se déroule sur une période de trois semaines. Une quarantaine de participants peuvent y prendre part quelques heures par jour tout en continuant à exercer leur activité professionnelle. Seuls quelques points de rendez-vous – invité d'honneur, conférence téléphonique – exigent la présence simultanée de tous les participants devant leur poste de travail.

Le séminaire commence par l'ouverture d'un forum de discussion où chaque participant se présente en quelques mots et affiche quelques photos significatives : il dit qui il est, d'où il vient, ce qu'il aime faire, ce qu'il recherche et ce dont il aimerait pouvoir parler. Le forum est ouvert pendant une semaine et les organisateurs y participent active-

---

1. Outils spécialisés du type PHPBB ou Caucus, et toutes les fonctions de forum asynchrone standard des offres de portail collaboratif intégré, du genre Microsoft Sharepoint.

ment en entrant eux-mêmes dans la conversation et en parlant d'eux-mêmes, parfois de façon assez intime, car des photos de famille y circulent. Un autre événement en parallèle, organisé à plusieurs reprises pour tenir compte des impératifs de chacun et des fuseaux horaires, consiste à organiser la visite virtuelle du site de travail de CPSquare, que chacun doit apprendre à connaître pour en tirer le meilleur parti. Ces pratiques contribuent à briser la glace entre participants et à leur permettre de s'approprier le séminaire auquel ils vont participer.

Les forums en ligne vivants reflètent un capital social élevé. C'est pourquoi ils ne fonctionnent bien qu'au sein d'une communauté. Quand l'entreprise a une culture de groupe bien développée, cela marche mieux[1]. Mais il faut toujours que trois conditions soient remplies :

1. Animation compétente et bienveillante ;

2. Présence d'un minimum d'experts du sujet ;

3. Formalisation claire des règles d'interactions.

Il faut en effet que les employés sachent se servir d'un forum de discussion et en respecter les bons usages, ce qui est rarement enseigné. HP Services (B. Karney) a dû officialiser dix règles utiles pour obtenir de bons échanges sur les forums communautaires d'aide en ligne de l'entreprise :

1. Dans la ligne « sujet », être très précis (utiliser 5-10 mots, et non 2-3) ;

2. S'identifier par son nom, son rôle, son organisation ;

3. Identifier le problème, brièvement et clairement ;

4. Expliquer pourquoi il est important pour le lecteur du message d'aider à résoudre ce problème ;

5. Expliquer exactement le type d'aide qu'on attend ;

6. Spécifier l'échéance ;

---

1. Chez Johnson & Johnson au Japon, le sentiment d'appartenance à une communauté de savoir est matérialisé par un forum en ligne permanent où tous les employés peuvent s'exprimer. Culturellement, le Japon est très demandeur de ce genre d'interaction qui permet de s'affranchir un peu des barrières sociales à la communication orale. Dans cette communauté de savoir, on fait usage de pseudonymes, ce qui peut paraître surprenant en milieu professionnel. Il est apparu en effet que le recours au pseudonyme libère la conversation car il gomme les convenances dues au respect de la hiérarchie, au point que le trafic augmente parfois d'un facteur cinq. Ainsi, derrière le pseudonyme de Business Hunter se cachait en 2004 le directeur général d'une filiale.

7. Dire ce qu'on sait déjà (et comment on l'a appris), et dire ce qu'on ne sait pas ;

8. Demander des suggestions de personnes à contacter et de choses à faire ;

9. Dire ce qu'on fera pour partager plus largement ce qu'on aura appris ;

10. Expliquer comment ceux qui auront apporté leur aide seront récompensés ou reconnus.

Le forum de discussion, vecteur du changement culturel

Buckman Labs, aux États-Unis, a introduit très tôt l'usage des forums de discussion pour ses employés. En 1993, le système K'Netix voyait le jour et offrait un espace de discussion, le Techforum, organisé en 20 sections différentes. Ce forum était animé par des modérateurs dont le rôle était entre autres de s'assurer que les questions posées obtiendraient une réponse en moins de 24 heures. Chaque section disposait d'au moins deux experts reconnus qui acceptaient de répondre aux questions posées, et parmi lesquels figurait le P-DG lui-même. Les meilleurs contributeurs étaient récompensés par une participation accrue aux décisions stratégiques de l'entreprise. Le système K'Netix était adossé à un code d'éthique, rédigé par le P-DG lui-même, mettant en exergue le partage des connaissances en tant que valeur fondamentale de l'entreprise.

Il fallut plus de quatre ans pour que ces forums deviennent partie intégrante de la culture d'entreprise, tant la résistance au partage était grande au début du projet. L'investissement correspondant était considérable : Buckman Labs dépensait 10 millions de dollars par an sur K'Netix et le retour sur investissement n'était pas directement mesurable. Cependant on put constater trois ans plus tard, en 1995, que 65 % des associés de Buckman Labs étaient désormais en contact commercial direct avec les clients, contre à peine 16 % cinq ans avant, que 33 % des ventes concernaient des produits nouveaux de moins de cinq ans, contre 22 % avant K'Netix, et que la société était désormais composée de 72 % de diplômés contre à peine 39 % cinq ans avant.

Les tables rondes

On baptise ici du nom de « table ronde » tout espace de collaboration destiné à faire converger les points de vue et à s'accorder sur le sens de l'action. Cela marque le caractère égalitaire des membres et l'absence de hiérarchie autre que celle de l'animateur – médiateur –, qui joue ici un rôle essentiel. Cet espace de type table ronde est à considérer comme le cœur même de la communauté de pratique, sa raison d'être. C'est là où sa valeur apparaît le plus clairement à travers l'expression collective d'un jugement, là où la connaissance se crée. En substance, les autres espaces existent soit pour le préparer par l'établissement de relations de confiance entre les membres (hall, espace privé, café), soit pour le prolonger dans l'action (atelier, amphi, archives).

Au cœur d'une table ronde il y a l'établissement d'une *langue commune*, par l'explicitation et la codification du savoir commun. Sans cela on ne peut ni faire confiance au jugement des autres, ni résoudre des problèmes ensemble. Il est significatif que la première réunion de type table ronde de la communauté de pratique sur la galvanisation chez Arcelor ait porté sur l'établissement d'un dictionnaire trilingue français-anglais-espagnol des mots clés du métier, et que la première table ronde de la communauté « Levage industriel » de Schneider Electric ait eu pour résultat de s'accorder sur une nouvelle segmentation du marché. Beaucoup de méthodes de travail collaboratif de groupe se fixent ces objectifs. Mais elles ne donnent en fait leur plein rendement que dans un espace de type table ronde, après un travail de préparation dans les autres espaces. Sans préparation, on est souvent déçu du résultat, car on constate, souvent à la fin, que les personnes en présence utilisent les mêmes mots pour désigner des choses très différentes.

Dans ce type d'espace d'apprentissage collectif, la compétence de l'animateur est importante, tant dans le domaine de connaissance que dans les techniques de facilitation. Il doit savoir relancer en permanence la discussion, recentrer les débats, reformuler et synthétiser, ce qui n'est pas un savoir-faire très répandu chez les managers.

Dans le monde physique, ces tables rondes prennent la forme de réunions de travail où l'on s'attache à recueillir l'avis de tous et à en faire une représentation unique, souvent sous forme de cartographie (heuristique). Au-delà du tour de table qui dégénère et du groupe de travail artificiel pris en otage par un tribun, il existe de nombreux formats types pour ces réunions, en fonction du nombre de personnes présentes et du type de synthèse que l'on souhaite. On dénombre des centaines de techniques d'animation de type table ronde.

Dans le monde virtuel, les technologies permettant d'organiser des échanges de types table ronde sont des outils génériques de collaboration, essentiellement de deux natures :

- Les outils synchrones qui permettent d'organiser des réunions en conférence Web – WebEx (MCI), Sametime (IBM), Livemeeting (Microsoft), Netmeeting (Microsoft)… ;
- Les outils asynchrones de type forum de discussion, déjà évoqués.

On peut citer aussi les outils de cartographie heuristique de type Mindjet[1], qui permettent de très belles synthèses graphiques d'un savoir collectif exprimé au cours d'une réunion de type table ronde. Ils se révèlent aussi très utiles dans la construction de taxinomie, de métadonnées et de dictionnaires, qui sont des productions typiques de ce mode de collaboration.

On a encore peu abordé l'usage combiné des rencontres en mode face-à-face et en mode virtuel, qui sont porteuses de grands espoirs. On a pu montrer, par exemple, que les rencontres de type « remue-méninges » visant à produire de nouvelles idées étaient plutôt plus productives sur des forums de discussion que dans des réunions en face-à-face. Mais il y a encore à ce jour très peu d'outils en ligne associés à une technique particulière de collaboration dans ce format. On utilise le plus souvent ces outils génériques en leur associant des règles d'usage particulières, comme de réaliser une synthèse quotidienne des discussions en cours sur un forum, ou d'instituer un tour de table systématique lors d'une conférence Web. Il est probable que les outils se spécialiseront de plus en plus à l'avenir, et qu'on verra se développer de plus en plus de services en ligne associés à des contextes précis de travail collaboratif[2].

Élaboration en temps réel de l'ordre du jour d'un séminaire de cent cinquante personnes

Lors d'un séminaire de management chez Schneider Electric en novembre 2002, deux jours furent consacrés à une succession de présentations, suivies de questions/réponses en salle plénière, ce qui est une pratique assez classique. Lors des pauses, les participants pou-

---

1. www.mindjet.com.
2. On en voit une préfiguration avec les outils de la société 37 Signals comme Basecamp fondés sur des méthodes éprouvées de gestion de projet, ou les outils collaboratifs de la société Invention Machine pour la dépose de brevets, fondés sur la méthode de résolution de problème Triz.

vaient noter sur un tableau au fond de la salle les quelques thèmes de travail importants qu'ils considéraient non traités ou insuffisamment traités dans les présentations. Au bout de deux jours, l'équipe d'organisation opéra des regroupements et lista vingt thèmes de travail possibles. Un vote permit de dégager cinq thèmes de travail ayant chacun un animateur volontaire. Les cinq animateurs se répartirent sur cinq salles. Tous les autres participants purent aller de salle en salle pour apporter leur contribution à la discussion en cours.

En moins de deux heures, les idées d'améliorations de plus de cent cinquante personnes parfaitement compétentes sur le sujet furent recueillies de façon organisée et exhaustive sur cinq domaines qui leur tenaient à cœur et capitaux pour l'avenir de l'entreprise. De plus, les cinq animateurs volontaires se retrouvèrent naturellement dans une position d'acteurs décisifs, capables de proposer des recommandations au plus haut niveau de l'entreprise.

L'espace projets

C'est l'espace où certains membres de la communauté de pratique se regroupent en petite équipe pour « relever leurs manches » et réaliser ensemble un produit ou un service à l'intention des membres de la communauté, et parfois pour le compte du commanditaire. Ces projets pour le compte de la communauté font suite à une idée exprimée dans un autre espace, en général l'espace « table ronde », et peuvent avoir pour livrable :

- Une étude (étude de cas, benchmarking concurrentiel…) ;
- La codification de connaissances tacites (interviews d'experts, modélisation, classements…) ;
- Un événement (séminaire annuel, rencontre avec un invité…) ;
- Une publication (article, guide, livre…).

Ces projets sont le plus souvent de petite envergure, car les membres de la communauté ont peu de temps à y consacrer. Ils sont cependant nécessaires car ils catalysent la production de connaissances nouvelles et lient plus étroitement les membres de la communauté les uns aux autres.

L'événement de rencontre (congrès, séminaire) prend une place importante de la vie d'une communauté de pratique. C'est un temps fort où la communauté devient très visible et peut s'exprimer en tant que collectif sur des thèmes qui lui sont chers devant une assemblée élargie.

L'organisation d'événements est donc nécessaire pour tendre les activités de la communauté vers un but et améliorer sensiblement la qualité de son travail. Quand ce même événement est commun à plusieurs communautés de pratique soumises à la tutelle du même commanditaire, il peut devenir un des grands événements d'apprentissage de l'entreprise tout entière, élargie bien sûr à ses partenaires et clients.

Les publications régulières sous forme de synthèses destinées à une audience plus large, telles que guides de solutions, études de marché ou rapport de visite d'un salon professionnel[1], sont également précieuses pour démontrer la valeur ajoutée d'une communauté de pratique, tout spécialement auprès de son commanditaire.

En mode physique, ces projets se déroulent suivant des démarches classiques de management de projet, avec le découpage en lots, jalons et livrables. Les entreprises connaissent bien ces formats de collaboration.

En mode virtuel, les outils de collaboration associés à ces espaces sont de trois types principaux :

1. **Les wikis**[2]. Le wiki est en substance un site Web dont le contenu et la structure peuvent être édités directement par tous depuis un simple navigateur. Au départ vide et sans structure, il ne demande pas d'apprentissage particulier et peut s'adapter à tout type de collaboration. Il est typiquement utilisé pour support à un projet de collaboration parallèle comme l'écriture d'un guide ou l'élaboration en commun du programme d'un événement de rencontre ;

2. **Les espaces projet**. Un espace projet virtuel réplique l'organisation projet dans le monde physique. Il propose typiquement un système de fichiers partagés, un calendrier et un suivi des tâches de chacun. Son objectif est de permettre à une équipe constituée de se partager des documents et de se répartir des tâches sous l'autorité d'un chef de projet. Ces fonctions de collaboration en mode projet sont pro-

---

1. Certaines communautés de pratique bien organisées savent utiliser les salons professionnels comme une source d'informations stratégiques pour l'entreprise. Elles se transforment alors en service de renseignement dont les agents se répartissent intelligemment le travail de recueil d'informations. L'université d'Ottawa organise ce même système de renseignement (*trade show intelligence*) pour des collectifs d'entreprise.
2. Terme maori signifiant « vite ». Exemples de technologies wiki : mediawiki, xwiki, socialtext...

gressivement intégrées aux fonctions de base de la bureautique communicante. Ils sont typiquement associés aux projets plus lourds de collaboration séquentielle.

3. **Les blogs.** Les blogs sont classiquement utilisés comme vecteur de communication de l'équipe projet vers l'extérieur, sous la forme d'un livre de bord en ligne, consultable notamment par les commanditaires du projet.

L'amphithéâtre

C'est l'espace de l'échange de connaissances entre une personnalité ou un expert avec toute la communauté de pratique, parfois étendue à la communauté d'intérêt. Dans l'espace réel physique, l'amphithéâtre des universités matérialise bien cet espace particulier et un peu solennel, où la distance entre le présentateur et l'audience est relativement grande et marquée par un certain protocole. Outre le rôle que cet espace joue dans l'établissement de liens entre la communauté et l'extérieur, c'est aussi le lieu privilégié de l'importation et de l'exportation de connaissances. En restant ouvert, on fait connaître la communauté et ses idées, on clarifie ses messages, on se lie à d'autres communautés connexes et l'on trouve sa place dans le monde.

Dans le monde virtuel, la technologie permet aujourd'hui de disposer d'amphithéâtres virtuels, où des centaines de personnes peuvent entrer en même temps. Ce sont les séminaires Web ou « webinars ». Ils présentent l'avantage évident de permettre aux invités d'y assister depuis chez eux devant leur écran d'ordinateur. Ils présentent l'inconvénient de nécessiter une organisation logistique plus lourde lorsque le nombre de participants est élevé. En mode virtuel, il est plus difficile de gérer l'attention des participants, et il n'est pas possible à une seule personne de donner sa présentation et de gérer son audience en même temps. La technologie permet aussi de travailler en mode asynchrone, la présentation étant préparée à l'avance en mode diaporama sonorisé avec ou sans vidéo, et les participants disposant d'outils pour poser des questions ou pour échanger entre eux sans déranger les autres.

Il est à noter que les événements synchrones planifiés à intervalle régulier d'un mois, et les conférences Web en particulier, sont d'excellents véhicules pour capter l'attention des membres d'une communauté émergente. Ils sont attractifs, peu contraignants et souvent très vivants. À partir de ces événements synchrones se développe ensuite la collaboration asynchrone, qui demande plus d'effort personnel.

Les Web séminaires de la société Amadeus

Amadeus est une société de 6 000 personnes réparties dans huit pays et de 2 milliards d'euros de chiffre d'affaires. Son métier est le développement et la commercialisation de systèmes d'information pour l'industrie du transport et du tourisme. Ses produits phare sont les systèmes de réservation pour les compagnies aériennes. Afin de former en permanence ses équipes, l'équipe marketing central d'Amadeus a mis en place le Marketing Knowledge Café, programme gratuit de Web-conférences mensuelles données par des experts de l'entreprise sur des thématiques particulièrement demandées par les professionnels du marketing de l'entreprise. Le programme est établi au moins pour les quatre mois suivants, de façon à permettre à toutes les personnes intéressées de planifier leur présence longtemps à l'avance. Chaque séminaire Web dure une heure, et il est donné deux fois pour tenir compte des fuseaux horaires : une fois le mardi matin pour les Occidentaux, et une fois le jeudi après-midi pour les Orientaux. Il présente toujours un ensemble de trucs et astuces pratiques directement utilisables ; et le témoignage de deux personnes dans deux pays différents est systématiquement apporté pour crédibiliser le message et lancer la discussion. Le débat est animé par l'équipe marketing centrale et enregistré pour pouvoir être diffusé par l'intranet ou par CD-Rom à toute personne qui n'aurait pas pu assister en direct. Le Marketing Knowledge Café a connu un grand succès en 2004, avec une audience qui ne cesse de croître, au point qu'un programme analogue a été lancé en 2005 avec pour cible les équipes de ventes.

Notons enfin que ces conférences sont des moments privilégiés pour enregistrer et codifier les connaissances des intervenants, qui sont en général des experts reconnus. Les outils permettant de traiter à la fois le texte, le son et les images sont à regarder de très près. Il est en effet toujours moins coûteux et moins contestable d'enregistrer le discours d'un expert que de le retranscrire. On peut alors réduire considérablement l'effort lié à l'explicitation des connaissances exprimées à cette occasion[1].

La bibliothèque

C'est sciemment que cette section est placée à la fin. La bibliothèque d'archives de la communauté n'est pas moins importante que les autres espaces, bien au contraire. La grande bibliothèque d'Alexandrie est considérée par beaucoup d'historiens comme la première université au monde, et le lieu de naissance de la science moderne. Cependant, une erreur fréquemment commise est de se polariser sur l'aspect documentaire et de vouloir créer des « bases de données » de « meilleures pratiques » devant permettre d'éviter de « réinventer la roue ». En réalité, **on ne sait pas maintenir en vie une base de connaissances sans la communauté de pratique associée,** car cette base de données est en réalité la mémoire des activités collectives de la communauté, et non un livrable en soi. Son objet est de donner à tout nouvel arrivant un endroit « *où les résultats des uns sont le point de départ des autres, où les calculs et des énoncés peuvent être déconstruits, critiqués, réduits à néant, ou au contraire validés et devenir ainsi des faits* »[2]. C'est le lieu de l'explicite, où l'on conserve les documents les plus importants et les plus incontestés, afin d'entériner des accords, matérialiser une culture et permettre un renouvellement plus facile des membres de la communauté. Les nouveaux arrivants dans la communauté vont naturellement visiter sa bibliothèque et s'en servir comme premier espace d'apprentissage et de parcours initiatique.

Le travail de codification et d'enregistrement du savoir explicite dans un fonds documentaire est particulièrement valorisé par le commanditaire et par le parrain de la communauté, car c'est celui qui pérennise une

---

1. Le développement rapide de la publication vidéo sur des sites comme YouTube a suscité la création d'une nuée d'entreprises d'édition de l'image et du son sur Internet. Ainsi on peut profiter des événements où les experts s'expriment en public (congrès, cours, discours…) pour les enregistrer en audio ou en vidéo, puis éditer les fichiers pour associer des liens hypertexte à des séquences particulières, et ainsi marier étroitement le texte, le son et l'image dans les sites Web. C'est ce que fait notamment la start-up française Droit-in-Situ.
2. Christian Jacob, cité par Jean-François Ballay dans son livre *Tous managers du savoir*, Éditions d'Organisation, 2002, p. 92.

partie du savoir acquis à l'intention des générations futures[1]. C'est particulièrement sensible dans les organisations confrontées au problème des départs en retraite. C'est pourquoi une communauté qui cherche à obtenir un parrainage efficace sera donc bien inspirée de passer du temps à structurer les connaissances acquises au cours du temps sous la forme d'une base documentaire de méthodes, procédures, glossaires, foires aux questions, bonnes pratiques, etc., et d'en faire un classement suivant un référentiel qui permettra une diffusion efficace plus large en dehors de la communauté (figure 21).

Figure 21. Collaboration en ligne pour la production d'un document de synthèse technique (société Caterpillar)

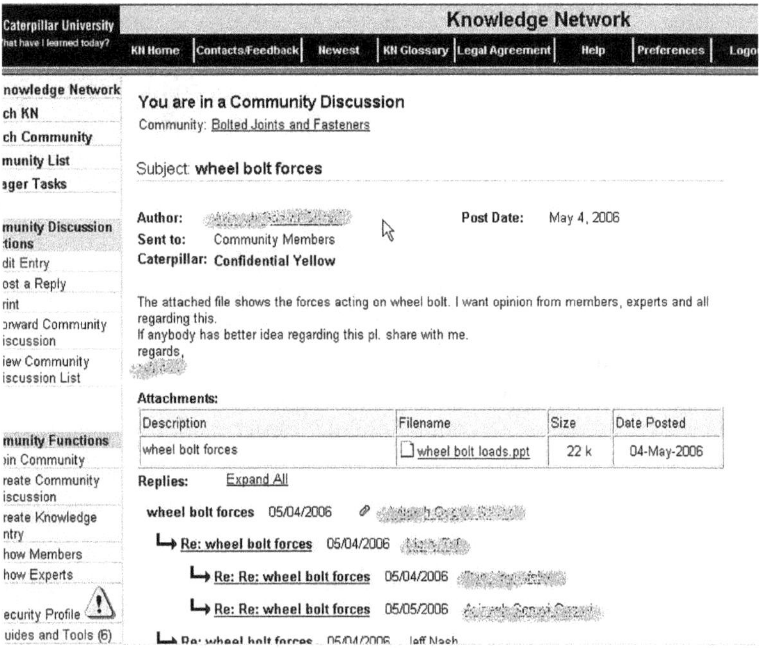

---

1. Cela va parfois trop loin quand certains s'imaginent qu'il est possible d'expliciter sous forme de schémas, règles et procédures tout le savoir d'une entreprise, comme s'il suffisait d'une bonne bibliothèque et de quelques brillants jeunes diplômés en médecine pour disposer d'un service opérationnel de cardiologie.

Pour bien gérer cette mémoire explicite d'une communauté, il faut travailler en se fixant un objectif d'excellence de l'organisation de l'information, de façon à permettre à chaque membre de s'y retrouver rapidement. Si l'on ne mène pas correctement ces tâches de structuration, l'utilisation ultérieure de cette mémoire collective sera difficile, voire impossible. Pour cela, il faut savoir distinguer données, contenus, informations et documents[1]. Il faut créer des glossaires, des dictionnaires, des plans de classement, voire des « ontologies[2] », qui seront spécifiques de la communauté et constitueront le référentiel de ses connaissances.

Dans le monde physique, cette bibliothèque prend la forme d'une armoire de dossiers et elle est peu pratique. Dans le monde virtuel, elle prend classiquement la forme d'une application unique de gestion documentaire dont les modes de publication combinent fichiers, dossiers et métadonnées de classement et d'accès, et dont les modes d'extraction combinent navigation par catégories ou mots clés et moteur de recherche plein texte.

La tendance est à la fragmentation de cette application unique en plusieurs applications de publication d'une part, et d'extraction d'autre part. En effet, le fonds documentaire de la communauté n'est pas nécessairement – et même très rarement – centralisé sur une base de données unique, car les applications de collaboration en ligne que la communauté utilise, on l'a vu, sont très diverses. Ce qui est important, c'est de disposer d'un système unique de métadonnées associées à tous les fichiers de la communauté, quelle que soit l'application qui les a créés, sauvegardés, enrichis ou extraits. Certains outils en ligne proposent des

---

1. Les données sont des champs de texte ou des nombres ; les contenus sont des objets (données, vidéos sons, documents…) dotés de règles internes (par exemple, une adresse comprend une rue ou un lieu-dit, un numéro de rue, un code postal, une ville, un pays…) ; les informations sont des ensembles de contenus associés à des règles de gestion et de droits d'accès ; les documents mélangent information, méthodes de communication et support (source : Catherine Lefebvre).
2. Une ontologie est une modélisation d'un domaine de connaissance. Elle se présente comme un ensemble de concepts et de relations organisé en réseau. Les concepts sont exprimés par des mots et recouvrent divers éléments dont la définition reflète le point de vue du concepteur de l'ontologie. On peut donc concevoir des ontologies de tout type, avec n'importe quel ensemble de concepts et n'importe quel ensemble de relations, pour représenter n'importe quel domaine de l'activité humaine.

solutions partielles (par exemple, les signets partagés ou les moteurs de recherche), mais il y a encore du chemin à parcourir avant que les standards d'interfaçage entre applications le permettent vraiment.

Explication du savoir des experts partant en retraite au CNES

La question de la codification des connaissances tacites des experts est particulièrement sensible dans les grandes organisations scientifiques et techniques liées aux grands programmes d'État, et qui ont connu une baisse d'activité dans les années 1990 : nucléaire, spatial, défense... Cela a entraîné un vieillissement de la population par diminution des embauches et une érosion du capital social par éclatement de l'activité sur un plus grand nombre de petits programmes indépendants.

Le Centre national d'études spatiales (CNES) à Toulouse s'est ainsi trouvé confronté au problème du départ à la retraite d'un grand nombre d'ingénieurs et scientifiques de haut vol, susceptibles d'emporter avec eux toute une mémoire pratique non transmise aux générations ultérieures par manque de continuité dans les grands programmes. Comment faire pour conserver une partie de cette mémoire ? L'équipe KM chargée du dossier a donc entrepris de procéder à des interviews des personnes destinées à quitter l'entreprise à plus ou moins brève échéance, afin de recueillir quelques pépites de sagesse pour les générations futures. Cette initiative a reçu un accueil très favorable de la part des experts interrogés, qui ont bien compris qu'il ne s'agissait en aucune façon d'un « lavage de cerveau » destiné à pouvoir se débarrasser d'eux plus facilement sans trop de dommage pour l'entreprise. Ces entretiens, à la fois cadrés sur la forme mais très libres sur le fond, ont été menés par des professionnels de la communication, préalablement mis au fait des technologies et des programmes passés du CNES. Ils ont produit une grande quantité de retranscriptions de ces entretiens, sous forme de textes, graphiques et images. Des analyses sémantiques ont été réalisées sur les textes afin de catégoriser les thématiques dominantes et de les réduire en articles très courts et plus homogènes. Ces petits « cours techniques » entrent alors dans la mémoire d'entreprise, appelée Base Capital-Savoir au CNES en raison de l'effort considérable de structuration des référentiels métiers et d'exploitation par des moteurs de recherche qui la sous-tend. Ainsi, le projet a permis de conserver une trace vivante des enseignements du passé, tout en gardant le lien avec les personnes détentrices de cette connaissance, même si elles ont quitté l'organisation opérationnelle pour entrer dans la communauté des anciens.

Des grandes entreprises comme le CNES, Renault ou Pfizer ont des programmes visant à diffuser les savoirs des anciens parmi les jeunes générations en utilisant toutes les potentialités des outils de communication sociaux modernes, en mode texte, audio ou vidéo. **Une des clés du succès est dans la prise en charge de ce travail par des communautés de pratique et non par une organisation centralisée,** car il est probable que des gens du métier poseront de meilleures questions aux experts et sauront mieux en exploiter les réponses que de purs cogniticiens. Une autre clé du succès est dans la granularité de ce savoir, afin qu'il puisse être directement utilisable sur le terrain, sur le mode du compagnonnage virtuel plutôt que sous le mode professoral d'un cours magistral. Les cogniticiens pensent aujourd'hui qu'il est préférable de demander aux experts de raconter leurs histoires vécues, de les enregistrer telles quelles, et de travailler sur les différentes manières de les retrouver lorsqu'on tombe sur une question qui s'y rapporte. Les technologies d'édition de l'oral semblent donc être promises à un brillant avenir.

Quand les espaces fonctionnent ensemble : séminaires et places de marché

Bien conçus, les grands séminaires d'entreprise où l'on rassemble plusieurs centaines, voire milliers de personnes, font appel à tous ces espaces rassemblés physiquement en un même lieu. On voit alors le hall d'entrée devenir une sorte de place de marché avec stands destinés à favoriser les rencontres entre personnes qui peuvent se rendre mutuellement des services et qui auraient donc intérêt à se connaître. La cafétéria devient le lieu d'échange informel au sien de groupes improvisés. Des groupes plus structurés se réunissent dans des salles *ad hoc* et différemment agencées suivant qu'il s'agit d'une table ronde, d'une présentation de cas, d'une création en commun ou d'une conférence de gourou. On fait alors en sorte que les dirigeants de l'entreprise cadrent le thème au début et recueillent en fin de séminaire la synthèse de tous les échanges ayant eu lieu, de façon à se prononcer par rapport à des propositions.

Le format du hall d'accueil est à peu près toujours le même : un grand espace, des stands et des invités qui circulent entre les stands et s'arrêtent devant ceux qui les intéressent pour entamer une conversation avec leurs tenanciers. Chez Schneider Electric, cet espace est baptisé « place de marché ». Il sert avant tout à faire connaître certaines initiatives du groupe, et en particulier les nouvelles communautés de pratique, qui disposent chacune d'un stand. Chez Danone, il sert à faire connaître et à transférer des bonnes pratiques au sein de l'entreprise. Le premier en septembre 2003 a été théâtralisé en place de marché provençal : les visiteurs disposaient d'un carnet de chèques et « achetaient » certaines bonnes pratiques présentées sur les stands pour les emporter et les mettre en œuvre chez eux. La Banque Mondiale à Washington a poussé le concept encore plus loin en l'appliquant à l'innovation. Des places de marché à l'innovation ont été organisées en 1998 et en 2000 dans le grand hall d'entrée de la banque. Chaque stand présentait un projet d'innovation, et un jury, constitué de personnalités en vue internes et externes à la banque, attribuait des subsides aux projets les plus prometteurs. La première version de cette place de marché en 1998 rassemblait 122 stands. Le montant total de subsides était de 3 millions de dollars, à répartir entre onze lauréats.

Les temps forts du partage des connaissances : séminaires d'innovation chez Schneider Electric au Japon

Digital, filiale de Schneider Electric au Japon, organise régulièrement des « marchés de l'innovation » en y associant des clients et des partenaires. L'originalité de l'exposition, qui évoque un salon professionnel, c'est la disposition des lieux par grands métiers (télécoms, agroalimentaire, bâtiment de bureau, etc.) et non par entreprise ou par type d'offre, et l'accent mis sur les projets futurs. L'idée directrice est de pousser aux dialogues et débats entre spécialistes d'un métier, le plus souvent de façon informelle, afin de donner naissance à des idées, qui deviendront des programmes de collaboration.

Ce concept avancé de marketing collaboratif, baptisé VEC pour Virtual Engineering Company, est très efficace, mais il ne peut s'exercer qu'au sein de cercles de confiance très étroits. En pratique, il oblige la société Digital à maintenir une conversation permanente avec ses partenaires et clients et apporter un soin tout particulier à la sélection de ceux qui seront invités à participer à ces événements.

Animer une communauté de pratique
Équilibrer l'émergence et la configuration

Une communauté de pratique se fonde sur la participation. Si l'on participe vraiment, on reçoit bien plus qu'on ne donne, mais il faut commencer par donner. Ce message passe bien dans les communautés de programmeurs de logiciels sur Internet, où l'on admet très bien que le temps gagné grâce au conseil obtenu d'un expert se paye en conseils donnés à d'autres. Ce principe d'obligation sociale de toute communauté est difficile à faire passer en entreprise. Classiquement, en entreprise, on vient aux premières réunions d'une nouvelle communauté de pratique pour donner les conditions de sa participation en exprimant ses besoins ; on vient ensuite aux réunions qu'on estime intéressantes ; on s'abonne volontiers aux publications... Bref, on consomme beaucoup, on contribue peu et l'on ne s'engage pas.

Animer une communauté de pratique, c'est susciter la participation des membres sans avoir aucune autorité hiérarchique sur eux. Cela nécessite de conjuguer deux « courants » antagonistes : d'une part *l'émergence*, c'est-à-dire la volonté collective des membres de la communauté, qui se détache au fur et à mesure qu'on avance et qui est la principale source d'innovation et de changement, et d'autre part *la configuration*, c'est-à-dire la définition d'un cadre qui contraint les membres à un certain rituel, à une certaine méthode de travail collaboratif, et donc à la discipline. En effet, nous aimons bien que nos documents soient propres et bien structurés, alors que nos notes et nos pensées partent en tous sens. Une communauté de pratique doit prendre en compte ces deux besoins.

L'émergence est en général favorisée par les membres de la communauté qui cherchent des réponses à des questions opérationnelles du moment. L'organisation formelle favorise la configuration, car elle cherche à structurer et à pérenniser les acquis d'apprentissage de la communauté. Il faut donc trouver un équilibre entre les deux. Si l'on favorise trop la configuration, on contraindra l'activité de la communauté en lui donnant un cadre de travail convenu et stérilisant pour toute nouvelle idée. Si l'on favorise trop l'émergence, on perdra rapidement le cap et on laissera dériver la communauté dans des discussions sans intérêt pour l'entreprise. Dans les deux cas de figure, les membres de la communauté voteront « avec leurs pieds » et ne reviendront plus.

Cette complémentarité des attentes entre le management et les membres de la communauté s'exprime par un rapport différent à l'écrit et au temps. Les membres de la communauté sont beaucoup plus sensibles à la circulation des connaissances tacites au sein du groupe, aux rencontres et aux échanges oraux informels, car c'est le type d'entraide le plus efficace pour leur mission. Ils valorisent la participation, centrée sur l'interaction et l'appartenance. L'entreprise, elle, est plus sensible à la codification des connaissances partagées sous forme de documents de synthèse, de bases de données et d'outils de travail en vue d'une réutilisation ultérieure (figure 22).

Figure 22. Cycle de la connaissance dans une communauté de pratique

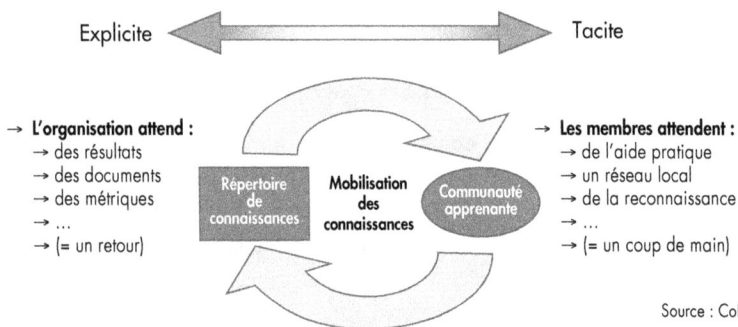

Explicite ⟷ Tacite

→ **L'organisation attend :**
   → des résultats
   → des documents
   → des métriques
   → ...
   → (= un retour)

Répertoire de connaissances | Mobilisation des connaissances | Communauté apprenante

→ **Les membres attendent :**
   → de l'aide pratique
   → un réseau local
   → de la reconnaissance
   → ...
   → (= un coup de main)

Source : CoP-1

Les communautés de pratique occupent une position intermédiaire qui permet de réconcilier les protecteurs du patrimoine intellectuel de l'entreprise et les praticiens qui échangent leurs connaissances. En leur confiant une mission de formation au sein de l'entreprise, on leur donne un puissant stimulant, car elles sont effectivement capables de répondre à ces attentes permanentes de l'entreprise, sans avoir à renoncer aux impératifs de l'entraide immédiate.

Le contrat implicite entre la communauté de pratique et l'entreprise est un contrat d'édition : la communauté accepte de produire des contenus et d'en léguer la propriété intellectuelle à l'entreprise en échange de l'organisation, aux frais de l'entreprise, d'un espace de liberté au sein duquel les membres peuvent s'entraider. **L'entreprise devient éditeur du savoir collectif de la communauté.** Voilà un principe de base de l'économie des réseaux sur lequel toute une législation peut se mettre en place. En plus, tout le monde y gagne !

Les techniques d'animation

Quand il s'agit de mettre en œuvre les méthodes de travail collaboratif dans les communautés de pratique, on constate que bon nombre d'animateurs en titre sont désemparés. On s'imagine volontiers que les techniques d'animation de réunion sont universelles et qu'une bonne réunion se conclut toujours par une liste d'actions avec un responsable et un délai. Or, l'objet d'une réunion de communauté n'est pas tant de décider que d'apprendre, elle se conclut en général par la synthèse de ce que les participants ont appris d'utile pour eux.

Il existe des techniques simples d'animation synchrone, qui concernent de petits groupes de personnes, comme les interviews, les tours de table, la critique collective d'une présentation... On y retrouve les modes de collaboration élémentaires cités plus haut. D'autre, plus complexes, sont destinées à un plus grand nombre de participants et/ou à des objectifs plus ambitieux. Elles peuvent être vues comme des combinaisons séquentielles intelligentes de techniques de collaboration élémentaires. Beaucoup d'ouvrages et de sites Web leur sont consacrés, d'autant que le Web offre un nouveau champ d'expérimentation à bien d'autres méthodes à découvrir[1].

Le point à retenir, c'est que tout animateur de communauté doit maîtriser quelques techniques d'animation de base. Citons à titre d'exemple certaines des techniques les plus connues et intéressantes à maîtriser, dans un ordre du plus simple au plus compliqué :

- **La *conférence Web*,** version virtuelle de la traditionnelle présentation avec questions-réponses, dont la particularité est de permettre les conversations en arrière-plan ;

- **La *revue après action*[2],** permettant à un petit groupe (10 personnes) de tirer les enseignements à chaud d'une action commune qui vient de s'achever ;

- **La *revue par les pairs*[3],** visant à expliciter le savoir d'un groupe de 10 à 20 experts au service d'un projet particulier ;

- **L'*open space*[4],** permettant d'expliciter la connaissance de 50 à 100 personnes en un lieu donné, en vue de résoudre un problème complexe ;

- **Le *metaplan*[5],** alternative à l'*open space*, plus rapide lorsque la question est plus facile à traiter ;

---

1. L'Association internationale des facilitateurs en propose une liste sur leur site Web en anglais : www.iaf-methods.org/index.php. Il en existe d'autres, comme par exemple celle d'Ideaflow : www.ideaflow.com/ideagen.htm.
2. www.au.af.mil/au/awc/awcgate/army/tc_25-20/chap1.htm.
3. www.welch-consulting.com/PeerAssist.htm.
4. http://en.wikipedia.org/wiki/Open_Space_Technology.
5. www.anfh.asso.fr/fonctioncadre/cadre/goweb/Cadre_GO_Metaplan.htm.

- Le *café du savoir*[1], permettant de recueillir et synthétiser le savoir d'un grand nombre de personnes sur des thématiques précises ;
- Le *work-out*[2], produisant des recommandations de la communauté à destination d'un commanditaire extérieur ;
- L'*analyse de scénarios*[3], conduisant les membres de la communauté à imaginer des solutions à des problèmes prospectifs complexes de nature stratégique ;
- La *place de marché*[4], lorsqu'il s'agit de présenter les activités de plusieurs communautés de pratique à un large public afin d'attirer des candidatures et des soutiens.

Il n'entre pas dans le cadre de cet ouvrage d'expliciter en détail ces méthodes. Qu'il soit seulement souligné que l'animation d'une communauté de pratique est un vrai savoir-faire professionnel de facilitation du travail de groupe, qui doit s'aborder avec méthode, suivant un scénario pédagogique précis et adapté aux circonstances.

Le forum des ventes de Schneider Electric

Tous les ans, Schneider Electric réunit ses directeurs commerciaux de quelque cent trente pays au cours d'un séminaire de trois jours. Traditionnellement, ce séminaire avait une forte connotation « verticale » : les directeurs commerciaux exprimaient leurs besoins en nouvelles offres et en programmes de soutien à leur développement ; les services centraux annonçaient les lancements d'offres pour l'année à venir et présentaient divers programmes d'accompagnement des équipes commerciales. Le programme du séminaire mêlait présentations en salle plénière, suivies de questions et de réponses, discours des directeurs généraux sur quelques thèmes de leur choix, repas et loisirs en commun pour favoriser les rencontres.

En 2005, ce séminaire a pris une autre physionomie en devenant un lieu privilégié d'échanges de connaissances pratiques entre différentes organisations du groupe pour développer les ventes. Les conférences en salle plénière, qui constituaient la majeure partie du programme, se sont réduites à moins de dix, pour laisser la place à plus de soixante séances au choix, composées d'études de cas, de

1. www.tbs-sct.gc.ca/rma/eppi-ibdrp/hrs-ceh/11/report-rapport05_e.asp.
2. www.strategy-business.com/press/16635507/03403?tid=230&pg=all.
3. www.netmba.com/strategy/scenario/.
4. www.lesechos.fr/info/metiers/4593637.htm.

tables rondes, de démonstrations et de rencontres avec des experts sur des thématiques clés pour les participants, représentées pour la plupart par des communautés de pratique. Une « place de marché » centrale, avec une quarantaine de stands, a permis en outre à une sélection d'organisations de l'entreprise de présenter leurs offres et leurs bonnes pratiques suivant des thématiques prédéfinies. Les visiteurs pouvaient s'y arrêter pour engager la conversation avec leurs pairs en choisissant les sujets les plus intéressants pour eux. L'animation de l'événement a permis de suivre les échanges de connaissances entre participants, en tenant un registre des donneurs et des receveurs de chaque savoir pratique. Cela a permis d'engager des actions ciblées d'accompagnement auprès des receveurs également afin que ces bonnes pratiques puissent s'implanter plus facilement chez eux.

Cette foire aux connaissances est devenue, depuis, l'une des marques distinctives des séminaires de management du groupe.

Les méthodes de collaboration

Au-delà des méthodes synchrones d'animation de groupe, il existe de nombreuses méthodes asynchrones d'animation des différents espaces de communication décrits ci-dessus. Elles ont été démultipliées par la collaboration sur Internet, qui permet d'étendre toute forme de collaboration de groupe à un public beaucoup plus vaste. Elles recouvrent :

- Les simples activités de collaboration massive élémentaire sur le Web, évoquées plus haut (vote, tags, commentaires), qui enrichissent les contenus publiés par d'autres grâce à une grande variété de métadonnées qui les orientent de proche en proche vers les bonnes personnes ;

- La publication de contenus en vue d'obtenir des réactions et des commentaires d'autres experts, dont les blogs sont les principaux véhicules aujourd'hui ;

- Les forums en ligne, qui ont une importance considérable pour toutes les formes de collaboration de groupe visant à produire des idées originales ou trouver des solutions à des problèmes techniques. Les forums techniques pour les informaticiens en donnent une bonne illustration ;

- Les activités de production collectives de documents d'apprentissage (guide de solutions, livres blancs, études de cas[1] ...) ;
- Et toutes les activités de projet, bien entendu.

Étude de cas : Aéroport de Marseille par Schneider Electric et Aéroports de Paris

En octobre 2002, le représentant en Belgique de la communauté de pratique « Aéroports » de Schneider Electric remarqua que si l'entreprise vendait beaucoup de matériel électrique chez les fabricants de systèmes de manutention de bagages, elle n'avait cependant qu'une idée très vague de l'utilisation réelle qui était faite de ce matériel. « Comment pouvons-nous espérer prendre des parts de ce marché si nous ne savons pas présenter ce que nous y faisons ? » remarqua-t-il. De nombreuses questions restaient en effet sans réponse : qu'est-ce qu'un projet de système de manutention de bagages ? Qui sont les acteurs ? Quels sont les enjeux techniques ? Comment les décisions sont-elles prises ? Etc.

La communauté décida de lancer un projet d'étude de cas sur le système de manutention de bagages de l'aéroport de Marseille, un projet finalisé au printemps 2003 et, semblait-il, mené avec succès. Cette étude de cas fut confiée à un membre de la communauté de pratique. L'enquête commença par un entretien avec le vendeur de l'agence d'Aix-en-Provence en charge du compte ADP, qui se prolongea par la rencontre du chef du bureau ingénierie de l'aéroport de Marseille-Marignane, puis du chef de projet en charge du système de manutention de bagages. Une petite équipe projet fut alors constituée incluant des membres de la communauté aéroports de Schneider Electric, des personnes en provenance de l'aéroport de Marseille et le responsable du compte à l'agence d'Aix-en-Provence.

En mars 2003, un « livre vert » sur les systèmes de manutention de bagages dans les aéroports était publié chez Schneider Electric avec l'approbation des autorités techniques de l'aéroport de Marseille. Ce livre vert fut par la suite utilisé maintes fois en clientèle, il servit de base pour élaborer une démonstration de nouvelle offre d'automatismes avec visualisation à distance par Internet, et il fut utilisé par l'équipe

---

1. L'étude de cas mérite d'être citée comme l'une des méthodes d'apprentissage les plus efficaces lorsque les problèmes sont complexes. Elle consiste à prendre le temps de récrire l'histoire d'un projet particulier dont on veut tirer les enseignements, en interrogeant toutes les parties prenantes. Bien entendu, cela se fait après clôture du projet, et parfois quelque temps après pour laisser à la charge émotive le temps de s'estomper. L'étude de cas est une activité assez élaborée, mais typique d'une communauté de pratique.

marketing pour élaborer un guide de solution à usage des vendeurs. Il fut aussi incidemment utilisé par le chef de projet de l'aéroport de Marseille dans une présentation au conseil général des Bouches-du-Rhône. De nombreuses autres utilisations possibles furent imaginées, par exemple celle comme support de formation interne ou comme référentiel pour les équipes de R & D.

Les métriques de succès

> « *Tout ce qui peut être compté ne compte pas, et tout ce qui compte ne peut pas être compté.* »
>
> Poster sur le mur dans le bureau d'Albert Einstein

> « *Le cynique connaît le prix de toute chose, et la valeur de rien.* »
>
> Oscar Wilde

Le coût d'une communauté de pratique

Pour établir et faire fructifier une communauté de pratique, il faut y consentir les investissements en temps, en ressources humaines, en technologie. Pour fixer les idées, disons qu'une communauté interne d'une centaine d'employés coûte de l'ordre de 100 000 dollars par an à l'entreprise. Sa mise en place n'est donc pas une décision à prendre à la légère (tableau 3).

Voici ci-après des estimations et un aide-mémoire permettant de budgéter l'initiative.

Tableau 3. Planification budgétaire pour une communauté de pratique

Frais annuels récurrents	Valeur
Animateur à 40 % de son temps[a]	20 000 $
Frais pour les déplacements occasionnels de l'animateur	3 000 $
Frais de déplacement des participants pour 2 réunions	15 000 $
50 semaines du temps de 15 membres (=1 h/semaine) = 750 h et = 30 $	22 500 $
Collecticiel[b] : frais récurrents (hébergement, maintenance)	8 000 $
Frais de réseau, de branchement, etc.	1 000 $
Communications électroniques (conférences audio, vidéo)	2 000 $
Communications écrites	1 000 $
Soutien technique (informatique)	1 000 $
TOTAL frais annuels récurrents	**73 500 $**

Frais fixes	
Collecticiel : licence	25 000 $
Coaching, consultation, expertise extérieure	25 000 $
Équipement (ordinateur, appareils de conférences, etc.)	2 000 $
TOTAL frais fixes	**52 000 $**

a. Il s'agit d'une moyenne sur l'année. L'animateur sera davantage sollicité pendant les premiers mois de la communauté.

b. Dans les premiers temps, on peut faire appel à des services en ligne, extérieurs à l'entreprise, et beaucoup moins onéreux car financés au moins en partie par la publicité.

Source : CEFRIO, Québec

La mesure des bénéfices

La difficulté de la mesure

Les communautés de pratique professionnelles manquent parfois de précision dans les bénéfices qu'elles proposent aux entreprises. On reste vague : « partager les bonnes pratiques », « éviter de réinventer la roue », « gagner du temps »... C'est insuffisant. Toute communauté doit apporter la preuve qu'elle crée de la valeur à la fois pour ses membres et pour l'organisation formelle dont elle recherche le soutien.

Les bénéfices pour l'entreprise d'une communauté de pratique sont connus (voir plus haut), mais leur mesure est difficile. Karl-Erik Sveiby, l'un des grands spécialistes de la mesure des valeurs intangibles, rappelait à Helsinki le 2 septembre 2004 les difficultés inhérentes à cet exercice, et en concluait à la nécessité de savoir précisément l'objectif poursuivi par la mesure. Il en donnait trois :

- Le *contrôle* interne des ressources ;
- L'*information* externe des parties prenantes ;
- L'*apprentissage* par l'interprétation des mesures.

Le contrôle des ressources est souvent la première préoccupation des managers extérieurs à la communauté. C'est pour eux une boîte noire un peu suspecte, et ils veulent donc qu'on leur prouve que le temps passé dans les activités de la communauté crée bien de la valeur pour les clients. Or, lorsqu'on organise une communauté de pratique, on ne peut savoir *a priori* ni quand ni comment elle créera de la richesse. Ce qu'on sait en revanche, c'est que si une entreprise parvient à résoudre rapidement et intelligemment les problèmes opérationnels que lui posent ses clients, si elle parvient à mettre sur le marché une offre innovante qui deviendra un succès commercial, l'investissement consenti dans les communautés sera pleinement justifié.

La détermination des indicateurs de performance dans les entreprises est un exercice délicat. En effet, ces indicateurs s'inscrivent le plus souvent dans une logique de division du travail, et encouragent en pratique l'optimisation du fonctionnement au niveau local au détriment du global. Pour que ces indicateurs soient une occasion d'apprendre à s'améliorer, Karl-Erik Sveiby recommande de suivre quelques règles simples :

- Les indicateurs doivent résulter d'un processus de définition à partir du terrain, afin que toutes les parties prenantes soient impliquées dans leur élaboration ;

- Les indicateurs doivent être utilisés par ceux qui les produisent ;

- Les résultats doivent être rendus publics afin que tout le monde puisse en apprendre quelque chose ;

- Les écarts entre les résultats obtenus par deux personnes ou deux départements doivent être utilisés pour progresser et non pour juger ;

- Les incitations et récompenses doivent porter sur l'amélioration de l'indicateur et non sur le niveau obtenu ;

- La question de l'amélioration de l'indicateur doit être régulièrement posée.

Les métriques typiques

On ne doit pas pour autant renoncer à mesurer ce qu'on fait au jour le jour, bien au contraire. Une communauté professionnelle ne sera soutenue par l'entreprise que dans la mesure où elle s'attaque à un problème bien identifié qu'on peut attribuer au moins en partie à un déficit de connaissance : manque de performance commerciale, guerre de prix, départs de personnes, manque de coopération en interne... Or, tout cela se mesure : taux de conversion des propositions commerciales, marge sur affaire, turnover, satisfaction des clients...

Il convient donc de suivre ces indicateurs à quatre niveaux :

1. Indicateurs d'activité communautaire (réunions, documents produits, etc.) ;

2. Indicateurs de capital social (densité des liens entre personnes, centralité, etc.)[1] ;

3. Indicateurs de production communautaire (problèmes résolus, publications, séminaires, etc.) ;

4. Indicateurs de résultat (satisfaction des membres, des clients, marge sur affaire, etc.).

Le grand intérêt d'avoir recours aux outils de collaboration en ligne pour animer une communauté, c'est qu'un grand nombre d'indicateurs d'activité sont engendrés par l'outil lui-même. Ces outils permettent aussi l'administration d'enquêtes à moindre frais portant sur la qualité de l'animation, la stratégie, l'usage de la technologie, la qualité des classements, etc.

Voici un exemple de métriques typiques d'activité des communautés virtuelles :

• Nombre de contributions, de nouveaux sujets de discussion ;

---

1. Les métriques de capital social, qui mesurent la capacité de la communauté à collaborer, sont un champ d'analyse particulièrement prometteur, connu sous le nom de SNA (Social Network Analysis) ou VNA (Value Network Analysis). On peut l'approcher par d'autres indicateurs de confiance. Ainsi, par exemple, toute communauté de pratique étant un lieu d'échanges entre professionnels d'un même domaine, il est normal que des propositions d'emploi y circulent. De fait, il y a un continuum entre l'entraide ponctuelle, la proposition d'intervention de plus longue durée et l'embauche. Ainsi, la mobilité des membres entre les organisations représentées au sein de la communauté est un indicateur de son capital social, même si ce n'est pas nécessairement un indicateur de performance pour son parrain.

- Nombre de conférences, de réunions ;
- Nombre de nouveaux membres et ancienneté moyenne ;
- Nombre de connexions et de visites par site, par contenu, par membre... ;
- Durée moyenne de visite par personne, par mois... ;
- Nombre de téléchargements de publications ;
- Nombre d'abonnements à la lettre mensuelle ;
- Sujets les plus actifs ;
- Durée moyenne de réponse aux questions ; ratios à 48 heures et à 3 mois ;
- Comparatifs d'usage et de contributions par personne, par équipe, par département, par pays ;
- Notation des contributions par les membres ;
- Liens entrants et sortants vers d'autres sites.

Les « bonnes histoires »

À l'instar de ceux des collèges et des universités, les indicateurs chiffrés de performance d'une communauté de pratique sont difficiles à établir et n'ont de valeur que statistique et *a posteriori*. Pour ne pas prêter le flanc aux attaques de la direction financière, il faut donc s'astreindre à raconter régulièrement de « bonnes histoires » factuelles montrant en quoi les activités de la communauté permettent aux indicateurs de résultat opérationnel de s'améliorer. Il faut donc que la communauté s'astreigne à tenir à jour un recueil systématique de ces bonnes histoires[1] démontrant l'impact positif de ses activités sur la marche des affaires de l'entreprise. Il faut également qu'elle les publie régulièrement pour s'attirer la sympathie de l'organisation formelle. Sans cela, le soutien de l'organisation formelle risque fort de disparaître à la prochaine réorganisation, emporté par la première initiative de réduction des coûts.

---

1. Elles sont appelées *nice stories* chez Danone, pour les distinguer des *success stories* commerciales.

Ces anecdotes factuelles gagnent à être racontées du point de vue d'un des membres de la communauté confronté à un problème particulier en clientèle. On raconte alors comment ses activités au sein de la communauté lui ont permis :

- De trouver les bons documents ou les bonnes personnes à contacter ;
- D'entrer tout de suite en interaction de haut niveau avec les meilleurs experts du domaine ;
- De trouver une solution au problème ;
- De satisfaire le client.

À chaque niveau de l'histoire correspondent implicitement les quatre niveaux d'indicateurs ci-dessus. Lorsqu'on a rassemblé suffisamment d'anecdotes qui montrent comment la communauté contribue à résoudre une certaine catégorie de problèmes repérés par des indicateurs de résultat, il n'y a aucune difficulté à calculer un retour sur investissement et à démontrer *a posteriori* le bien-fondé de la démarche. C'est alors que le commanditaire extérieur à la communauté peut – et doit – décider de renouveler ou non son soutien à la communauté. Mais à l'origine, **le lancement d'un projet de communauté de pratique est toujours un acte de foi,** comme le fut jadis l'introduction dans les entreprises du téléphone, de la publicité ou des séminaires de dirigeants.

Une « bonne histoire » de communauté de pratique

En juin 2003, M. X, commercial de l'agence commerciale de Schneider Electric à Valence en Espagne, reçut un coup de téléphone de Y, fabricant d'ascenseurs, lui demandant une offre pour une liste de produits de contrôle industriel. Le jour même, il en notifia le leader de la communauté des spécialistes du marché des ascenseurs, qui s'aperçut que le même fabricant avait fait la même demande à plusieurs agences de Schneider Electric en vue de négocier les prix. Le leader de la communauté s'en ouvrit au directeur commercial qui téléphona au fabricant pour lui signifier que X, de l'agence de Valence serait son interlocuteur unique.

Lors du rendez-vous avec le fabricant à l'agence de Valence, quatre spécialistes du marché des ascenseurs chez Schneider Electric et provenant de différents établissements étaient présents. La conversation ne s'engagea pas sur les prix mais sur le problème à résoudre.

Schneider obtint l'affaire pour deux raisons :

1. Les spécialistes de Schneider firent remarquer que leurs relais étaient les plus silencieux du marché (caractéristique qui ne présente d'intérêt que pour le marché des ascenseurs) ;

2. Schneider prit l'engagement de représenter le fabricant dans toutes les instances de normalisation européennes relatives aux ascenseurs, et de le tenir au courant de toute évolution sur les standards et normes.

À aucun moment les prix n'ont été négociés à la baisse.

À retenir

1. Un projet de communauté de pratique a deux clientèles : les futurs participants et les représentants de la hiérarchie formelle. Il faut savoir tenir deux argumentaires différents et complémentaires pour s'attirer les bonnes grâces des uns et des autres ;

2. La vitalité d'une communauté de pratique s'appuie sur quatre personnes et quatre rôles : à l'intérieur, l'animateur et le scribe ; à l'extérieur, le commanditaire et le parrain ;

3. L'espace communautaire, lieu de la collaboration d'une communauté de pratique, peut se décrire comme un campus universitaire virtuel construit avec les nouvelles technologies de collaboration du Web ;

4. L'animation d'une communauté de pratique est un savoir-faire professionnel qui s'apprend, et que tout manager doit vouloir apprendre ;

5. Les métriques de succès d'une communauté de pratique sont fondées sur une accumulation d'anecdotes montrant la valeur qu'elle apporte aux clients de l'entreprise.

Chapitre 7

Vers une culture de la confiance : transformer l'organisation

« *Pour créer une chambre, on monte des portes et des fenêtres. Mais c'est l'espace créé qui rend la pièce habitable. Ce qui est tangible a des avantages, mais c'est ce qui est intangible qui le rend utile.* »

Attribué à Lao Tseu

La culture d'entreprise peut être définie comme la façon dont l'entreprise résout les problèmes. Elle est donc largement caractérisée par les modes d'apprentissage individuel et collectif en vigueur. Un cas célèbre est le système de production de Toyota, où chaque ouvrier sur la chaîne de montage a le pouvoir d'apporter des améliorations au processus industriel à son niveau, pourvu qu'elles soient documentées dans leurs moindres détails. Les gestes élémentaires étant eux-mêmes étudiés, on aboutit à une chorégraphie qui frappe les visiteurs par sa souplesse et son harmonie. Ainsi, l'économie de la connaissance impose des modèles d'organisation qui canalisent non seulement la puissance de travail sur des projets (organisation du travail), mais encore les flux de connaissances sur des personnes (organisation du savoir).

L'organisation du savoir fonctionne sur des idées contre-intuitives. Lorsqu'ils sont *partagés*, les actifs matériels et le temps de travail perdent de leur valeur, alors que la connaissance, elle, voit le plus souvent sa valeur s'accroître. L'industrie du logiciel nous montre cette dualité. Un logiciel communiquant a certes de la valeur par le service qu'il rend en tant qu'outil autonome, mais il en a infiniment plus dès lors qu'il est mis en œuvre en réseau par de nombreux utilisateurs et qu'il interopère avec d'autres logiciels connus. La maîtrise d'un standard mondial est un avantage concurrentiel déterminant dans ce métier, ce qui entraîne une nouvelle logique économique favorisant l'ouverture et la gratuité. Qu'est-ce qu'un standard sinon de l'information partagée ?

Cela dit, il n'est pas question de substituer une forme d'organisation par une autre, mais seulement de rééquilibrer l'organisation formelle actuelle au profit des réseaux sociaux et des communautés. Les hiérarchies fonctionnent sur la base de règles. Les réseaux et les communautés fondés sur la compétence fonctionnent sur la base de la confiance. Les deux formes d'organisation ne s'opposent pas ; elles œuvrent sur des plans différents. Les organisations formelles ont le pouvoir d'agir, et elles ont besoin des communautés pour exercer efficacement ce pouvoir par l'enseignement et le renseignement. De même, les communautés ont le pouvoir de créer et de diffuser des connaissances, mais elles ont besoin des organisations formelles pour traduire ces connaissances en action.

Ce chapitre est consacré à la transformation d'une entreprise industrielle en une entreprise postindustrielle. Il se propose d'aborder les différentes approches qui permettent de développer le travail en réseau, en prenant pour perspective le champ d'action d'un dirigeant de société. On propose un modèle cible d'organisation en réseau ; on donne des pistes pour contourner les obstacles culturels ; on décrit le bras armé du changement qui prend la forme d'une agence interne. Enfin, on fournit une liste de dix facteurs clés de succès pour un programme d'entreprise destiné à développer le travail en réseau.

Un modèle cible :
le triptyque de l'entreprise en réseau

« L'université est au nouveau siècle ce que la firme fordiste était à l'ancien : l'institution qui fixe la matière première, le savoir et la formation, dont se nourrit le reste de la société. »

Daniel Cohen

En prenant appui sur les chapitres précédents, on peut représenter l'organisation d'une entreprise comme un assemblage de trois formes typiques d'organisation sociale qui constituent les trois piliers de l'organisation de l'entreprise postindustrielle :

1. La hiérarchie fonctionnelle ;

2. Les équipes de projet ;

3. Les communautés.

La hiérarchie fonctionnelle

« Comme un enfant mort-né, toute hiérarchie porte en son sein la momie du pharaon. »

Pierre Levy

C'est l'organisation d'entreprise la plus familière. Elle incarne la structure de décision sur l'allocation des ressources. L'impératif d'efficacité et de stabilité de l'entreprise entraîne la division et la spécialisation du travail, et la soumission à un noyau dur de décideurs chargés d'orienter et de coordonner la marche de l'entreprise. Le rôle de la hiérarchie peut ainsi se résumer en quatre points :

1. Attirer les investissements, embaucher des talents et affecter ces ressources sur des programmes prometteurs ;

2. Fixer l'attention des employés sur des sujets particulièrement importants pour la réussite de la stratégie ;

3. Maintenir la dynamique de travail par la mise en place de mécanismes de renforcement ;

4. Mettre en place et appliquer des systèmes d'indicateurs de performance pour soutenir l'action vers le but poursuivi.

L'organisation fonctionnelle permet l'exécution rapide d'une action coordonnée planifiable. Dans un environnement stable où les conséquences des décisions sont prévisibles, elle polarise l'organisation vers le chef, d'où vient le plan à suivre. Dans un environnement instable et imprévisible, elle la polarise au-delà du chef sur l'intention stratégique qu'il poursuit.

Il peut être dangereux de comparer une équipe de direction à la tête, organe de réflexion, de décision et de contrôle d'où partent les ordres vers les autres organes de l'entreprise. Cela suggère que le savoir-faire de l'entreprise est concentré dans les niveaux élevés de la hiérarchie, et que les autres employés sont essentiellement chargés de lui remonter des informations et d'exécuter les plans. Cependant, les hiérarchies fonctionnelles conserveront toujours ce rôle central qu'aucune autre structure sociale d'entreprise ne peut leur ravir : l'affectation des ressources, la canalisation de la puissance de travail de l'organisation.

Comme on l'a dit, les organisations formelles ne sont pas fondées sur la confiance, ce qui ne veut pas dire qu'on ne peut pas leur faire confiance, mais qu'elles continuent à fonctionner même lorsqu'on ne leur fait plus confiance. Même désavoués, les gouvernements d'État et les directions de grandes entreprises peuvent continuer à fonctionner correctement, ce qui est souvent bien utile et parfois même nécessaire. **Les hiérarchies sont par nature des *stabilisateurs* de la vie sociale.**

Les équipes projet

L'équipe, définie comme une structure sociale de plus petite dimension, est composée d'un chef et d'équipiers, de compétences diverses, regroupés autour de pratiques communes et tendus vers la production d'un objet, dit « livrable » dans le jargon d'entreprise : un produit, une usine, un contrat, une affaire… La notion d'équipe a en fait été redécouverte récemment, dans les années 1980. Auparavant, la hiérarchie fonctionnelle dominait la vie d'entreprise, et il était impensable pour un chef de département d'accepter de placer, même provisoirement, un de ses subordonnés sous l'autorité d'un chef de projet échappant à son autorité directe. C'est pourtant ce qui est arrivé, car c'est le chef de projet qui incarne précisément le mieux l'esprit d'entreprise. Le concept d'équipe a été formalisé, comme souvent, d'abord au sein des forces armées, puis s'est imposé progressivement dans le monde de l'entreprise.

L'équipe est un système social plus complexe et plus exigeant qu'on ne le croit souvent. Dans une équipe performante, le savoir-faire collectif excède celui de n'importe lequel de ses membres, chef compris, c'est du reste pourquoi elle est devenue si nécessaire dans l'entreprise moderne. La qualité d'une équipe ne dépend pas seulement des capacités individuelles de ses membres, mais aussi et surtout de la cohésion née de la tension collective vers un objectif commun et partagé. Ce qui caractérise le mieux l'esprit d'équipe se résume ainsi : **dans une équipe, on ne peut pas se permettre de laisser l'autre échouer**[1]. Cette notion d'équipe est importante pour toutes les organisations ayant pour vocation de produire fréquemment des choses nouvelles, qu'il s'agisse de produits matériels ou de services. Elle est indispensable quand les produits en question sont par nature très complexes et techniques.

Les équipes performantes ont un capital social très élevé, qu'on bâtit patiemment en gravissant l'une après l'autre les marches de la collaboration, et qu'on peut détruire en un rien de temps en appliquant des principes de gestion par la défiance, au nombre desquels on trouve parmi les plus fréquents :

* *Les plans de charge en dent de scie.* Les équipes ne sont vraiment performantes que dans la mesure où elles sont occupées. C'est dans l'action que les connaissances circulent, que les essais sont transformés, que les capacités se maintiennent, et c'est pourquoi il faut leur donner du grain à moudre en permanence, quitte à les faire travailler pour d'autres entreprises, plutôt que d'alterner les périodes de « charrette » et les périodes d'oisiveté[2] ;

---

1. *"Teamwork = Not Allowing Others To Fail."* Combien de personnes s'autoproclamant « équipe » se mesurent à l'aune de ce principe ?
2. Personne n'a mieux compris ce principe que Marcel Dassault, qui a veillé pendant plus de vingt ans à ce que son bureau d'études de Saint-Cloud ait toujours au moins deux cellules d'avion en développement, un civil et un militaire de préférence, même lorsque leur commercialisation ultérieure pouvait paraître pour le moins hasardeuse. Le retour sur investissement était calculé globalement et sur le long terme, et non programme par programme. C'était à ce prix que le bureau d'études des Avions Marcel Dassault, Bréguet Aviation, a su être l'un des meilleurs au monde, même si c'était à grands frais. C'est aussi dans ce sens qu'il faut comprendre la stratégie affichée par Sun Microsystems de « *maintenir les équipes R & D au travail* » après l'effondrement de la bulle Internet. Comme le disait Scott McNeally, « *Je sais licencier toutes mes équipes commerciales et toute mon équipe de direction et les rebâtir en six mois, mais je ne sais pas rebâtir une équipe de R & D client-serveur comme la nôtre en moins de dix ans.* »

• *La pression excessive sur les résultats.* Lorsque les projets dérapent et que les délais ne sont plus respectés, la tendance naturelle est de mettre l'équipe projet sous pression en renforçant les processus et le contrôle[1]. Or, face à un étudiant qui cale sur un problème de maths, l'attitude consistant à lui faire des remontrances et à déclencher le chronomètre avec promesse de punition à la clé n'est pas nécessairement la plus intelligente ni la plus efficace ;

• *Les parachutages.* Lorsqu'une équipe fonctionne bien, il est impératif de la reconnaître en lui donnant voix au chapitre dans la promotion des personnes. Combien d'équipes ont-elles littéralement « posé le crayon » lorsqu'elles se sont vues mises sous l'autorité d'une personne venue d'ailleurs, dont le principal mérite était de plaire aux chefs ?

Les communautés

> « *Les comportements politiciens associés aux hiérarchies freinent la libre circulation des connaissances. On est beaucoup plus ouvert face à ses pairs. On est beaucoup plus enclin à partager et à écouter.* »
>
> Sir John Browne, ex-P-DG de BP

Après l'allocation de ressources et la production de livrables, le troisième pilier de l'organisation concerne le développement du savoir collectif. Si les organisations autoritaires sont efficientes, car elles évitent la déperdition d'énergie, elles sont inefficaces, car structurellement incapables d'apprendre de leurs échecs et donc de susciter des énergies nouvelles. Les communautés de pratique forment l'armature du système d'enseignement et de renseignement de l'entreprise.

Dans toutes les entreprises qui vivent de la connaissance et qui travaillent en mode projet (ingénieries, services informatiques, conseils de direction…), on sait que le succès dépend de la capacité à affecter les bonnes personnes sur les nouveaux projets. Il faut donc disposer d'un

---

1. Les modes d'action autocratique naissent souvent du manque de confiance en soi. La méfiance que le manager éprouve envers des tentatives d'explication de ces dérapages se nourrit de l'angoisse d'avoir à en rendre compte à ses propres chefs.

système d'information qui permette de savoir où sont les vraies expertises et comment elles sont employées. Les communautés de pratique en fournissent la réponse[1].

Lorsque ces communautés fonctionnent, elles nouent des liens étroits avec les équipes de formation interne de l'entreprise, ainsi qu'avec les écoles, les universités et les communautés professionnelles. Ce sont précisément les structures sociales informelles qui permettent l'établissement de ponts entre les organisations formelles. C'est grâce à elles que les mondes de l'entreprise et de l'université, traditionnellement bien séparés, les hommes d'action d'un côté et les penseurs intellectuels de l'autre, peuvent s'interpénétrer beaucoup plus que par le passé. Comme il est bien souvent préférable de rejoindre une communauté existante que d'en créer une nouvelle *ex nihilo*, on limite le développement de ses communautés à ses domaines de connaissances stratégiques, et l'on s'appuie sur l'extérieur pour tous les autres.

La puissance des communautés est décuplée lorsqu'elles s'interpénètrent pour constituer une métacommunauté qui s'étend à l'entreprise, ses partenaires et ses clients. Chaque communauté de pratique devient responsable d'un domaine de connaissance, et chaque animateur devient semblable au titulaire d'une chaire : il incarne la dimension pédagogique et unificatrice de l'entreprise. La métaphore de l'« université d'entreprise » est parfaitement justifiée, car on dispose alors d'un système d'apprentissage complet et homogène (*learning system*) qui est appelé à devenir l'un des tout premiers actifs stratégiques d'une entreprise moderne. La figure 23 montre comment ce système d'apprentissage se met progressivement en place chez Schneider Electric : la formation traditionnelle en salle aux métiers de l'entreprise, actuellement très développée, s'est complétée par le développement parallèle de communautés de métier sur le terrain, qui en sont en quelque sorte les écoles d'application. La rencontre entre les deux s'opère lors des grands séminaires techniques, qui sont à la fois des instances de formation magistrale et d'échange entre praticiens. La production de connaissances des communautés peut alors être mise en forme et enseignée par les équipes de formation. À l'issue de la formation,

---

1. C'est pourquoi la tendance de fond est à rassembler les bases de connaissance de l'Intranet, les moteurs de recherche, les communautés de pratique et la formation sous une seule tutelle, qualifiée d'université d'entreprise. C'est le cas notamment chez Accenture et Bain Consulting.

le « diplôme » donne précisément accès à la communauté ou aux communautés de pratique associées.

Figure 23. Le système d'apprentissage de Schneider Electric

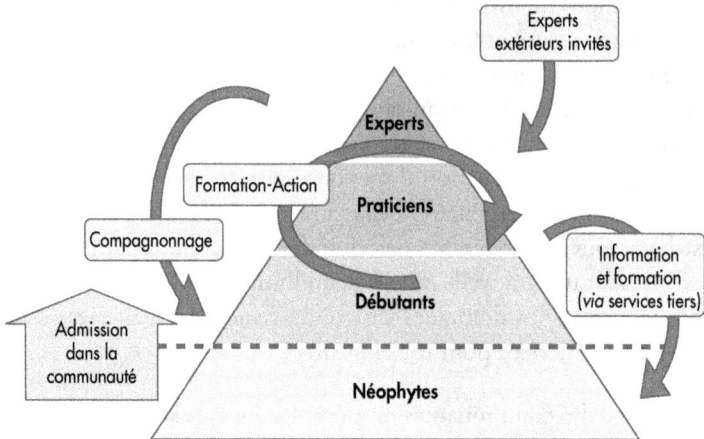

La première réunion de la communauté commande de mouvement chez Schneider Electric

L'activité « commande de mouvement » de Schneider Electric regroupe des produits techniques pour le contrôle de la vitesse des moteurs électriques, notamment pour des applications de positionnement d'outils ou de systèmes de manutention sur des machines industrielles.

La direction de l'activité, constatant le besoin récurrent de techniciens bien formés à la mise en œuvre de ces produits, décida d'ouvrir une école capable d'accueillir tous les ans une dizaine de jeunes ingénieurs en provenance de tous les pays du monde pour en faire en neuf mois des spécialistes de la variation de vitesse, en échange d'un contrat de travail de deux ans minimum dans leur pays d'origine. Pour ce faire, un cursus détaillé fut développé, éprouvé et mis en œuvre avec succès sur plusieurs promotions successives.

Parallèlement au développement de cette école, les spécialistes de la variation de vitesse qui s'organisaient en communauté de métier commencèrent à organiser rencontres, Web-conférences et forums d'échange sur l'intranet.

En décembre 2006, eut lieu le premier séminaire technique paneuropéen sur la variation de vitesse, qui rassembla près de 150 spécialistes du domaine, issus des forces commerciales. Au cours de la préparation de l'événement, l'animateur de la communauté repéra un sujet récurrent dans les préoccupations des membres de la communauté, en l'occurrence le traitement des harmoniques engendrées par les variateurs de vitesse et susceptibles de polluer le signal sur le réseau électrique. Il mit alors le sujet à l'ordre du jour. Or, comme le sujet faisait partie du cursus de l'école de la commande de mouvement, il fut facile de le réutiliser pour le plus grand nombre.

Ce jour-là, les encouragements habituels des séminaires de management à être « centrés sur le client » furent remplacés par un cours pratique pour 100 technico-commerciaux, commençant par un rappel sur les transformées de Fourier. On ne se contentait plus de parler des attentes des clients, on les traitait.

Le triptyque au quotidien

La beauté du triptyque hiérarchie, équipes, communautés tient au fait que ces trois structures se renforcent l'une, l'autre et collaborent au service de l'entreprise et de ses employés. L'organisation fonctionnelle développe et entérine les stratégies et alloue des ressources dans les équipes projets et les communautés. Les équipes projets produisent des livrables (produits ou services) qui créent la richesse de l'entreprise. Les communautés développent les capacités de connaissances nécessaires à la bonne exécution des projets, et donc de la stratégie d'ensemble. **Le chef commande ; l'équipe réalise ; la communauté apprend.** Du point de vue de la dynamique sociale, le fonctionnement est inverse : les communautés donnent naissance aux équipes, et les équipes s'organisent en se dotant d'une organisation formelle. La communauté engendre ; les équipes s'organisent ; le chef donne la légitimité.

Au quotidien, le schéma de fonctionnement est au fond très simple. L'employé rend compte à une organisation fonctionnelle, et son supérieur l'affecte à des projets. Pour produire ce qui est attendu de lui par le chef de projet, il doit faire appel à des connaissances parfois pointues. Pour cela, il cherche à entrer dans les communautés de pratique pertinentes, où il pourra apprendre au jour le jour et utiliser l'expertise de ses pairs pour résoudre des problèmes difficiles. Le chef de projet veille à embaucher dans son équipe projet des membres reconnus de communautés de pratique actives, souvent étendues aux clients et aux partenaires de l'entreprise. Il dispose ainsi non seulement d'une équipe compétente et à capital social élevé, mais encore d'un groupe d'experts indépendants de la hiérarchie fonctionnelle, qui graviteront autour de son projet et pourront régulièrement intervenir pour donner leur avis. La hiérarchie fonctionnelle enfin peut utiliser les communautés de pratique comme des médiateurs et des contre-pouvoirs. Dans leur domaine de connaissance, les communautés conseillent, recommandent des stratégies ou appuient des projets. Il ne s'agit pas de rechercher le consensus, car les communautés entretiennent une relation d'obéissance avec la hiérarchie formelle. Quoiqu'elles proposent, elles doivent se soumettre *in fine* aux décisions des chefs. Le système est alors bien bouclé.

On peut dire que la communauté de pratique est le siège de la légitimité, alors que l'organisation formelle est celui de la légalité. Sans communautés, le principe de légitimation ne peut être qu'extérieur à l'entreprise, et l'autorité « de droit divin ». La communauté de pratique est, comme toute école, le lieu de l'intégration et le lieu de la revendication face la structure. Les organisations formelles sont fondées sur des règles, ce qui leur permet de continuer à fonctionner même quand on ne leur fait plus confiance. Les communautés sont fondées sur la confiance, ce qui leur donne une grande agilité, mais aussi une grande fragilité. L'imbrication des deux s'illustre dans le fonctionnement des institutions démocratiques. Les partis élaborent et proposent des politiques afin de prendre le pouvoir, et les institutions permettent au pouvoir de continuer à s'exercer, quand bien même il serait désavoué. Sans la protection des institutions, les partis ne peuvent pas débattre, et sans débat, les institutions ne peuvent évoluer. Il en est de même dans les entreprises[1].

La figure 24 illustre ce rôle médiateur des communautés de pratique, qui répond à un vrai besoin de cohésion sociale dans les entreprises, dès lors que les médiateurs habituels, syndicats et associations professionnelles, peinent à retrouver une aura ternie par un combat trop marqué par la protection des statuts et un échec sur le front de l'emploi.

---

1. C'est pourquoi, comprenant que l'université d'entreprise définie de cette façon est par essence un contre-pouvoir, certains pensent qu'elle devrait relever non pas de l'autorité de la direction générale, mais de celle du conseil d'administration, ce qui incidemment est bien dans la logique Sarbanes-Oxley.

Figure 24. Le triptyque en action

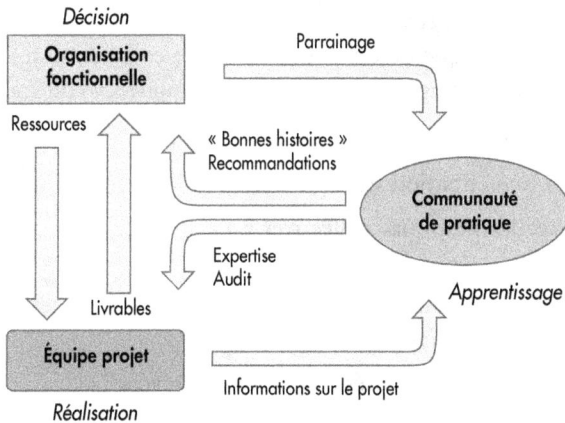

Transformer l'organisation

> « On s'engage et puis on voit. »
>
> Napoléon

Le directeur de la culture d'entreprise, c'est son P-DG, et personne d'autre. En matière de développement du travail en réseau, c'est la cohérence de toutes les actions entreprises qui garantit le succès, et non l'une ou l'autre en particulier. C'est pourquoi, tout programme volontariste de transformation d'une organisation industrielle en organisation postindustrielle par la mise en œuvre de ce modèle d'organisation cible relève de la compétence de la direction générale, sinon du conseil d'administration. L'animation du programme est souvent confiée à une personne de confiance, rendant compte au P-DG lui-même[1], car cela exige une implication dans la durée. Il faut cinq à dix ans pour changer une culture dans une grande organisation.

Ce n'est pas un modèle autoritaire de développement des communautés par le haut, mais un modèle de changement organique, de type système complexe, fondé sur la mise en tension de la circulation des savoirs clés dans un sens favorable à la réalisation de l'intention stratégique. Pour être plus concret, c'est un modèle qui part du principe simple que *quel*

---

1. Ce fut le cas chez Schlumberger, BP, Siemens, Danone…

que soit le changement qu'un dirigeant désire voir mis en œuvre dans son entreprise, il y a de fortes chances que quelque part dans l'organisation une équipe l'ait déjà fait à petite échelle et sans rien dire. Ainsi, c'est de l'accumulation systématique de ces petits succès de collaboration sur le terrain et de l'apprentissage associé que naît une nouvelle culture.

L'action du comité de direction consiste alors à :

1. Élaborer une intention stratégique claire, déclinée en objectifs ;
2. Modéliser les pratiques collectives à encourager pour atteindre les objectifs ;
3. Découvrir et encourager les pratiques *locales*, conformes aux objectifs à soutenir *au niveau global* ;
4. Parrainer les communautés de pratique associées.

On peut comparer ce modèle à celui de l'État dans les pays asiatiques, qui crée, guide et façonne les marchés et se fait le promoteur des technologies nouvelles[1].

« Révolution culturelle » chez Goldman-Sachs

Historiquement, dans la branche gestion privée de Goldman-Sachs (Private Wealth Management), les gestionnaires d'investissements (Investment Professionals) opéraient largement seuls ou en binôme, et entretenaient avec leurs clients des relations très proches, qui pouvaient s'étendre sur des générations. En 2000, la direction se rendit compte que le secteur était de train de vivre un séisme. Les banques d'investissement étaient poussées à plus de transparence sur leurs activités, tandis qu'une nouvelle pression concurrentielle érodait leurs commissions sur opérations. Un nouveau modèle opérationnel (*business model*) fut conçu au siège à New York. La direction générale décida de migrer depuis un modèle de revenus largement fondé sur le commissionnement vers un modèle fondé sur les honoraires de conseil.

La résistance au changement était énorme : le nouveau modèle bouleversait un mode bien établi de relation client-fournisseur, et les gestionnaires de clientèle ne ressentaient pas la situation d'urgence. Devant l'impasse, l'un des directeurs de la branche eut l'idée de constituer une équipe de gestionnaires influents et de leur demander d'enquêter sur le terrain pour identifier les équipes qui avaient de meilleurs résultats que les autres dans un tel climat.

---

1. *Cf.* Olivier Zara, *Le management de l'intelligence collective*, M2 Éditions, 2004.

La phase 1 du projet, en 2000, identifia cinq pratiques « déviantes » où le paiement par honoraires était mis en œuvre. En phase 2, des communautés élargies autour de chacune de ces cinq pratiques furent chargées de les formaliser de façon pratique pour permettre à chaque équipe de gestionnaires de l'entreprise de les mettre en œuvre plus facilement et sur la base du volontariat. Ces communautés s'élargirent au point que chaque bureau de Goldman-Sachs avait au moins un employé qui en était membre. C'était donc lui qu'on appelait tout naturellement comme expert au niveau local. Les communautés eurent un rôle décisif dans la communication interne et la création d'une dynamique de groupe. En phase 3, on mit en place un système de métrique pour suivre l'adoption de ces cinq pratiques dans l'entreprise et en rendre les résultats publics. Il n'y avait pas besoin d'y associer des récompenses ou des punitions, car la dynamique d'adoption était désormais en marche, et les différents bureaux s'intéressaient de près à leur position relative sur le tableau d'honneur.

Trois ans plus tard, la productivité par gestionnaire avait doublé, et le modèle de revenus par honoraires était intégré à la culture de l'entreprise. En 2005, Goldman-Sachs gérait ainsi 130 milliards de dollars d'actifs privés.

Lever les obstacles au changement culturel

> « *La pensée sur la productivité de la connaissance est à peine naissante.* »
>
> Peter Drucker

Toute initiative portant sur le décloisonnement de l'entreprise au service des clients se heurte à des réflexes naturels d'autoprotection de l'organisation formelle. Dans les années 1980, la démarche de qualité totale ne s'est pas mise en place sans heurts, alors que son impact sur la souveraineté des territoires internes était relativement limité. Or, vu des entités opérationnelles, le service qualité est encore perçu aujourd'hui comme une sorte de police interne chargée de vérifier que l'intérêt du client est vraiment pris en compte dans tous les contrats passés entre services internes. Les communautés, c'est autre chose : on touche au savoir, source de pouvoir autrement plus importante. Il est donc normal de rencontrer des opposants sur la route. Il ne faut pas sous-estimer la résistance à ce qui peut être perçu comme une nouvelle forme de syndicalisation de l'entreprise.

Citons les obstacles les plus fréquents.

La langue

Le premier obstacle, bien terre à terre, au développement de l'entreprise en réseau est incontestablement la barrière de la langue. Toute tentative de promouvoir les flux de connaissances se heurte rapidement aux frontières des communautés linguistiques. Il y a un réel besoin de réflexion théorique et de pratique, en particulier en Europe, sur les communautés multilingues et sur les principes de fédération de communautés locales s'exprimant dans leur langue par une communauté transversale utilisant la *lingua franca* qu'est l'anglais. Le choix de la langue d'une communauté dépend du domaine. Certains domaines très techniques comme la programmation informatique ou les fusions-acquisitions imposent l'anglais comme langue de travail, de toute façon, et sont mondiaux par nature. D'autres sont bien plus marqués par la culture et la réglementation et imposent de ce fait le recours aux langues locales.

La technologie a bien entendu son utilité avec les traducteurs en ligne, dont les performances s'améliorent constamment. Mais il ne faut pas surestimer leurs capacités. Ils offrent une aide réelle à la compréhension, mais qui ne permet pas de faire l'économie de l'apprentissage d'une langue.

Voici quelques bonnes pratiques de grandes organisations pour traiter l'obstacle du multilinguisme[1], qui consistent à :

1. Articuler les communautés locales en langue nationale avec les communautés mondiales en langue anglaise, en veillant à ce que certaines personnes bilingues appartiennent aux deux ;

2. Donner à toutes les publications d'une communauté accessibles de l'extérieur au moins un titre et un résumé en anglais, et publier en anglais tous les documents destinés à une diffusion large et mondiale ;

3. Développer un thésaurus multilingue pour les métadonnées et faire appel aux technologies de moteur de recherche capables de les exploiter ;

4. Réserver les conférences Web à des groupes de personnes maîtrisant bien la langue de l'échange ;

---

1. Source : séminaire CAC 2006, Paris, avril 2006.

5. Miser sur les réunions en face-à-face si l'on pense que le groupe est trop hétérogène et que la bande passante sera insuffisante[1] ;

6. Développer le multilinguisme dans les services centraux ;

7. Faire appel aux interprètes dans les grands séminaires mondiaux.

Traduction en ligne chez Renault

En janvier 2002, Renault a mis en place à titre expérimental un outil de traduction automatique sur son intranet, dans un premier temps entre le français, l'anglais, l'allemand et l'espagnol. Ce traducteur incluait des dictionnaires métier développés sur la base du glossaire Renault-Nissan. Ce fut un grand succès, totalement inattendu. Dès septembre 2003, SATI opérait plus de 8 000 traductions par jour.

L'écrit

> *« Donnez-moi cinq lignes d'une personne, et je vous la fais pendre. »*
>
> Richelieu

Un autre obstacle important à la circulation des connaissances dans le monde professionnel est symétriquement le rapport à l'écrit.

En entreprise, la production d'écrits, en version papier comme en version électronique, est le plus souvent gouvernée par les lois du commerce et liée à la notion de contrat. On écrit pour vérifier que tout le monde s'est bien compris et pour que les actions *futures* soient cohérentes entre elles et tendues vers un même but. On écrit des rapports d'actions passées, en principe pour justifier que le contrat a été ou non respecté, ou pour montrer qu'on a tenu ou non ses engagements. Les écrits d'apprentissage, enracinés dans l'expérience, et donc dans le passé, qu'il s'agisse d'études de cas, de « livres verts », *white papers*, etc., sont le plus souvent perçus comme peu productifs s'ils ne sont pas destinés à être utilisés directement comme outils de promotion marketing auprès des clients. **Il faut donc développer l'usage d'écrire *ce qu'on fait* au détriment de celui d'écrire *ce qu'on va faire*.**

---

1. Les réunions en face-à-face permettent notamment l'auto-organisation des personnes présentes par groupes linguistiques. Certains polyglottes décident alors de servir d'interprètes à un groupe qu'ils prennent en charge. Les Asiatiques font cela couramment.

Par ailleurs, on sait que face aux nombreux messages qui nous parviennent tout au long de la journée, notre nature nous pousse à nous intéresser en priorité à ceux qui présentent les quatre caractéristiques suivantes :

1. *Origine sûre :* ils émanent d'une source de confiance, personne physique ou morale ;
2. *Personnalisation :* ils correspondent à nos préoccupations et au contexte du moment, et donnent plutôt qu'ils ne demandent ;
3. *Concision :* ils vont tout de suite à l'essentiel ;
4. *Émotion :* ils font appel aux sentiments plus qu'à la réflexion.

Les courriels et comptes rendus de réunions véhiculés dans les entreprises présentent rarement ces caractéristiques, contrairement aux billets de blogs, par exemple, qui attirent de ce fait même beaucoup plus de visiteurs que le discours convenu des sites Web officiels. Il faut donc encourager l'usage des blogs dans les entreprises, tant au niveau des personnes physiques que des personnes morales, comme les équipes projet[1].

Le manque de temps

L'argument du manque de temps pour collaborer est une tarte à la crème, et il n'est pas toujours facile d'en déterminer la raison profonde. Il peut s'agir soit d'un désintérêt pour les activités proposées, auquel cas la balle est dans le camp de l'initiateur, soit d'une pression de travail excessive sur les personnes, qui les rend incapables de prendre du recul par rapport à leur occupation du moment.

Pour soutenir le développement des communautés de pratique, il faut donc d'abord rendre un espace de liberté aux employés. En effet, sauf cas exceptionnel de détérioration extrême du capital social, il est rare qu'ils s'en servent pour quitter l'entreprise et vaquer à leurs occupations personnelles ou familiales. En fait, ils le consacrent plutôt à établir des liens avec d'autres employés et échanger des idées. S'il est bien orienté par une stratégie, ce réseau social engendrera plus tard des communautés d'intérêt, qui elles-mêmes engendreront des petites communautés d'innovation. Ces communautés d'innovation engendreront des pro-

---

1. *« Je suis un ardent partisan d'une nouvelle forme de grammaire qui aille au-delà des mots. Pour raconter une histoire, il faut aujourd'hui pratiquer un nouveau type de langage, qui impose de comprendre comment le graphisme, la couleur, les lignes, la musique et les mots se combinent pour faire passer un message »,* George Lucas.

jets, qui, s'ils sont financés, créeront de nouveaux produits et services, qui eux-mêmes feront naître la communauté de pratique associée (figure 25). Ce principe est un des fondements de la culture d'entreprise de Google, où l'on demande aux employés de consacrer 20 % de leur temps à des projets personnels. L'innovation radicale est au prix d'un véritable acte de foi.

Figure 25. Équipes projet et communautés dans le cycle de l'innovation

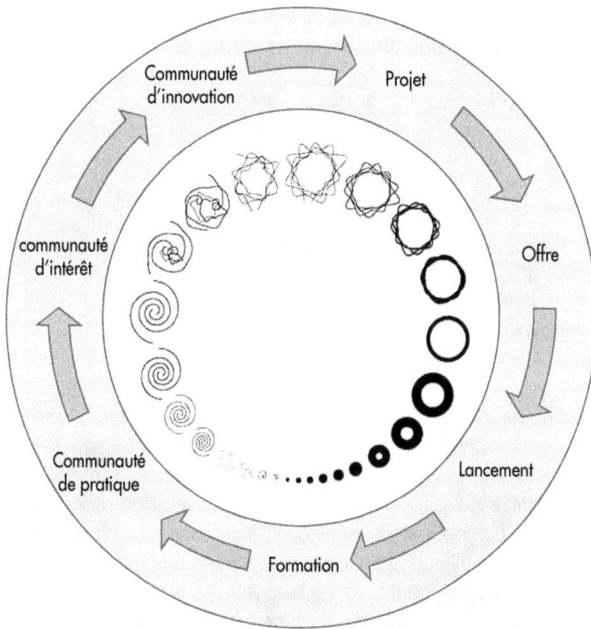

Il faut ensuite accompagner l'organisation d'une ou plusieurs communautés de pratique sur des domaines clés pour la stratégie. C'est le rôle d'éditeur : l'entreprise soutient la communauté en lui fournissant des services (infrastructures de collaboration, accompagnement méthodologique, budgets de déplacement...) en échange d'une forme de propriété intellectuelle sur sa production[1]. Bien sûr, il faut se garder de

---

1. John Fluevog, créateur de chaussures de luxe, propose à ses clients de devenir les stylistes d'un moment en lui soumettant des projets. Les meilleurs d'entre eux sont retenus et partent en production. Les créateurs élus ne perçoivent pas de royalties sur les ventes, mais ils donnent leur nom aux modèles de chaussure.

facturer ces services aux communautés. Au contraire, il faut savoir récompenser les meilleures contributions[1] : l'attribution par un dirigeant bien en vue du prix annuel de la meilleure communauté, de la meilleure contribution ou du meilleur transfert de savoir est sans aucun doute le signe le plus fort du soutien de l'entreprise, surtout si le prix en question a de la valeur à leurs yeux. Chez Philips Éclairage, on met parfois en jeu une BMW neuve…

La marque en tant que communauté : la communauté des utilisateurs d'Autodesk

Autodesk, leader mondial des logiciels de conception et de création numérique, dispose d'une clientèle de 4 millions d'utilisateurs répartis dans 160 pays. À la suite d'un séminaire particulièrement réussi organisé en 1989 pour 700 utilisateurs à San José en Californie, l'entreprise décida de financer des rencontres régulières d'utilisateurs, car elles permettaient notamment d'organiser de façon plus rigoureuse la remontée d'informations du terrain, et en particulier les souhaits d'évolution de l'offre. Ainsi fut fondé le North American Autodesk User Group (NAAUG), plus tard transformé en Autodesk User Group International (AUGI).

Aujourd'hui AUIG LLC est une entreprise à part entière, financée par une subvention d'Autodesk, par les abonnements des membres et par des revenus de prestations de services, notamment en formation. AUIG organise des chapitres locaux par pays et par région, à l'image du Rotary. Cela permet à tous les utilisateurs de se connaître et de s'entraider. Les meilleurs d'entre eux acquièrent une notoriété mondiale au sein de la communauté, et deviennent des stars lorsqu'ils honorent de leur présence les rencontres en face-à-face des utilisateurs. Le trafic sur le site Web d'AUIG se développe rapidement, au point qu'il commence à susciter quelques interrogations de la société mère, en particulier sur les services de formation et la propriété intellectuelle. Il apparaît en effet que les nouveaux utilisateurs préfèrent être formés par des utilisateurs chevronnés plutôt que par des formateurs représentant

---

1. Il y a quelques années, on aurait trouvé parfaitement normal de faire payer aux utilisateurs les services en ligne d'hébergement de photos ou de vidéos comme Flickr ou YouTube. Aujourd'hui, alors qu'on constate que la valeur du service s'accroît en fonction exponentielle du nombre d'utilisateurs, certains commentateurs n'hésitent pas à se demander s'il ne conviendrait pas de rémunérer les utilisateurs dont les productions sont les plus prisées. Après tout, ils donnent du temps à la communauté, et c'est leur bien le plus précieux. Pourquoi ne pas les récompenser ? Il en est de même en entreprise.

le concepteur. Ainsi, la marque Autocad s'est peu à peu déplacée depuis le produit vers la communauté de ses utilisateurs, suivant une logique qui rappelle, au moins partiellement, celle du logiciel libre.

Le retour sur investissement

La question du retour sur investissement est parfois posée en forme de tir de barrage : « Les communautés, on sait ce que ça coûte, mais combien ça rapporte ? » La question est légitime en soi, car la décision d'investir dans le développement de ses réseaux et communautés doit contribuer clairement aux résultats financiers de l'entreprise. Mais on ne saurait le justifier *a priori* par un calcul de ce type. On n'apprend pas dans la perspective d'une rémunération à venir, mais dans celle d'une diminution des risques associés à de mauvaises décisions. Le raisonnement qu'on peut tenir vis-à-vis de la connaissance est en réalité à peu près le même que celui de l'assurance. On n'est pas obligé de s'assurer si on estime les sinistres peu probables ou si l'on pense qu'on est de taille à les supporter seul. On peut décider d'avancer en aveugle si l'on pense que les marchés sont stables, les technologies pérennes, les clients fidèles, la réglementation immuable, les concurrents prévisibles et les partenaires bienveillants. Si l'on pense que ce n'est pas le cas, on prend un risque.

Ainsi, un père ou une mère qui paye les études de son enfant ne demande pas à l'administration de l'école quel sera le retour sur son investissement. Le coût réel est incalculable (il dépend de l'effort et des compétences de l'élève) et les gains sont imprévisibles. Les indicateurs qui paraissent pertinents aux parents sont statistiques, *a posteriori* et liés à un objectif clair matérialisant la réussite, en général un diplôme reconnu. C'est pourquoi le directeur des études rassure au moyen de graphiques statistiques montrant le taux de succès de son organisation à tel ou tel examen. S'il est plus sophistiqué, il produira des analyses montrant le degré de satisfaction des étudiants, la mise en application effective des enseignements reçus, la reconnaissance par des tiers des évolutions comportementales, et enfin les résultats obtenus en termes de carrières[1].

---

1. C'est le modèle de Kirkpatrick (voir www.tbs-sct.gc.ca/eval/pubs/eet-efcs/eet-efcs_f.asp).

Pour contourner cet obstacle, on peut faire appel à deux tactiques complémentaires :

1. S'appuyer sur des études *a posteriori* concernant les communautés de pratique, démontrant que le retour sur investissement dépasse de très loin celui de la grande majorité des projets d'entreprise[1], et choisir de préférence un concurrent estimé ;

2. Promettre à son interlocuteur de produire ces chiffres de retour sur investissement s'il les produit lui-même pour certaines fonctions centrales de l'entreprise : ressources humaines, contrôle de gestion, direction financière...

La pensée analytique

Le programme de développement des communautés de pratique à la Banque Mondiale a rencontré tant d'obstacles culturels que son initiateur, Steve Denning, en était venu à répartir les employés de la banque en deux groupes : ceux qui comprennent et ceux qui ne comprennent pas[2].

Ceux qui comprennent sont capables d'une réflexion systémique qui perçoit le fonctionnement de l'ensemble avant de détailler chacune des parties. Ils abordent la question de la collaboration en des termes globalisants et par des questions ouvertes (« Comment développer notre capacité d'innovation ? »). Avec eux, on peut réellement s'atteler à de vrais programmes de changement. Ceux qui ne comprennent pas ont une pensée analytique, qui réduit tout système à l'assemblage de ses éléments. Ils abordent la question de la collaboration avec le pragmatisme des petits pas (« Nous n'innovons pas assez. Où est-ce que ça bloque ? »). Avec eux, on peut au mieux améliorer l'existant à court terme.

Dans les systèmes complexes, on l'a vu, une amélioration locale peut se traduire par une dégradation de l'ensemble. L'observation de résultats obtenus à court terme et localement semble donner raison aux partisans de l'effort incrémental, et c'est pourquoi ils font de belles carrières[3].

---

1. Voir par exemple les études de l'APQC (www.apqc.org).
2. "Those who *get it* and those who don't."
3. Or, au mieux, on crée de nouveaux îlots de partage de connaissance qui s'ignorent les uns les autres, et on introduit une confusion supplémentaire dans l'organisation lorsque les employés s'aperçoivent que leurs circuits d'information habituels ont disparu sans qu'ils en soient notifiés. Au pire, les concurrents saisissent l'opportunité du désordre causé pour faire un meilleur usage des informations qui fuient vers l'extérieur.

Pour contourner cet obstacle, il n'y a qu'une solution, simple : s'allier avec les managers capables de penser en termes de systèmes.

Exemple de pensée systémique : l'alliance Renault-Nissan

L'alliance Renault-Nissan devait permettre aux deux organisations d'apprendre l'une de l'autre et de converger sur des pratiques communes, afin notamment de pouvoir fabriquer des Renault dans des usines Nissan, et réciproquement. Mais pour que les équipes se comprennent, il fallait qu'elles comparent leurs pratiques, échangent les meilleures et négocient en permanence l'adoption de standards cohérents appelés « systèmes », qu'on pourrait définir comme une façon de faire, une manifestation de la culture d'entreprise. Ils servent de cadre à la formation interne. Ainsi :

1. Le **Système de production automobile**, où l'apport de Nissan a surtout concerné la standardisation des postes de travail, alors que l'apport de Renault a surtout porté sur leur ergonomie ;

2. Le **Système de conception** (règles de conception, bases de connaissances métiers…), où l'apport de Nissan a beaucoup porté sur le recours systématique à l'écrit, car les Japonais écrivent beaucoup, et notamment des check-lists, y compris dans les bureaux d'études ;

3. Le **Système d'achats communs**, qui a justifié la création d'une organisation formelle commune, la Renault/Nissan Purchasing Organization, où l'apport de Renault a été déterminant.

Au fur et à mesure qu'on formalise, on enseigne dans l'école de l'ingénierie. Dans la partie production, la formation est très systématique. Ainsi, la création de l'« école de la dextérité », issue de Nissan, a été introduite en France, et contre toute attente bien perçue par les ouvriers qui y ont vu un intérêt nouveau porté à leur travail. Dans la partie conception, la formation est plutôt sous la forme du compagnonnage. Il y a une école des achats sur le même modèle. Chacun fait son école, et la tendance est à la création progressive d'un Système d'apprentissage Renault.

Les baronnies

Les groupes constitués dans les structures hiérarchiques (départements, divisions, filiales…) utilisent souvent la connaissance qu'ils détiennent comme une arme de défense contre tout changement qui pourrait les affecter. C'est aussi un grand obstacle à la collaboration dans les grandes organisations, et il mérite qu'on s'y attarde. Citons trois tactiques de grands patrons pour en venir à bout.

Les groupes de travail transversaux

Une première tactique pour lutter contre ces baronnies consiste à redistribuer les cartes et à constituer des **groupes de travail complètement transversaux et de composition inattendue** sur des thèmes stratégiques, avec des participants d'origines et de niveaux hiérarchiques divers. Ces groupes sont alors chargés de réfléchir à des sujets clés et de donner des idées et des recommandations à la direction. Les fusions ou les alliances peuvent donner une bonne occasion de changer les modèles mentaux en les confrontant à ceux des autres[1]. C'est ainsi que le groupe Vinci Énergies a systématisé la constitution de groupes de travail transversaux, appelés « groupes de réflexion et de propositions » ou GREP. Cela exige de la part du dirigeant l'intelligence de poser les bons problèmes et d'imaginer des solutions, la confiance suffisante pour se déposséder des dossiers, et la capacité intuitive à configurer des proto-communautés qui vont bien fonctionner. Cela suppose aussi une connaissance particulièrement approfondie des hommes et des femmes de l'entreprise, ce qui est la marque distinctive des grands capitaines.

Les « groupes transverses » chez Nissan[2]

Carlos Ghosn, infatigable travailleur, était surnommé *Seven-Eleven* chez Nissan, en référence à l'enseigne de supermarchés éponyme et en raison de ses horaires de travail. Après sa nomination à la tête de Nissan en 1999, il visite l'entreprise de fond en comble et rencontre des centaines de personnes. Il comprend qu'il faut complètement réorganiser le réseau de distribution Nissan au Japon, et se persuade qu'on peut en économiser au moins 20 % des coûts. Pourtant, il ne communique pas ce chiffre. Il crée un « groupe transverse », chargé de concevoir un plan opérationnel pour réduire ces coûts, et de le défendre en comité de direction.

Un groupe transverse est une structure *ad hoc*, nommé par la direction générale, constitué de cadres et d'ingénieurs d'horizons différents, peu habitués à travailler ensemble, et choisis sur la base de critères de légitimité, tant sur le plan du pouvoir de décision que sur celui de la pratique quotidienne.

---

1. L'adhésion de la Chine à l'Organisation mondiale du commerce est de même nature. Le gouvernement chinois force sa bureaucratie à se moderniser en l'obligeant à travailler suivant de nouvelles règles sur lesquelles elle n'a pas autorité.
2. Source : Carlos Ghosn et Philippe Riès, *Citoyen du monde*, Grasset, 2003.

> Carlos Ghosn donne alors la clé du fonctionnement de ces groupes transverses lorsqu'il écrit à propos d'une discussion avec ce groupe en particulier : « *J'ai compris que si je demandais plus de 11 % de réduction sur les coûts actuels, je n'aurais plus leur adhésion. J'ai donc accepté leur proposition.* »
>
> C'est l'application du principe de subsidiarité : le chef commande, mais les subordonnés s'engagent.

L'organisation d'un marché interne

Une deuxième tactique consiste à créer, avec l'aide des ressources humaines, *un marché interne*. On suscite un environnement de compétition entre élites, où l'on ne peut espérer gagner la compétition et acquérir un statut qu'en partageant ses connaissances. Certains cabinets de conseil ont ainsi mis en place un marché du travail interne, où l'on ne peut obtenir de responsabilité sur un projet qu'au travers d'un mécanisme d'appel d'offres et de soumission. Ce même principe est parfois mis en œuvre dans les programmes de gestion de l'innovation. On donne aux différentes divisions de l'entreprise un budget dédié aux investissements sur des idées innovantes ; on organise un concours annuel où les meilleures idées de l'entreprise sont présentées ensemble sur un salon ; les personnes détenant ce budget d'investissement l'affectent aux idées qui leur plaisent le plus. On introduit en quelque sorte un système de financement par capital-risque à l'intérieur de l'entreprise, en se fondant sur l'idée que le marché est déjà un bon outil de transversalisation, qui permet au moins aux bonnes idées de trouver des investisseurs, et aux talents des employeurs. C'est un modèle de ce type qui est à l'œuvre dans le mouvement du logiciel libre. Toute une économie du logiciel peut effectivement en vivre, car la crainte majeure de tout professionnel de l'informatique est de perdre sa valeur en se spécialisant sur de mauvaises technologies appelées à disparaître. Or, aucun directeur informatique ne peut garantir cela à ses employés.

La déstabilisation du pouvoir en place

Une troisième tactique est de déstabiliser l'establishment. Un exemple particulièrement illustratif est le lancement du programme *Boundariless* chez General Electric au milieu des années 1980, visant à promouvoir la libre circulation des capitaux, des personnes et des idées au sein du groupe.

Jack Welch est sans nul doute l'homme qui aura le plus marqué la pensée managériale des années actuelles. Président-directeur général de General Electric entre 1981 et 2001, il a transformé une société réputée bureaucratique et endormie en icône de puissance mondiale, référence du New York Stock Exchange, et source d'un grand nombre d'études de cas signées de grandes *business schools*.

Jack Welch a compris très tôt la nécessité de casser les baronnies et de promouvoir la libre circulation des connaissances, et il a su engager son groupe dans cette voie nouvelle, marquée par la rapidité d'exécution. Sa philosophie ne fut pas tant de favoriser l'émergence de la collaboration sur le terrain que d'empêcher la consolidation d'un réseau de pouvoir au sommet qui réserverait les bonnes places aux copains au détriment de l'intérêt de l'entreprise. Jack Welch poussait ses subordonnés directs à collaborer en ne prêtant aucune attention à un projet qu'on lui soumettait si l'on avait omis d'en discuter au préalable avec des experts reconnus par Jack Welch lui-même, à l'intérieur et à l'extérieur de GE. Le postulat est que la performance d'une entreprise dépend avant tout de la qualité de ses dirigeants. La méthode combine autoritarisme et développement des personnes, en focalisant toute son attention sur les fonctions managériales de très haut niveau. Elle consiste essentiellement à réduire le noyau dur de GE à un petit groupe de dirigeants au statut incertain, et en permanence sur la sellette, afin de ne laisser aucun réseau de pouvoir s'installer durablement.

Il s'agit d'un système de sélection féroce des managers par leurs résultats. Ce n'est pas nouveau : ce sont des pratiques courantes dans les cabinets de conseil. C'est efficace, comme mettre des œillères à un cheval pour qu'il aille vite et tout droit. Mais la conséquence de ce traitement est aussi la perte de chaleur de l'organisation[1] par diminution de son capital social aux échelons de direction. Par ailleurs, les émules du « welchisme » oublient trop souvent que ce traitement de choc était accompagné d'un investissement exceptionnel en formation des managers, qui accroissait considérablement leur valeur sur le marché, dans l'hypothèse souvent vérifiée où ils seraient amenés à quitter l'entreprise.

---

1. Jack Welch parlant d'une petite société dirigée par une de ses amies : « *Il y régnait une culture familiale, ce qui veut dire que les résultats médiocres étaient généralement tolérés au nom de la bonne ambiance.* »

Ainsi, Jack Welch a misé avec succès sur la professionnalisation à marche forcée des managers de GE en reconfigurant complètement leur système d'apprentissage. Il a introduit dans les systèmes de gestion des dispositifs poussant à la réutilisation des bonnes pratiques managériales au sein de l'entreprise. Même si le changement mis en œuvre est néanmoins profond, cela reste un modèle dominé par les rapports de force et tendu vers la rapidité d'exécution. D'où le slogan de GE à l'époque de Welch : « Nous mettons au monde de bonnes choses » (*We Bring Good Things To Life*) qui insistait sur la capacité de l'entreprise à réaliser. Son successeur, Jack Immelt, a décidé quant à lui de s'attaquer à la question de l'innovation, avec un nouveau slogan pour GE : « L'imagination au travail » (*Imagination at Work*). C'est un nouveau cap.

Vers une nouvelle gouvernance des systèmes d'information ?

Les dirigeants qui se lancent dans un tel programme de changement culturel ne peuvent pas compter que sur eux-mêmes. Il leur faut orchestrer ce changement, en s'appuyant sur des structures très légères mais haut placées dans la hiérarchie, chargées de soutenir et d'accompagner le changement.

Créer une agence pour le travail en réseau

Lorsque le changement est amorcé sur le terrain et que plusieurs communautés de métier similaires se développent en parallèle, le moment est alors venu de coordonner leurs actions et de mutualiser leurs infrastructures de façon à permettre aux membres de plusieurs communautés de gérer au mieux leur temps. Il est alors utile de créer une structure de gouvernance légère, de type agence, dont la mission est de soutenir et accompagner le développement des communautés de pratique. Cette agence interne est en quelque sorte l'administration de cet ensemble de communautés de pratique qui forment la structure de base de ce qu'on peut appeler l'université d'entreprise.

Le rôle de cette agence est de fournir gratuitement aux communautés des services d'édition tels que :

* Formation ;
* Conseil, accompagnement ;

- Outils et méthodes ;
- Infrastructures de collaboration ;
- Promotion interne.

Elle fournit aussi aux commanditaires des services de mutualisation et de contrôle des coûts et des risques :

- Mutualisation des dépenses, et organisation des grands événements communs ;
- Standardisation des méthodes, outils, formats, métadonnées et taxinomies ;
- Focalisation de l'investissement sur des communautés réputées stratégiques ;
- Fusion des communautés de même nature.

Le programme Eureka des communautés de métier de Schlumberger a eu recours très tôt à une telle structure de gouvernance mondiale, qui harmonise le fonctionnement d'une vingtaine de communautés comprenant plus de 10 000 membres au total[1] et en assure la promotion, notamment à travers un portail d'accès unique (figure 26).

L'agence peut – et doit – proposer aux communautés des outils de collaboration génériques en lien avec la direction des systèmes d'information, mais son rôle est surtout de mailler l'ensemble des communautés en un système d'information unique. Or, si les activités de la communauté déterminent les outils à mettre en œuvre, sa capacité à communiquer et à interagir avec d'autres communautés est déterminée avant tout par les formats d'échange de contenus et de métadonnées.

L'agence doit intervenir d'une main légère et adopter elle-même une attitude collaborative. Les communautés de pratique sont des structures sociales vivantes, administrées par leurs membres et fonctionnant sur la base du volontariat. Elles doivent pouvoir s'approprier les méthodes et outils qu'elles utilisent, et donc au moins influer sur leur choix et leur mise en œuvre. Si l'on tente de leur imposer par le haut des modes de travail particuliers, on risque la désertion de ses membres, dont certains iront peut-être reconstituer leur communauté ailleurs en mode furtif. Les risques sont alors autrement plus importants : d'une part, la communauté devient une boîte noire, un nouvel îlot de communication

---

1. Chiffres 2005.

Figure 26. Page de garde du portail
des communautés Eureka de Schlumberger

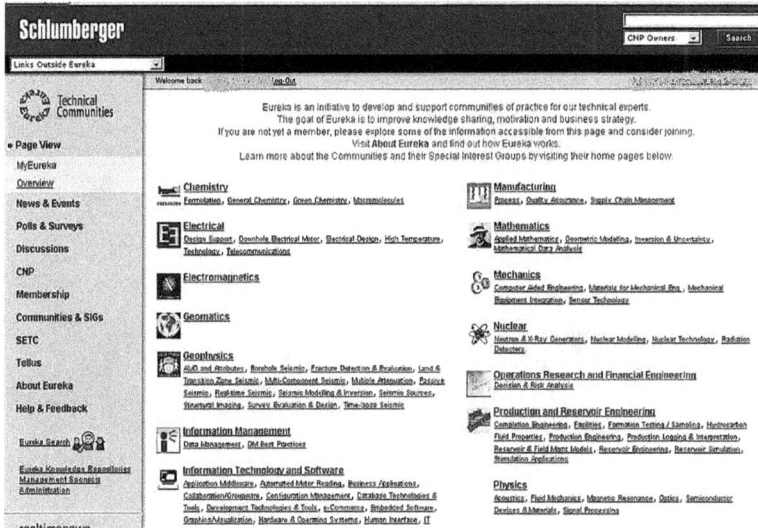

déconnecté du reste de l'entreprise, ce qui est précisément ce que les communautés se proposent de combattre ; d'autre part, la création d'un site de collaboration sur n'importe quel service d'hébergement du marché peut présenter des risques réels de fuite d'informations confidentielles vers l'extérieur.

Il est donc de loin préférable, du point de vue du partage des connaissances, d'avoir des communautés vivantes, avec une trop grande diversité de méthodes et d'outils qui interagissent entre eux, plutôt que de risquer de les faire disparaître en les forçant à entrer dans un cadre unique trop étroit ou inadapté. Dans le monde industriel, l'outil informatique était une ressource rare, et il était bien naturellement interdit d'utiliser les outils de l'entreprise à des fins personnelles. Aujourd'hui, c'est la connaissance qui est rare, et la proposition est renversée : il deviendra bientôt interdit d'utiliser des outils personnels à des fins professionnelles. C'est le rôle de l'agence d'y veiller.

Standardisation des méthodes d'apprentissage chez BP

En 1998, l'équipe centrale knowledge management de BP a focalisé le développement des communautés de pratique sur quelques domaines clés pour l'avenir de l'entreprise, comme le forage profond ou la modernisation des raffineries, et standardisé leurs activités d'apprentissage autour de trois méthodes principales :

1. **Le Peer Assist**, réunion provoquée où les meilleurs experts de l'entreprise donnent leur avis sur un projet en cours pour aider le chef de projet à prendre une décision importante ;

2. **L'After Action Review**, démarche structurée de réflexion collective, juste après un jalon important sur un projet ;

3. **Le Retrospect**, étude de cas approfondie réalisée sur un projet achevé, particulièrement porteur d'enseignement.

Ces trois activités parfaitement codifiées et conceptuellement simples forment la base du système d'apprentissage de l'université d'entreprise. Elles ont lieu dans le cadre du travail, et en quasi-temps réel par rapport aux besoins d'apprentissage exprimés.

Une nouvelle gouvernance des systèmes d'information

Dans une telle transition culturelle, la maîtrise du système d'information est une clé de réussite. Un système d'information bien pensé permet le développement de la collaboration et des communautés, et les communautés lui confèrent en retour toute sa puissance.

Le système d'information d'une entreprise moderne est comparable à une ville, tant par l'architecture que par la dynamique de construction. Les grands outils d'automatisation de processus comme les ERP en sont les usines et les bureaux, les communautés en sont les routes, les outils de collaboration en sont les voitures, et le Code de la route est constitué des différents standards d'interopérabilité et de droits d'accès qui permettent aux informations de circuler librement à travers les diverses applications. La mission de la direction des systèmes d'information est de ce fait de plus en plus complexe. Elle n'est plus seulement architecte et maître d'ouvrage des infrastructures, mais elle s'occupe aussi de l'urbanisme, de l'aménagement du territoire, de l'homologation des véhicules, du Code de la route, de la police… La direction des systèmes d'information des grandes organisations ne peut plus se comporter comme une société de chemin de fer qui posséderait à la fois les infrastructures ferrées et le matériel roulant, alors que les employés disposent désormais de voitures et qu'ils ont en fait surtout besoin de routes et de signalisation. Il faut donc faire évoluer la gouvernance des systèmes d'information pour tenir compte de cette nouvelle donne.

Les SI dans l'économie industrielle : le déploiement de masse

Dans les départements informatiques, comme partout, on a pris l'habitude de justifier les investissements par le retour sur investissement qu'on peut en espérer. C'est pourquoi la plupart des grands systèmes d'information d'entreprise, c'est-à-dire ceux qui attirent l'essentiel des budgets, ont pour objectif d'automatiser les processus d'échange de données, dans une perspective de contrôle des coûts. Pour tout ce qui a trait à la collaboration, c'est-à-dire à ces outils permettant de travailler ensemble de façon spontanée, les directions informatiques sont désarmées. Incapables d'en justifier l'introduction par les gains de productivité prévisionnels, elles adoptent alors une attitude suiveuse. Elles ne déploient de nouveaux outils de collaboration que lorsqu'ils deviennent incontournables, comme jadis la messagerie et le fax, et continuent de justifier l'investissement par la réduction des coûts de déplacement, ce qui est extrêmement réducteur. Et personne ne s'interroge véritablement sur la pertinence d'une organisation où les employés passent le tiers de leur journée à répondre à leur courriel, le tiers à rédiger des présentations Powerpoint et le tiers à discuter de ces présentations en réunion.

Les SI dans l'économie postindustrielle : les trois horizons

Une stratégie portant sur le système *d'information* – par opposition au système *informatique* – postule que les outils informatiques sont des *véhicules* à durée de vie limitée qui permettent à des groupes de collaborer. Ils marchent bien quand les utilisateurs se les approprient totalement et négocient ensemble l'usage qu'ils en feront. Le développement des outils de collaboration s'apparente à celui de l'automobile au début du XXe siècle. À cette époque, les individus se sont soudain appropriés de nouveaux moyens de transports individuels, et l'on a assisté à une dissociation entre les véhicules, d'une part, et la réglementation et les infrastructures routières, d'autre part. De même, ce sont les personnes et les groupes qui s'approprient blogs, wikis et autres outils collaboratifs, et ils le font dans un contexte de collaboration précis.

Le rôle d'une direction des systèmes d'information se diversifie. Il consiste maintenant à construire des routes (infrastructures réseau), homologuer les voitures (applications logicielles), élaborer un code de la route (standards d'interopérabilité) et le faire respecter (habilitations et contrôles). La démarche d'introduction des outils de collaboration dans l'entreprise ne peut donc plus être représentée par le cycle habituel du développement industriel (spécification, développement, validation, lancement) mais bien par celui de l'innovation évoqué plus haut : une expérimentation réussie au niveau local (1) donne lieu à des projets pilotes en vue d'étendre le champ d'expérimentation (2), et enfin à des outils et des infrastructures standardisés pour toute l'entreprise si les pilotes donnent satisfaction (3). C'est une démarche de centralisation graduelle des responsabilités et des charges, dite des « trois horizons » à la DSI du Bureau Veritas (figure 27).

Figure 27. Les « trois horizons » d'introduction
des outils de collaboration en entreprise

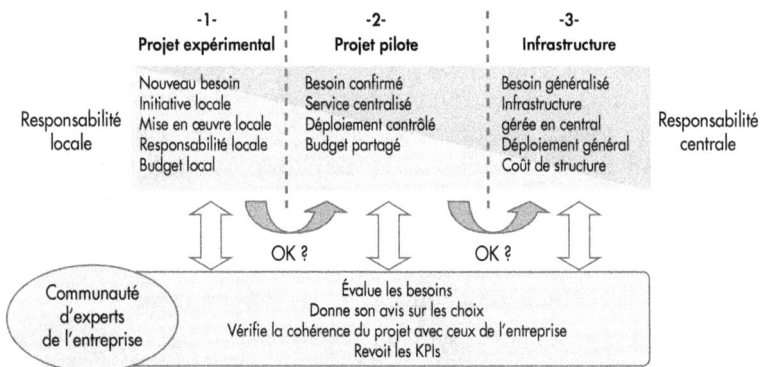

On retrouve en miroir les mêmes principes dans l'industrie du logiciel, où ce sont les petites start-up qui expérimentent de nouvelles applications de collaboration dans les mondes de la bureautique, des moteurs de recherche, de la communication ou des processus. En cas de succès, ces applications se répandent et se retrouvent progressivement intégrées dans les suites logicielles des grands acteurs de l'offre. La figure 28 montre cette évolution des « en trois temps » des outils de collaboration innovants :

1. Apparition dans le monde ouvert de l'Internet pour un usage personnel (périphérie) ;

2. Utilisation dans le monde professionnel en tant que service en ligne (intermédiaire) ;

3. Intégration dans les grandes suites logicielles d'infrastructure des grandes organisations (centre).

Figure 28. Positionnement des applications de collaboration sur le Web avec, au centre, les infrastructures des grandes entreprises[1]

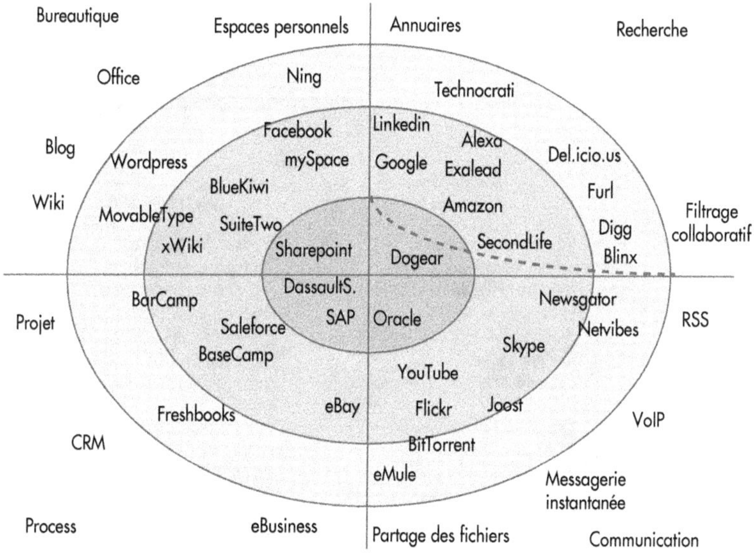

Pour bien fonctionner, cette démarche nécessite la mise en place d'une communauté de pratique sur les outils de collaboration[2] mandatée par la DSI pour partager les bonnes pratiques de choix et d'usage des outils et pour convenir de standards d'interopérabilité (formats et métadonnées) qui vont leur permettre de travailler ensemble.

Une telle approche organique d'agrégation contrôlée d'initiatives locales est difficilement compatible avec la stratégie actuelle d'externalisation de la fonction informatique, considérée comme ne faisant pas partie du cœur d'activité de l'entreprise. Il faut donc s'attendre à un rééquilibrage, lorsque les entreprises abandonneront une partie du contrôle sur les matériels et sur les outils logiciels utilisés par les employés au profit d'une

---

1. Source : Institut Boostzone.
2. Cette communauté peut éventuellement être commune à plusieurs entreprises désireuses d'adopter des standards communs dans le cadre d'une alliance stratégique.

réglementation plus approfondie sur les standards d'interopérabilité et la gestion des accès aux applications et fichiers de l'entreprise.

Dans un monde où l'interopérabilité des applications de collaboration sera généralisée, la sécurité (confidentialité, droits d'accès, copyright) devra être gérée au niveau granulaire des contenus et des personnes, afin que l'entreprise puisse observer et contrôler la circulation planétaire de tout contenu qui relève de sa tutelle (figure 29).

Figure 29. Collaboration en réseau : gestion des contenus et des accès[1]

	Fermé (Intranet)	**Gestion des contenus**	Ouvert (Extranet, Web)
Gestion des accès — Fermé (Habilitation)	**Espaces stratégiques de collaboration interne** Maîtrise totale des applications et des usages Propriété intellectuelle de l'entreprise *Exemple : ERPs, espaces projets, R&D*		**Espaces des alliances (entreprise étendue)** Réglementation des usages Propriété intellectuelle partagée *Exemple : communautés de standardisation, communautés de pratique étendues*
Ouvert (Identification éventuelle)	**Espaces de communication interactive interne** Homologation des applications Restriction des usages *Exemple : communautés d'intérêt, forums internes de discussion*		**Espaces de communication interactive externe (Web)** Contrôle limité aux restrictions d'usage (image de l'entreprise) *Exemple : blogs, forums externes*

Principes de gouvernance du système d'information

Un employé pourra alors utiliser son PC et ses outils de bureautique personnels, mais il se munira d'une clé ou d'une carte à puce d'identification et de chiffrage pour entrer dans le réseau privé de l'entreprise et échanger des informations opérationnelles avec ses diverses communautés d'appartenance parrainées par l'entreprise. S'il venait à quitter l'entreprise, il perdrait sa clé, disparaîtrait des listes de membres de certaines communautés, et ne serait plus en mesure de lire certains documents confidentiels, quand bien même ils auraient été téléchargés sur son disque dur.

On s'oriente donc vers une direction des systèmes d'information en réseau, chargée de constituer un système d'information unique à partir

---

1. Source : Institut Boostzone.

d'une grande diversité d'applications, de serveurs et de bases de données, dont la gestion sera en partie externalisée.

Les places de marché virtuelles : Siemens Sharenet

Dans le monde virtuel, on peut citer la société Siemens comme l'un des pionniers de l'utilisation des outils de collaboration du Web pour organiser un campus virtuel étendu à toute l'entreprise. Le programme Sharenet, lancé dès 1997, est l'un des rares programmes de knowledge management de cette époque qui soit encore cité comme un succès, car les dirigeants de Siemens avaient bien compris que la priorité était de connecter les personnes et non de collecter des documents.

Le système Sharenet est l'un des tout premiers intranets d'entreprise conçu comme un système d'entraide. Il se caractérise par une grande richesse fonctionnelle :

- Service de mise en relation des personnes avec feedback, commentaires, alertes ;
- Service de réponse rapide aux questions (*Urgent Requests*) ;
- Forums de discussion, en modes asynchrone et synchrone ;
- Moteur de recherche ;
- Profils d'utilisateurs ;
- Service d'administration des communautés ;
- Système de gestion des tâches ;
- Calendrier d'équipe ;
- Librairie de connaissances structurées sur les projets, les marchés, les technologies, les produits, les concurrents, etc. ;
- Métrique associée à un système de récompenses.

Dans le rapport annuel de 2000, Heinrich von Pierer, alors président du directoire de Siemens AG déclarait : « *La première priorité, étape capitale pour notre future efficacité, est la mise en réseau et la gestion électronique de tout le savoir interne de l'entreprise.* »

Synthèse : le « décalogue du changement culturel »

En 2004-2005, la communauté CoP-1 des responsables de programmes de KM de grandes entreprises françaises[1] s'est réunie à plusieurs reprises pour définir ensemble les conditions de succès d'un programme

---

1. www.cop-1.net.

de développement de communautés de pratique en entreprise, en se fondant sur l'expérience de chacune des entreprises représentées par les membres de la communauté. Il en est sorti quelques idées fortes rassemblées dans ce petit « décalogue du changement », que tout dirigeant tenté par l'aventure de la collaboration en réseau peut utiliser comme viatique et méditer, avant de songer à créer une équipe de soutien aux réseaux et communautés.

1. Tu profiteras d'une crise

On n'engage pas de changement culturel profond sans raison valable.

Dans bien des hôpitaux, les urgences sont le seul endroit où la coopération entre les différents métiers se fait sans heurts. En situation de crise, toutes les pièces du puzzle trouvent le moyen de s'emboîter. Un but supérieur, qui se traduit par un cri de ralliement (sauver une vie), unit les hommes au-delà des ambitions personnelles.

C'est pourquoi Lou Gerstner, ancien P-DG d'IBM, rappelait aux étudiants de Harvard en 2002 qu'aucune institution ne s'engage dans un réel processus de transformation culturel sans avoir le sentiment d'être en grand danger et sans être intimement convaincue de la nécessité d'adopter de nouvelles façons de travailler. De même, la société ABB ne s'est véritablement engagée dans sa propre transformation vers la collaboration en réseau qu'en raison de la grave crise qu'elle a traversée entre 1997 et 2001. Les coups durs ont souvent pour effet d'engendrer des sursauts de solidarité lorsque des managers habituellement rivaux s'aperçoivent que le navire prend l'eau, et que l'entreprise ne pourra s'en sortir que si tout le monde s'y met ensemble. C'est pourquoi la grande majorité des programmes d'entreprise visant à mettre en place la collaboration en réseau ont été lancés à l'occasion des crises que sont les grandes fusions : BP/Amoco, HP/Compaq, Lafarge/Blue Circle, Aceralia/Usinor/Arbed, Renault/Nissan, Crédit Agricole/Crédit Lyonnais… Les dirigeants prennent alors pleinement conscience de l'enjeu socioculturel consistant à réunir deux entreprises jusqu'alors concurrentes, et consentent à mettre les moyens en œuvre pour créer des liens forts entre des employés qui se livraient jusqu'alors une concurrence acharnée.

Le cas de Lafarge illustre bien cette démarche de transformation lancée à l'occasion de la fusion avec Blue Circle en 2001. Une équipe centrale de soutien aux communautés (équipe knowledge management) fut créée à cette occasion au sein de la direction des systèmes d'information, avec pour objectif de développer le partage des connaissances entre les deux entreprises :

- **En phase 1**, l'équipe se concentra sur les outils et méthodes du partage des connaissances. Elle publia un guide destiné à tous les chefs de projet pour les aider à introduire une composante « partage des connaissances » dans les nouveaux projets. Elle élabore un répertoire de bonnes pratiques pour les divisions et les fonctions centrales. Elle développa un annuaire de tous les employés comprenant des pages personnelles. Elle établit les fondations techniques de la collaboration interne : portail, moteurs de recherche, outils de collaboration. Elle constitua une petite équipe de soutien pour la mise en œuvre de ces méthodes et outils sur le terrain ;

- **En phase 2**, à partir de 2004, l'équipe encouragea le développement de communautés de pratique dans les divisions, en diffusant méthodes et outils partout dans le groupe ;

- **En phase 3**, considérant que le changement culturel était désormais en marche et que la démarche engagée était cohérente, l'équipe centrale KM a remis son mandat, et les différentes divisions fonctionnelles ont repris en main les pièces du dispositif.

De son rôle passé, il reste aujourd'hui l'animation d'une communauté de pratique sur le partage des connaissances, dont les recommandations annuelles sont prises en compte dans les plans d'actions de chaque division fonctionnelle.

De même, lors de la fusion d'Usinor, Aceralia et Arbed pour créer Arcelor en 2001, le développement du partage des connaissances entre les trois sociétés fusionnées a été immédiatement reconnu par Francis Mer comme une priorité stratégique. Cette priorité s'est traduite par le lancement d'une première communauté de pratique pilote sur le terrain dans le métier de la galvanisation, avec un objectif opérationnel pragmatique et précis : accélérer le transfert de connaissances en vue de la création d'une nouvelle usine au Brésil. Le projet a été parrainé par un membre du comité exécutif, qui a exigé des résultats rapides et une communication appropriée de ces résultats. Il a été accompagné sur le terrain par la mise en place de ressources, de méthodes et d'outils d'animation. Le succès de l'initiative et l'enthousiasme qu'elle a suscités ont permis d'en lancer d'autres, et de lancer en janvier 2003 un programme d'entreprise,

Arcelor University, programme mondial visant à développer au sein de l'entreprise une culture de partage et de capitalisation des connaissances.

2. Tu feras du changement un programme d'entreprise

Un changement culturel nécessite des ressources, un budget et une autorité de contrôle.

Toute transformation culturelle d'une entreprise s'effectue dans la durée et doit être accompagnée par un programme d'entreprise conduit par la direction générale et confié à une petite structure d'animation (agence).

Le groupe chimique Solvay dispose ainsi d'une équipe centrale de management des connaissances (knowledge management) composée de cinq personnes d'origines diverses – ressources humaines, ingénierie, recherche, intelligence économique… –, interagissant en permanence et travaillant pour leurs clients internes avec des méthodes de consultant facilitateur. Cette équipe a reçu pour mission de professionnaliser toutes les initiatives de collaboration en réseau et de partage des connaissances. Initialement créée par le P-DG et rattachée à celui-ci, elle relève aujourd'hui de la direction financière et du contrôle de gestion. Financée initialement sur un budget central, elle facture de plus ses services dans l'objectif de couvrir la majeure partie de ses coûts de fonctionnement.

L'équipe n'intervient en assistance d'un client interne que dans la mesure où il s'approprie complètement son projet en assumant la maîtrise d'œuvre. En outre, elle n'accompagne que les initiatives qui disposent d'un terreau propice au changement. Seules celles qui présentent une bonne chance de réussite sont retenues, car il faut pouvoir convaincre par l'exemple. Un des critères principaux est l'engagement réel du client interne, matérialisé par une facturation interne.

Les projets commencent toujours par de la pédagogie, en privilégiant les groupes de travail. Les besoins de transfert de savoir sont identifiés et traduits sur un « cycle de vie de la connaissance ». Pour chaque étape du cycle, l'équipe KM de Solvay a identifié et expérimenté des méthodes et outils de collaboration efficaces. On peut citer par exemple une pratique d'explicitation du savoir tacite en vigueur à la Banque Mondiale, consistant à filmer en vidéo une succession de courtes interviews d'experts sur le point de partir en retraite, et à les placer ensuite dans des rubriques d'aides e-learning en temps réel sur le portail de l'entreprise.

Le constructeur aéronautique Airbus a également créé une équipe centrale en charge du développement des connaissances pour les métiers de l'ingénierie. C'est une équipe, plus lourde, de 25 personnes réparties dans trois pays. En effet, Airbus dépense annuellement 20 millions d'heures d'ingénierie au sein de 300 entités dans quatre pays, et la mobilisation des connaissances y est reconnue comme un axe stratégique d'intégration du groupe. La mission de cette équipe est d'améliorer continûment l'efficacité des opérations par une meilleure utilisation du savoir collectif de l'entreprise. Afin d'être reconnue par l'organisation dont elle se propose de changer les modes de travail, elle mène des projets dont les livrables sont des infrastructures et des véhicules permettant aux connaissances de circuler librement :

- Identification des domaines de connaissance à cultiver en priorité ;

- Outils de capture et de diffusion des bonnes pratiques et de retours d'expérience ;

- Annuaires d'entreprises avec localisation d'expertise ;

- Transfert intergénérations ;

- Communautés de pratique.

L'équipe estime faire économiser environ 15 millions d'euros par an à l'entreprise en productivité pure, à l'exclusion de toute création d'actifs intangibles telle que la réduction des risques de perte de savoir-faire, la qualité des produits et la satisfaction des clients.

3. Tu communiqueras beaucoup pour capter l'attention

Sans campagne de communication systématique pour faire connaître les progrès du programme de transformation, il risque d'être étouffé par l'ancienne culture.

L'une des plus grandes difficultés lorsqu'on lance un programme de changement est de fixer l'attention des employés suffisamment longtemps pour qu'ils y croient. La vie d'entreprise est en effet parfois émaillée d'initiatives sans lendemain, et les employés ont besoin de signes forts qui prouvent que celle-ci est sérieuse. Ils y croient quand le discours est souvent répété à l'identique, et lorsque le changement prôné touche tout le monde et à tous les niveaux.

Le programme Networking Attitude de Danone, qui a pour objet de faire circuler les bonnes pratiques au sein d'un groupe à culture très décentralisée, est en grande partie fondée sur l'organisation d'activités collectives et théâtralisées lors des séminaires d'entreprise ; un exemple est la place de marché. Comme son nom l'indique, il s'agit d'organiser l'échange des bonnes pratiques, comme s'il s'agissait de biens échangés entre donneurs (*givers*) et preneurs (*takers*). Afin de briser les barrières liées au statut des personnes dans la hiérarchie de l'entreprise, ces marchés à la connaissance sont organisés comme des carnavals costumés, avec un thème dominant comme « un marché provençal » ou « la guerre des étoiles ». Pendant quelques heures, les managers déguisés vont d'un stand à l'autre au gré de leurs intérêts du moment et « achètent » les bonnes pratiques qu'ils souhaiteraient mettre en œuvre dans leur propre organisation. Les dirigeants de l'entreprise, déguisés eux aussi, jouent un rôle de facilitateurs/orienteurs. Les organisateurs s'attachent alors à repérer qui achète quoi pour pouvoir jouer par la suite un rôle de médiateurs entre donneurs et preneurs et s'assurer que le transfert a bien eu lieu.

Chez Nestlé, l'équipe de communication interne, aidée de l'agence de communication Ogilvy, a organisé en 2006 le concours annuel mondial de la meilleure communication extérieure dans le cadre du nouveau programme d'entreprise de Nestlé. Le point culminant de ce concours, dont le prix à gagner était un billet pour le festival de Cannes pour toute l'équipe gagnante, fut une émission de télévision de remise de prix par la direction générale, suivie par toute l'entreprise. Elle a établi les fondements d'une communauté de pratique mondiale de tous les responsables de communication, et l'a légitimée par le parrainage visible de la direction générale.

Dans tous les cas évoqués ci-dessus, l'équipe de communication de l'entreprise a été mobilisée pour accompagner le changement, non pour le susciter.

4. Tu t'aligneras sur la stratégie de l'entreprise
Toujours rester au service du projet d'entreprise.

Toute initiative de développement de la collaboration en réseau qui n'est pas centrée sur un objectif stratégique à long terme de l'entreprise a peu de chances de réussir.

La démarche adoptée par Sir John Browne, alors P-DG de BP, pour engager la transformation de l'entreprise est partie de la stratégie.

D'abord, la question du développement des connaissances a été mise à l'ordre du jour. On a alors fait l'inventaire des connaissances collectives qui devaient être cultivées et développées pour permettre à l'entreprise de bien mener son projet à dix ans. Ce travail de fond a abouti à une cartographie des projets opérationnels les plus critiques du point de vue de la connaissance, c'est-à-dire ceux pour lesquels la mobilisation des connaissances collectives accumulées dans l'entreprise pouvait apporter un avantage décisif : le rétrofit des raffineries, le forage profond, la distribution au Japon...

La mobilisation de ces connaissances fut confiée à un *Chief Knowledge Officer* faisant partie du comité de direction. Le programme associé fut organisé en deux volets :

• Une partie visible : le programme Connect, un annuaire interne des personnes, avec recherche possible par savoir-faire et expertise, comme les « pages jaunes » ;

• Une partie invisible : la création d'un réseau de communautés de pratique portant sur les domaines réputés critiques.

Le programme Connect, qui avait pour objectif de créer un annuaire des experts du groupe et de mettre en place un forum de questions et réponses, était le plus spectaculaire et avait une valeur symbolique. Il montrait l'attachement de la direction générale à engager la transformation en réseau de l'entreprise. Mais la direction de BP ne s'y trompait pas. Il était bien plus important, et bien plus difficile, d'organiser les événements, les rencontres et les groupes de travail qui allaient effectivement servir à mobiliser toute la connaissance de l'entreprise sur un projet particulier. Ce fut la contribution essentielle de l'équipe programme que d'y parvenir en accompagnant le développement des communautés de pratique et en diffusant quelques méthodes de collaboration particulièrement adaptées à la situation.

5. Tu donneras au programme un objectif opérationnel
Identifier clairement le problème à résoudre.

La pertinence stratégique sur le long terme ne suffit pas à garantir la réussite d'un programme de changement. Pour éviter l'essoufflement, il faut en plus légitimer la démarche avec des réussites à court terme de résolution de problèmes opérationnels précis.

Chez Schneider Electric, la clé du succès commercial réside dans la connaissance intime de l'application du client, une présence effective dans les réseaux de prescription et la détection des projets nouveaux très en amont de l'appel d'offres. De plus, le terrain de jeu est désormais mondial, et l'on peut gagner un contrat en Grande-Bretagne grâce à des actions menées avec succès en Algérie. Au cours de son exercice stratégique 2000, Schneider avait identifié de réelles opportunités de croissance en menant une approche de mutualisation des connaissances de l'ensemble du groupe sur des métiers ciblés de ses clients, en liaison étroite avec les clients eux-mêmes, fabricants de machines et d'équipements. Mais le modèle d'organisation historique de Schneider étant axé sur le binôme ligne de produits/zone géographique, il s'agissait d'un vrai programme de changement, très exigeant du point de vue du partage des connaissances.

En 2001, on décida la création des « centres applications », pierre angulaire du dispositif de mutualisation des ressources. Les centres applications sont des organisations légères, auxquelles on a confié la mission de développer et de codifier la connaissance des applications des clients dans un segment de marché donné (machines d'emballage, levage industriel, ascenseurs, etc.) et de la mettre à disposition des forces de vente, sous forme de documents, de programmes de formation ou de support technique d'expert.

L'originalité de la démarche adoptée par Schneider a été de concevoir ces centres de compétence applicative comme des organisations de terrain implantées dans les pays, au plus près des clients, tout en ayant une responsabilité mondiale. C'est ce que permettaient les communautés de pratique.

Le gérant, pour « vendre » son programme, a tenu un double discours. Aux managers des pays, le programme de création des centres applications a été présenté comme un accord de mutualisation des ressources marketing entre pays, en vue d'une meilleure productivité de la fonction. Aux futurs membres des communautés de pratique gérées par les centres applications, il a été présenté comme un programme d'entraide et de formation leur permettant de mieux faire leur travail au quotidien.

Le coût d'initialisation d'un tel programme était néanmoins élevé. Les activités d'apprentissage collectif au sein de communautés de pratique demandent du temps et des efforts, des réunions et des voyages, ainsi

qu'une certaine maîtrise des outils de collaboration et de gestion documentaire. Schneider Electric reconnut qu'on ne pouvait pas faire porter
aux pays l'intégralité de cette charge si l'on voulait que le projet démarre.
Les activités de gouvernance du réseau de connaissances des centres
applications furent donc imputées sur des budgets centraux. Dans
certains cas, les équipes *corporate* prirent même des responsabilités direc-
tes d'animation dans certaines communautés de pratique, afin de leur
donner une impulsion initiale avant de passer la main aux praticiens
eux-mêmes.

Après seulement un an d'existence formelle, certains nouveaux contrats
de ventes pouvaient déjà être attribués à l'existence des centres applications et des communautés de pratique associées. Par exemple, un nouveau client constructeur d'ascenseurs s'approvisionne désormais chez
Schneider Electric, car la communauté « ascenseurs » a su l'assister dans
le choix du matériel à utiliser pour respecter les nouvelles normes de
sécurité des ascenseurs, à l'élaboration duquel participait un membre de
la communauté.

Cependant, si la création de valeur se mesure bien *in fine* par une croissance de la marge contributive, elle se mesure aussi sur toutes les étapes
intermédiaires qui y conduisent. Il en est ainsi par exemple d'un surcroît
d'intimité avec les clients, né de la capacité nouvelle à mobiliser les
meilleurs experts du groupe pour résoudre leurs problèmes. Ainsi, un
prospect italien, qui n'avait jamais souhaité travailler avec l'entreprise,
s'est engagé dans un projet de conception conjointe d'un nouvel équipement, car Schneider Electric a su constituer une équipe franco-italienne
de ses meilleurs spécialistes et la mettre à son service. Il en fut ainsi également de la création d'une nouvelle offre de variation de vitesse, dont les
spécifications fonctionnelles naquirent d'un travail de partage et de synthèse au sein de la communauté internationale « ascenseurs ».

En soutenant la formation de communautés locales dans les réseaux de
vente des pays, Schneider Electric s'est ainsi donné les moyens de
s'adapter plus facilement aux évolutions du marché et de gagner de
nouveaux projets. En partageant les connaissances entre pays sous
forme d'« astuces » et de « tuyaux » au sein des communautés internationales, on a renforcé la crédibilité du groupe et amélioré les résultats
dans chacun des pays. Enfin, parce qu'elles transcendaient les territoires
et les budgets et tissaient des liens ouverts entre pays, les équipes marketing centrales ont été bien accueillies et leur rôle a été reconnu. Sans leur

impulsion, la dynamique du système de partage de connaissances n'aurait pas pu se mettre en place.

6. Tu intégreras le changement dans les processus opérationnels

Veiller à ce que l'action des réseaux et communautés s'insère bien dans le quotidien.

Si la collaboration en réseau n'est pas intégrée dans les processus de travail de l'entreprise, elle ne pourra pas s'imposer comme une évidence. Les grands cabinets de conseil en management, qui vivent de la connaissance, l'ont souvent bien compris.

Ainsi, le portail d'entreprise GXC (Global Exchange) de Bain Consulting se compose de trois espaces : la base de connaissances du cabinet constituée de documents d'apprentissage catégorisés, l'« université » en ligne constituée d'un ensemble d'outils méthodologiques et de modules d'enseignements, et le centre de documentation constitué de plusieurs moteurs de recherche associés à des bases de données extérieures auxquelles le cabinet est abonné.

La navigation dans la base de connaissances s'appuie sur un double référentiel : industries et pratiques. Sa structure documentaire est fondée sur les cas clients (résumés de missions passées). D'autres documents d'apprentissage plus synthétiques y figurent, comme les « points de vue », documents élaborés par les *practice areas* pour illustrer une problématique et l'approche de Bain pour la résoudre. Ces derniers documents synthétiques, créés suivant un triptyque constat/implication/réactions à avoir, sont beaucoup utilisés en avant-vente. Le fonctionnement de ce portail est assuré par quatre groupes de personnes :

1. Les *Information System Managers*, qui élaborent des dossiers de documents pour les consultants (les anciens documentalistes) ;

2. Les *Knowledge Brokers*, chargés de la gestion du système documentaire au jour le jour (technique, codification et contenu) ;

3. Les *Knowledge Officers*, chargés de relayer les messages dans les zones géographiques et d'animer le recueil des documents ;

4. Les *Area Practice VPs*, qui assument les tâches de leadership et d'animation au sein de leur pratique et qui utilisent GXP comme vecteur de communication.

L'approche est très pragmatique, et fondée sur le principe de la réutilisation de savoir acquis ailleurs. L'objectif est le profit, et toute nouvelle initiative doit faire la preuve de la valeur créée dans cette perspective. Chaque bureau de Bain est un centre de profit et dispose d'un petit budget de « codification », qui permet d'alimenter le système documentaire commun. Dans le cas où un document élaboré pour la base de connaissances est réalisé par plusieurs bureaux, il n'y a pas de facturation interne. La facturation entre bureaux n'intervient que lorsqu'il s'agit de temps facturable à un client.

Les incitations à faire vivre ce système sont concentrées sur les managers des bureaux. Ils sont intéressés aux résultats obtenus par l'ensemble de l'organisation par des mécanismes de part variable du salaire. En ce qui concerne les consultants, l'implication est obtenue par le biais des objectifs annuels, dans lesquels est pris en compte l'impératif de contribution à GXC.

7. Tu obtiendras le parrainage d'un dirigeant bien en vue

Faire parrainer le programme par un dirigeant ayant autorité sur le territoire de ressources touché par le programme.

On ne le répétera jamais assez : sans l'implication d'un parrain à très haut niveau dans l'entreprise qui légitime l'équipe d'accompagnement du programme, l'initiative de changement ne peut pas réussir. Lors du lancement officiel du programme Valeo Collective Memory chez Valeo, Thierry Morin, président du directoire, a annoncé clairement son parrainage : « *Cet investissement dans la mémoire collective de Valeo montre l'importance de la contribution des connaissances de nos employés à la performance de l'entreprise. Le développement de systèmes automobiles avancés pour nos clients dans le monde entier nécessite de partager efficacement les connaissances dans l'ensemble de l'entreprise pour utiliser efficacement tout le potentiel de notre entreprise.* »

Toujours dans le secteur automobile, la direction technique de Montupet a bien compris l'importance du parrainage lorsqu'elle a lancé son programme d'amélioration des procédés de fabrication. Ce programme a été mené sous la responsabilité directe du directeur général technique, qui s'est engagé personnellement dans toutes les phases clés du projet et qui rendait compte de son avancement au P-DG.

Montupet, fondeur d'aluminium français, travaille pour l'industrie automobile, essentiellement en Europe et en Amérique du Nord. Il produit des pièces hautement sollicitées ou des pièces de sécurité, en particulier pour les moteurs. Son produit phare est la culasse, pièce de fonderie extrêmement complexe. Montupet emploie 4 000 personnes sur onze sites industriels dans le monde. Le programme de collaboration en réseau de Montupet, lancé en mai 2000, s'est focalisé sur la maîtrise des procédés de fabrication des culasses. Il s'agissait de tirer parti des meilleures pratiques de l'entreprise en matière de conception d'outillages et d'en déduire une méthodologie de travail et des processus de conception. En effet, au cours des années 1990, la puissance par cylindrée a été multipliée par deux, la précision dimensionnelle de fonderie s'est accrue d'un facteur quatre, et la pression sur les prix et les délais d'industrialisation n'a cessé de croître. Il s'agissait donc de mettre en place un système d'amélioration permanente des méthodes de travail en vue d'accélérer les cycles de conception/développement/industrialisation et de repousser en permanence les limites du faisable. Ainsi est né le programme SMP (pour « système de maîtrise des procédés » ou « simple-mieux-pratique » suivant les publics).

Le programme SMP a commencé par susciter la création de communautés de pratique, et en a assuré l'animation en vue de converger vers la standardisation des meilleures pratiques. Le référentiel commun qui en résulte, expression vivante du savoir-faire de l'entreprise sous forme d'une encyclopédie pratique et vivante de procédures et de gammes de fabrication, est reconnu et utilisé. Ainsi, les reconceptions lourdes ont disparu, et l'essentiel des énergies sert à repousser les limites de faisabilité, en s'appuyant sur le savoir capitalisé.

8. Tu confieras le programme à des professionnels du terrain

L'administration et l'animation de réseaux de connaissances, cela s'apprend.

La mise en place opérationnelle de la collaboration en réseau fait appel à trois compétences clés : la dynamique de groupe, la technologie, la communication. On doit confier la responsabilité du programme à une personne qui maîtrise ces trois compétences.

La communauté de pratique des commerciaux de La Banque Postale dans le Loiret est née en 1999 de l'initiative d'un responsable soutien opérationnel, Éric Laurent, qui s'est passionné pour l'économie des communautés et qui a beaucoup travaillé et expérimenté avant de se lancer. Sa première communauté de pratique d'environ 60 membres actifs, centrée sur la thématique de la vente des produits de retraite, se réunit selon un rituel bien rodé et systématique depuis six ans. La philosophie d'animation est de permettre à tous les commerciaux de « voir faire les meilleurs ». Tous les quinze jours, les conseillers financiers se réunissent en communauté et échangent des anecdotes qui sont retranscrites ensuite par écrit et sauvegardées sur un espace communautaire sur le Web. Le lieu est convenu par avance, mais il change d'une réunion à l'autre. La réunion dure deux heures, et les membres sont libres de venir ou pas. Ils sont en général une dizaine à venir. Il y a toujours à l'ordre du jour :

1. Un thème dominant annoncé à l'avance, le plus souvent un problème récurrent rencontré au cours de la période écoulée ;

2. Un passage en revue de tous les problèmes rencontrés au cours de la période écoulée ;

3. Un rappel des acquis des séances précédentes au moyen d'un jeu de type quiz ;

4. Le témoignage d'un ou plusieurs contributeurs experts (membres ou invités) sur le thème retenu.

On recueille les « bonnes histoires » d'interactions réussies avec les clients. On les retranscrit par la suite dans le détail dans la mémoire de la communauté en reproduisant fidèlement le dialogue réel entre le client et le vendeur sous forme structurée, suivant la technique des entretiens d'explicitation. La mémoire de la communauté est tenue à jour sur un site Web collaboratif, actualisé tous les trois jours. Le style du site Web (images, graphisme) est volontairement décalé par rapport à l'intranet officiel de La Banque Postale, de façon à le rendre plus informel, et pour permettre aux membres de la communauté de se l'approprier plus facilement. La communauté organise aussi un service de mentoring interne qui permet à de jeunes vendeurs de se faire accompagner sur le terrain par de plus anciens. Il y a 140 séances de mentoring par an...

9. Tu leur donneras la maîtrise du système d'information

Donner à l'équipe en charge du programme autorité sur le système d'information associé, qu'il s'agisse des outils de collaboration ou des outils analytiques.

En matière de collaboration en réseau, la technologie n'est pas première, mais elle est incontournable. C'est pourquoi l'équipe en charge du programme de changement doit avoir autorité sur les technologies de collaboration pour pouvoir les expérimenter et les adapter aux cas particuliers qu'elle rencontre.

Le National Institute for Mental Health in England (NIMHE) est une organisation du National Health Service, la Sécurité sociale britannique. Son rôle est de coordonner l'action des professions de santé dans le secteur de la psychiatrie. C'est une organisation très décentralisée qui entretient des relations de travail avec un grand nombre d'acteurs locaux. Au cours des années, le NIMHE avait connu une tendance à la balkanisation territoriale qui avait un effet néfaste sur la qualité de son travail : problèmes de communication interne, conflits politiques, réunions interminables. En 2003, la direction décida de mettre en place des réseaux transversaux thématiques pour aider les employés de différentes organisations et disciplines à travailler ensemble malgré les divers points de vue et les conflits d'intérêt des parties en présence.

La société Headshift, retenue comme prestataire, choisit une approche en six temps à partir du terrain :

1. Cartographie des différents groupes géographiques et thématiques en présence, et choix des plus réceptifs et/ou visibles ;

2. Rencontres en face-à-face avec certaines personnes clés sur le terrain, afin de bien comprendre leurs besoins de connaissances et d'interactions ;

3. Rencontres en face-à-face, groupe par groupe, entre professionnels des métiers de la psychiatrie pour les former aux outils qu'ils seront amenés à utiliser (blogs) et pour convenir ensemble de priorités de partage de connaissances ;

4. Pour chaque groupe constitué volontaire, mise en place d'une plateforme de blogs adaptée à ses besoins et méthodes de travail, avec un fort accompagnement et soutien à l'utilisation par chaque leader d'opinion ;

5. Capitalisation sur les premiers succès de groupe pour étendre l'utilisation en mode local à d'autres groupes ;

6. Interconnexion/intégration des blogs entre eux, en une plateforme nationale unique de collaboration.

L'apport méthodologique de Headshift a été double. D'une part, la société a su adapter à chaque réalité locale les outils de collaboration qu'elle souhaitait introduire, quitte à reconcevoir l'ergonomie de l'outil pour l'intégrer plus étroitement avec les habitudes de travail existantes. Dans certains cas, la « greffe » n'ayant pas pris, Headshift a accepté de recommencer à zéro et de reconcevoir l'interface utilisateur. À aucun moment, les acteurs locaux n'ont senti une injonction du siège à changer leurs habitudes de travail. D'autre part, l'architecture des métadonnées et le choix des formats assurant l'interopérabilité des outils de collaboration de groupe a été normalisée par une combinaison de décisions du management (par exemple, RSS/XML, la structure de base d'un groupe et les types de droits d'accès) et de travail de standardisation, en partant du bas avec toutes les parties concernées une fois le mouvement lancé (par exemple, les taxonomies de classement documentaire). Ainsi, chaque blog, chaque personne, chaque organisation, chaque nœud de classement, chaque recherche, etc. a son propre fil XML associé, et tous ces fils XML peuvent être recombinés et agrégés en un seul utilisable à l'extérieur du système.

10. Tu mesureras les progrès accomplis

**Accompagner le programme de métriques
permettant de valider la création de valeur.**

Tout programme d'entreprise doit pouvoir justifier son bien-fondé par des métriques incontestables, et si possible proches des préoccupations des clients.

IBM a institué un processus d'audit régulier de ses communautés de pratique. Il a pour but de porter un jugement extérieur sur le fonctionnement de la communauté. Il est commandité par le gérant du programme de développement du réseau de connaissances. Synthétiquement, le jugement porte sur sept critères :

1. Efficacité du parrainage ;
2. Leadership du groupe d'animation ;
3. Métriques et incitations au partage ;

4. Processus de capitalisation des connaissances ;

5. Organisation de la vie en communauté ;

6. Utilisation de la technologie ;

7. Stratégie, vision et valeurs.

La grille d'évaluation va de 1 à 5 en fonction du degré de maturité de la communauté. Celui-ci donne lieu à un rapport et à des recommandations qui concernent le plus souvent l'ensemble des responsables du programme, et pas seulement l'animateur de la communauté en question. Un plan d'actions est ensuite négocié entre toutes les parties prenantes, la communauté étant représentée par son animateur. Il est à noter que le management du programme doit toujours conserver une certaine distance avec les communautés, et ne pas se mêler de trop près de leurs activités. En particulier, la décision qui consisterait à remplacer d'autorité un animateur déficient n'est pas, sauf cas particulier, une option possible pour le gérant du programme, car toute intrusion externe de ce type risquerait d'entraîner la disparition immédiate des liens de confiance, et donc de la communauté elle-même. La gérance du programme est toujours mieux inspirée de modifier telle ou telle règle de fonctionnement valable pour toutes les communautés du programme, imposant par exemple les modalités de nomination de l'animateur par les membres de la communauté, les modalités d'usage de l'espace de collaboration, ou l'accès à l'événement annuel du programme en présence du P-DG.

L'équipe KM de BP a mis en place, pour sa part, des métriques mesurant l'efficacité du transfert des connaissances en interne sur l'activité forage de puits. Elle compare les temps passés sur des séquences de forage connues en fonction de leur numéro d'ordre dans le temps, et établit des corrélations avec la participation aux activités d'apprentissage dans les communautés techniques. Les résultats sont sans appel. En moyenne, les équipes impliquées dans les communautés d'apprentissage obtiennent les résultats suivants :

1. Vitesse de forage : + 96 % ;

2. Durée de vie du puits : – 22 % ;

3. Coût du puits : – 44 % ;

4. Production du puits : + 300 % ;

5. Coût de production par baril : – 39 % (absolu) ;

6. Productivité de l'équipe de forage : + 50 à + 100 % ;

7. Valeur du puits : + 290 % ou + 1 million de dollars par puits.

En moyenne, apprendre en communauté correspond à un investissement de 3,5 % du coût (4 % du temps) du projet de forage ; il rapporte une économie de 12 % des coûts (16 % du temps). Les coûts s'exprimant en centaines de millions de dollars, BP estime à plus de 20 millions de dollars les économies réalisées sur un puits et à 500 millions de dollars par an au total[1].

---

1. Source : BP.

Le leadership
à l'ère de la collaboration

« Ce sont les valeurs partagées qui doivent constituer les fondations d'une entreprise basée sur la confiance dans un monde devenu radicalement plus fluide et démocratique. »

Sam Palmisano, P-DG d'IBM

« Le caractère distinctif de la responsabilité de dirigeant, c'est qu'elle exige non seulement de se conformer à un code complexe de morales, mais encore de créer un code moral pour les autres. »

Chester Barnard

« Les principes fondateurs du commandement et du contrôle sont intemporels, mais on les a perdus dans la chasse aux nouvelles technologies. »

Amiral Willard, US Navy

L'araignée et sa toile : l'entreprise apprenante

Quand on voit une araignée tisser sa toile, on ne peut que s'émerveiller de ce que la nature sait produire. Il a fallu des centaines de millions d'années d'évolution pour aboutir à ce prodige qu'est une toile d'araignée. Ce « savoir », génétiquement programmé chez l'araignée, se transmet de génération en génération en évoluant lentement, au gré des mutations génétiques.

Si l'on compare avec la toile que pourrait tisser un enfant avec une bobine de fil pour attraper des insectes, l'avantage est clairement du côté de l'araignée. Mais l'enfant dispose d'une faculté unique que l'araignée n'a pas : il *apprend*. Et ce qu'il apprend n'a pas à être traduit en code génétique pour être transmis à d'autres. Avec un peu d'instruction, l'enfant apprend au cours de sa vie à utiliser différents pièges à insectes, depuis le filet à papillons jusqu'aux pesticides. Il peut même en inventer d'autres, et transmettre son savoir aux générations ultérieures en l'enseignant.

Il en est de même pour les entreprises. Les processus sont assimilables, à l'échelle de la vie d'une entreprise, à un code génétique. Ils représentent ce qui peut être considéré comme immuable ou faiblement évolutif. Les pratiques, c'est-à-dire les métiers, peuvent au contraire évoluer très vite en fonction de l'évolution des marchés et des technologies. Pour rester à l'avant-garde des bonnes pratiques, il faut donc disposer d'un système d'apprentissage efficace, qui permet par ailleurs de faire changer les modèles mentaux de référence, souvent brutalement, en avalanche. Sir John Browne, l'ex-patron de BP, exprimait cette nécessité pour l'entreprise d'apprendre en permanence par une formule simple : « *À chaque fois que nous entreprenons un travail que nous avons déjà fait dans le passé, nous devons le faire mieux que la dernière fois.* »

Une « école de guerre » pour les managers ?

La mise en réseau de tous les ordinateurs du monde sur Internet a eu un tel impact sur les modes d'apprentissage que les organisations hiérarchiques sont subitement apparues comme ringardes pour certains. Il faut être convaincu du contraire. La technologie « *abaisse le centre de gravité de l'entreprise* »[1], et donne plus de responsabilités aux opérationnels. Elle ne supprime pas la hiérarchie, elle l'aplatit.

Plus que jamais, le management est une activité à haut contenu symbolique, qui consiste à galvaniser des hommes, souvent en grand nombre, pour qu'ils se mettent à faire ensemble de nouvelles choses qu'auparavant ils auraient considérées comme peu importantes. Ce qui change aujourd'hui, c'est qu'on ne l'obtient plus *seulement* par l'autorité hiérarchique et le charisme personnel. En particulier, le contrôle, qui est affaire de technologie et de règles, ne fait plus recette. Négocier des objectifs et vérifier que ses subordonnés les ont bien exécutés non seulement ne crée plus de valeur, mais peut même en détruire, surtout quand on demande à ses subordonnés de proposer eux-mêmes leurs objectifs.

Il faut donc au contraire remettre à l'honneur le commandement, qui transforme l'idée commune en projet d'entreprise. Commander, c'est créer un champ de potentiel qui tend l'organisation et met les personnes en marche vers un même idéal, en aménageant les espaces de confiance où les subordonnés peuvent s'exprimer et s'organiser au service de ce projet. C'est une affaire de culture et de sens de l'action. C'est pourquoi la maîtrise des flux d'information, et donc l'ingénierie des réseaux et des communautés font désormais partie intégrante du système de management des entreprises.

À l'instar des militaires, nous sommes donc appelés en ce début de XXIe siècle à réfléchir à une nouvelle doctrine de management résolument *net-centric*, centrée sur les réseaux. Pour cela, peut-être avons-nous besoin de voir naître l'équivalent d'une école de guerre, où les managers confirmés ayant une quinzaine d'années d'expérience développeraient leur vision de l'entreprise en tant que système complexe adaptatif. Aux leviers classiques du commandement et du contrôle, ils apprendraient à se servir de ceux de la circulation du savoir et de la collaboration massive et planétaire. Et là, **ils apprendraient aussi à apprendre**, c'est-à-dire à s'habituer à expérimenter en permanence des idées nouvelles sur le terrain. Enfin, ils apprendraient la confiance en soi, point de départ de toute collaboration vraie.

---

1. Suivant l'expression de Sam Palmisano, P-DG d'IBM.

Vers un nouveau management ? L'exemple de Mindtree en Inde

Mindtree est une société de conseil née en Inde en 1999 qui compte plus de 3 000 employés aujourd'hui. Elle a été fondée par Ashok Soota et Subroto Bagchi, tous deux anciens de Wipro, et grands noms de l'informatique indienne. Dès sa fondation, l'entreprise a développé une culture de communication transversale et de soutien mutuel. Prendre soin des autres (*Caring*) est la première des cinq valeurs fondatrices de l'entreprise. Les autres sont : apprendre (*Learning*), réaliser (*Achieving*), partager (*Sharing*) et développer durablement (*Social Responsibility*).

Dès la fondation de l'entreprise, l'intention des dirigeants était de bâtir une entreprise en réseau, avec peu de niveaux hiérarchiques, où tout le monde pourrait engager une conversation avec tout le monde, où tout le monde pourrait proposer des idées et faire des suggestions. À Mindtree, à l'exception de quelques dirigeants, les employés n'ont pas de bureau fermé. Le partage des connaissances y est fondé sur les communautés de pratique. Régulièrement, le P-DG organise une réunion où tous les employés (appelés *minds* dans le vocabulaire de l'entreprise) se rencontrent. Après l'exposé de la situation par les patrons, tout le monde a droit de poser des questions. Un employé qui a posé la même question difficile et embarrassante lors de trois réunions successives a reçu des mains du président le prix annuel de la persistance. Ailleurs, il aurait peut-être été licencié.

Mindtree dispose d'un système de suggestion d'idées, appelé « Neuron », grâce auquel tous les employés peuvent engager des conversations en ligne. Le président le visite régulièrement et participe à ces conversations.

Le pouvoir ou le changement

Autorisons-nous, pour conclure, une dichotomie simpliste. Tout responsable est fondamentalement confronté à une seule alternative : ou le pouvoir ou le changement.

Une stratégie de pouvoir a pour objectif de faire progresser certaines personnes au sein de l'institution. Elle s'appuie sur la maxime de Nicolas Machiavel *Divide et Impera*, diviser pour régner. C'est de l'ingénierie des réseaux sociaux, mais qui consiste à bâtir des réseaux d'influence au bénéfice de certains, et à introduire des ferments de division dans d'autres réseaux rivaux. Quand on poursuit une stratégie de pouvoir, on crée un système dans lequel l'information *est* le pouvoir. On la réserve à une clique qu'on maintient à l'écart, et l'on maintient dans l'ombre ceux qui n'en font pas partie. Les cyniques trouveront cela normal et estimeront que « *le pouvoir est une fin en soi, pas un moyen – on fait la révolution pour établir une dictature* »[1]. Le XXIe siècle semble aussi s'ouvrir sur une nouvelle culture « people » où la fortune vient avec la célébrité. Les jeunes se donnent des stars pour modèle, et sont prêts à consentir beaucoup de sacrifices pour emboîter leurs pas, dans l'espoir improbable de parvenir aux mêmes sommets. Ce phénomène se retrouve dans une certaine mesure dans les entreprises. Les patrons stars, aux revenus exorbitants, peuvent être grisés par leur succès et se laisser séduire par le pouvoir au point de se couper totalement de leur base. Jusqu'aux années 1980, les dirigeants entretenaient des relations relativement familières avec leurs cadres, voire leurs ouvriers, et les écarts de revenus entre eux étaient raisonnables. Ce n'est plus le cas. Aujourd'hui, le P-DG est devenu à son tour une star inaccessible, et les écarts de revenus dans les entreprises se sont considérablement accrus. Pour être jugé digne d'entrer dans le noyau dur de ceux qui comptent dans l'entreprise, il faut consentir beaucoup de sacrifices et savoir saisir la chance d'être remarqué. Or, la starisation de l'économie est antinomique avec les communautés, dans la mesure où elle relativise le savoir professionnel au profit du paraître, le travail au profit de la chance, l'éducation au profit de la séduction.

Une stratégie de changement consiste à élargir les frontières de cette communauté d'intérêt à *toute* l'institution. Elle encourage la formation spontanée d'équipes projet et de communautés de pratique tendues vers les besoins de l'organisation. Elle se fonde nécessairement sur des notions d'engagement, d'écoute, de respect, de confiance, de prise de risque, dont ce livre a proposé quelques pistes de mise en œuvre. Elle se fonde sur la notion d'inclusion et de connexion : il ne faut laisser aucune personne en dehors de l'élaboration et de la mise en œuvre d'une décision qui la concerne, tout en évitant de tomber dans les affres des méthodes participatives, qui s'enlisent parce que les principes de collaboration sont ignorés et parce que tout le monde a voix au chapitre sur tout, indépendamment de toute notion de synergie, d'antagonisme et de compétence.

---

1. *1984*, Georges Orwell.

Jim Collins a caractérisé ces deux stratégies par deux profils types de dirigeants d'entreprises qu'il a baptisés « opportuniste » et « créateur ». L'opportuniste, selon lui, se caractérise par une attention particulièrement développée aux facteurs *extérieurs* à l'entreprise, tout spécialement la concurrence. Il recherche la croissance pour la croissance, et privilégie donc la croissance externe. Il affiche l'intérêt de l'actionnaire en tête de ses préoccupations. Il recherche les succès spectaculaires, il donne la priorité aux échanges commerciaux, il estime que cinq ans, c'est du long terme. Il est ambitieux avant tout pour lui-même, entretient avec ses propres idées des rapports exclusifs de certitude, n'aime pas la critique et s'entoure de subordonnés capables d'exécution rapide. Pour lui, la fin justifie les moyens. Le créateur, au contraire, privilégie les facteurs *internes*. Il voit la croissance comme un résultat d'un processus créatif de valeur, et donne une grande importance au développement en interne. Il montre en quoi l'offre de l'entreprise a pu servir le développement des clients. Il recherche l'amélioration permanente, accepte la critique, donne la priorité aux hommes de l'entreprise, fixe des cibles à dix ans ou plus. Il est ambitieux avant tout pour son entreprise et il cherche à s'améliorer en fondant son action sur des valeurs fondamentales. Pour lui les moyens déterminent la fin.

Le choix des mots qu'on utilise est révélateur des valeurs que l'on porte. Les mots de croissance et de développement, par exemple, ne sont pas synonymes. La croissance, c'est l'accroissement des quantités vendues, et donc de la taille de l'entreprise. Elle est associée à un bénéfice financier. Le développement, c'est l'accroissement des compétences, et donc des capacités de l'entreprise à faire face. Il est associé à une connaissance apprise. Bien sûr, on ne peut imaginer l'un sans l'autre, dans la mesure où la croissance est nécessaire pour financer le développement, et le développement engendre la croissance. Mais lorsque le discours managérial ne porte que sur la croissance, comme c'est souvent le cas, il doit inquiéter ceux qui se préoccupent de l'avenir, et en particulier les États, qui ont tout intérêt à ce que les entreprises développent l'apprentissage et ne rejettent pas des personnes sans valeur sur le marché du travail en cas de licenciement. Même s'il est difficile de tenir ce langage aux actionnaires, l'ordre des priorités naturel consiste à servir d'abord les clients, puis les employés, et enfin les actionnaires. Lorsque cet ordre est réellement appliqué, la confiance peut se développer. Par les réseaux et les communautés qu'ils créent, les clients et les employés se chargeront de nous le rappeler.

Ainsi, le nouveau dirigeant est avant tout le développeur d'une culture qui amène l'employé à passer d'un désir de protection et de sécurité de l'emploi à un désir d'ouverture sur le monde et d'employabilité. Il développe une culture de confiance en l'avenir. C'est une nécessité absolue pour l'avenir de nos entreprises comme de notre pays d'amener les employés à apprendre sans cesse en participant aux activités de multiples communautés de pratique. Ainsi, non seulement ils servent mieux leurs clients et innovent plus, mais encore augmentent leur valeur personnelle sur le marché du travail. Alors, ils rechercheront moins auprès de l'État l'assurance d'être protégés des changements du monde.

En ce début de XXIᵉ siècle, la première responsabilité d'un dirigeant d'entreprise, c'est d'apprendre, et même d'apprendre à apprendre, de s'exposer à la critique de ses modèles de décision. C'est de se poser honnêtement la question de sa contribution, et déterminer si elle sera du côté utile ou du côté inutile de la vie. Sur le plan éthique, ce qu'il doit combattre, ce n'est pas tant la précarité du travail des employés que le capitalisme des copains. L'entreprise performante se doit d'être un lieu où la critique est encouragée dès lors qu'elle est un instrument fondamental de résolution des problèmes. Pour savoir si ce combat est bien engagé chez lui, il lui suffit de répondre à une question toute simple : que fait-on dans mon entreprise lorsqu'un projet échoue ? On réorganise ou l'on apprend ?

Annexes

Annexe 1.
Comment se crée un modèle mental ?

Partons du cas simple de l'individu isolé et voyons comment il apprend et, par là même, crée ses modèles mentaux. Un modèle distingue deux niveaux d'apprentissage :

- Un premier niveau peut être représenté par un cycle en quatre phases qui est contextuel et inséparable de l'action :
  - *Observation :* l'individu vit une expérience dans un contexte particulier ;
  - *Évaluation :* en se fondant sur son expérience, il réfléchit et évalue ;
  - *Conception :* il déduit de ses réflexions des concepts abstraits et des généralisations ;
  - *Mise en œuvre :* il met ses nouvelles idées à l'épreuve en imaginant de nouvelles expériences.

- Un second niveau d'apprentissage a lieu lorsque l'individu confronte les leçons apprises avec ses propres modèles mentaux[1].

Prenons un exemple. Un enfant qui approche sa main d'une plaque chauffante (O) s'aperçoit que ça brûle (E), imagine qu'en retirant sa main, cela ira mieux (C), et retire sa main (M). S'il s'est déjà brûlé, il peut imaginer de mettre sa main dans de l'eau froide (O), etc. C'est le premier cycle d'apprentissage. Il est probable que si cet enfant a déjà vécu plusieurs fois cette expérience, il n'approchera plus jamais sa main d'une plaque chauffante ou de quelque chose qui lui ressemble. Il ne sait pas nécessairement exactement pourquoi, mais il a développé un modèle mental qui dicte son comportement.

Toute la question de l'éducation est de rendre cette double boucle d'apprentissage la plus rapide possible. L'instruction est une voie possible, à condition que l'instruit « comprenne », c'est-à-dire que l'instruction qui lui est proposée entre bien dans ses schémas de référence mentaux. Si ce

---

1. C'est la célèbre double boucle d'apprentissage de Chris Argyris.

n'est pas le cas, cela ne marche pas, et il décroche. Ainsi, l'enseignement n'est pas une panacée ; c'est une expérience d'apprentissage comme une autre, à laquelle différentes personnes peuvent réagir très différemment. Apprendre reste un acte de libre arbitre, et il n'y a pas de « meilleure pratique » d'apprentissage.

Au niveau d'une organisation, c'est la même chose. Toute action collective engendre une boucle d'apprentissage de premier niveau pour chacun des participants engagés dans cette action. Mais la seconde boucle ne se met en œuvre que lorsque les modèles mentaux des participants se regroupent pour former des modèles mentaux partagés au niveau de l'organisation, qui vont à leur tour influencer les modèles mentaux des personnes. Ce point est capital. Une condition nécessaire à l'élaboration d'un modèle mental partagé est de rassembler les différents modèles mentaux individuels au sein d'un espace d'apprentissage partagé. Mais ce n'est pas une condition suffisante. Ce n'est efficace que dans la mesure où le modèle mental partagé est compatible avec les modèles mentaux individuels. Les ingénieurs de bureaux d'études le savent bien : on ne peut vraiment commencer à collaborer à un développement que lorsque toute l'équipe projet se retrouve devant un schéma unique de modélisation – plan, architecture, procédé… – et que chaque membre le comprend et se l'approprie complètement.

Un modèle mental partagé peut ainsi être complètement différent de la somme des modèles mentaux individuels, car ce sont les expériences au niveau individuel qui influencent les modèles mentaux individuels, et les modèles mentaux individuels qui influencent à leur tour le modèle partagé. Le modèle mental partagé engendre des pratiques, des valeurs, des croyances, et donc détermine la culture. La métaphore bien connue des singes et des bananes[1] illustre ce fait. Mettons vingt singes dans une cage avec au milieu de la cage un tabouret. Suspendu au-dessus du tabouret, il y a un régime de bananes. Lorsqu'on tire sur le régime de bananes, on déclenche un système d'arrosage anti-incendie dans toute la cage. Régulièrement, et notamment à chaque fois qu'un singe essaie de prendre une banane et qu'il se met à pleuvoir, on retire un singe de la cage et on le remplace par un nouveau. Au bout d'un certain temps, les singes les plus intelligents ont compris et n'essaient plus d'attraper des bananes. Bien plus, dès qu'un singe moins intelligent monte sur le

---

1. Source : Walter Baets, *op. cit.*

tabouret, ils se ruent sur lui pour l'en empêcher. Lorsque tous les singes ont été remplacés un par un, chacun d'entre eux regarde les bananes avec désir, mais aucun n'ose monter sur le tabouret. Il sait que s'il essaie, les autres interviendront pour l'en empêcher, mais la raison profonde lui en échappe comme elle échappe à tous les autres qui n'ont pas vécu l'expérience fondatrice. Ainsi, le modèle mental partagé diffère complètement du modèle mental individuel.

Annexe 2.
Dynamique de création des réseaux sociaux

On peut caractériser trois modèles élémentaires de réseaux sociaux :

Figure 30. Réseau social de collaboration

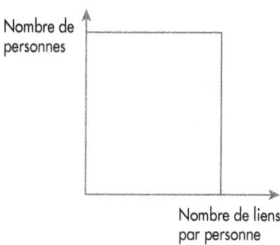

Nombre de personnes

Nombre de liens par personne

Type 1 : réseau social de collaboration. Si l'on considère que les liens entre personnes sont denses et que tout le monde connaît tout le monde, ce qui est le cas dans une famille ou dans une équipe, le nombre de liens sociaux qui s'établissent entre une personne et les autres est égal au nombre total de personnes moins une. Ces réseaux, relativement fermés, sont dits « collaboratifs », car il n'y a pas de « hiérarchie » au sens de la connaissance des personnes.

Figure 31. Réseau social aléatoire

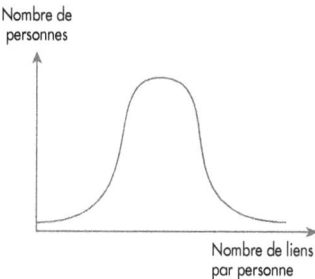

Nombre de personnes

Nombre de liens par personne

Type 2 : réseau social aléatoire. Si les liens entre personnes, au départ inexistants, s'établissent au hasard des rencontres dans un environnement stable, comme autour de la machine à café, le nombre de liens établis entre les personnes d'une population donnée suivra une distribution normale (loi de Poisson). C'est un réseau dit « aléatoire régulier ». Il traduit la dynamique d'auto-organisation d'un réseau social qui se forme par le partage d'un lieu et par les interactions quotidiennes qui s'y déroulent. Quelques personnes ont établi de nombreux liens avec les autres, quelques personnes en ont établi très peu, et la majorité se regroupe autour d'une moyenne. Ces types de réseaux ont longtemps été les seuls à avoir fait l'objet d'une étude systématique. On a pu démontrer, par exemple, l'existence de transition de phases brutales par effet de seuil. En particulier, lorsqu'on accroît linéairement la probabilité de rencontre entre les personnes, le comportement du réseau peu changer brutalement.

Figure 32. Réseau social par attachement préférentiel

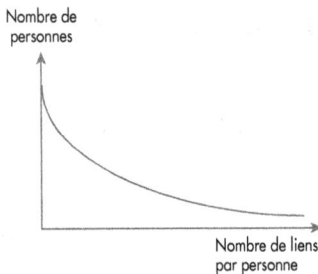

Nombre de
personnes

Nombre de liens
par personne

Type 3 : réseau social par attachement préférentiel. Un troisième modèle part de l'hypothèse que la probabilité de créer un lien avec une personne donnée est d'autant plus élevée que cette personne dispose elle-même d'un grand nombre de liens avec d'autres. Ce modèle de réseau ouvert, qui prend en compte la destruction et la recombinaison des relations, est beaucoup plus étudié aujourd'hui. En effet, il reproduit mieux la dynamique sociale sur Internet, où l'on constate que les sites Web les plus connectés aux autres par des hyperliens sont aussi les plus attractifs. Sur le Web comme dans le monde réel, on préfère en général établir des liens avec des gens bien en vue qu'avec des parfaits inconnus[1]. La loi de distribution prend alors une autre physionomie fractale (type 32), dite de puissance ou d'attachement préférentiel, et qui traduit mieux la dynamique d'auto-organisation d'un réseau social autour de quelque figure emblématique (marque).

On sait que la valeur d'usage d'un réseau social dépend du nombre des membres qui le composent et de la densité des liens établis entre les personnes. On démontre ainsi que la valeur de ces trois types de réseaux est très différente, tant pour leurs membres que pour ceux qui les soutiennent. Les réseaux collaboratifs ont la plus grande valeur, proportionnelle à 2^N (N étant le nombre de personnes), mais ils sont limités en nombre de personnes, ce qui suggère que la valeur d'un réseau social dans l'ordre de la *collaboration* est fonction du nombre de groupes qu'il contient (loi de Reed). Les réseaux sociaux aléatoires ont une valeur

---

1. Ce modèle a notamment été exploité dans les algorithmes de recherche de Google, avec le succès que l'on sait.

proportionnelle à N^2, ce qui suggère que la valeur d'un réseau social dans l'ordre de la *communication* est fonction du nombre de liens existant entre les personnes (loi de Metcalfe). Enfin les réseaux politiques ont une valeur proportionnelle à N, ce qui a fait dire que la valeur d'*influence* d'un réseau varie en fonction du nombre de personnes connectées au sein du réseau (loi de Sarnoff).

C'est ainsi que l'analyse des réseaux sociaux au sein des grandes organisations peut être riche d'enseignements. Elle permet de repérer facilement les groupes où l'on collabore, d'évaluer la qualité des communications. On s'aperçoit rapidement que cela ne reflète pas nécessairement l'organisation formelle.

Mais on sait aussi que les capacités cognitives du cerveau humain ne permettent pas aux hommes d'entretenir des relations approfondies avec la terre entière. Typiquement, à un instant donné, on peut collaborer avec une douzaine de personnes, entretenir des relations sociales suivies avec 150 personnes (loi de Dunbar), et être influencé par quelques milliers de personnes qu'on connaît plus ou moins (figure 33).

Figure 33. Écosystème des réseaux sociaux[1]

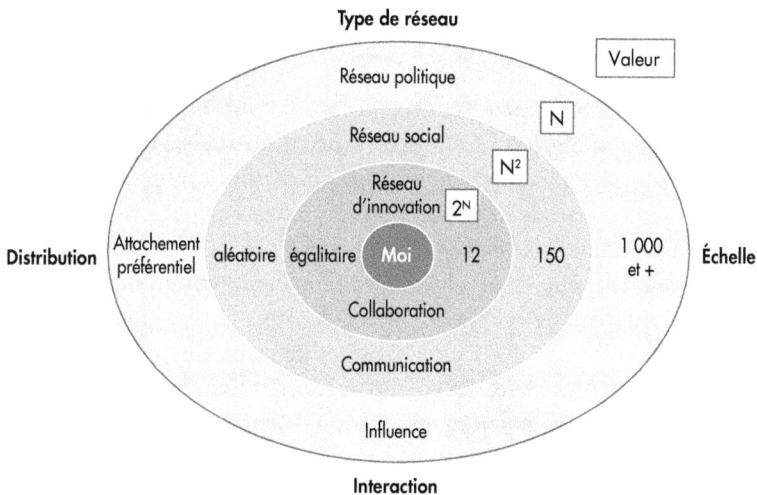

1. Diagramme inspiré par Ross Mayfield, P-DG de SocialText (www.socialtext.com).

Les hommes ont donc trouvé une parade. Les réseaux sociaux du monde réel s'apparentent en réalité à un quatrième type de distribution plus complexe. Si l'on définit comme lien entre personnes le fait qu'elles se connaissent, on a pu constater par expérience que le nombre de liens qui séparent deux personnes choisies au hasard sur terre est étonnamment bas (environ six), et beaucoup plus bas que les modèles ci-dessus ne le prédisent. Cela vient du fait que les réseaux sociaux humains tendent à *s'agréger par communautés* – famille, école, villes, religion… – et à établir des liens privilégiés entre ces communautés plutôt qu'entre les personnes qui les constituent, à l'instar d'un réseau routier qui relie deux maisons distantes par des avenues jusqu'à la route, et par des routes jusqu'aux autoroutes. Ce type de réseau caractérisé par un petit nombre de degrés de séparation entre personnes et une agrégation de personnes en communautés est dit « petit monde »[1].

Les réseaux sociaux disposent de métriques particulières qui permettent de les caractériser. La « densité » mesure le ratio entre le nombre de connexions entre les membres et le nombre total de connexions possibles ; la « centralité » mesure le degré de contrôle du réseau par certains de ses membres qui concentrent sur eux un grand nombre de liens ; l'« entre-deux » (*betweenness*) évalue l'intensité des liens entre les différents pôles d'attraction du réseau…

Atkinson et Moffat[2] ont formulé une hypothèse intéressante permettant d'expliquer comment se forment les « petits mondes ». Imaginons deux réseaux de type politique – ce sont les premiers à se former – se développant indépendamment l'un de l'autre autour de deux personnalités. À un moment de leur évolution, ces réseaux s'interpénètrent, provoquant ainsi une crise d'allégeance et d'identité au sein de ces réseaux. Les réseaux se rapprochent alors – pacifiquement ou non –, et une formalisation des relations s'établit entre eux. Apparaissent alors des structures gouvernées par des règles, avec des personnes prenant le rôle de médiateurs entre les deux réseaux. Mais les organisations formelles ainsi décidées créent un nouveau contexte à partir duquel de nouveaux

---

1. Pour les mathématiciens, « *on dit qu'un réseau a les propriétés d'un petit monde si le voisinage local ressemble à celui d'un réseau aléatoire régulier et si le diamètre du réseau croît comme le logarithme du nombre de sommets* », source : Degenne.
2. Simon R. Atkinson & James Moffat, *The Agile Organization*, CCRP, 2005.

réseaux d'attachement préférentiel peuvent se développer, notamment à partir des personnes qui servent de ponts entre différents groupes – les « pontifes », au sens étymologique. Et le cycle reprend (figure 34).

Figure 34. Dynamique de création des communautés

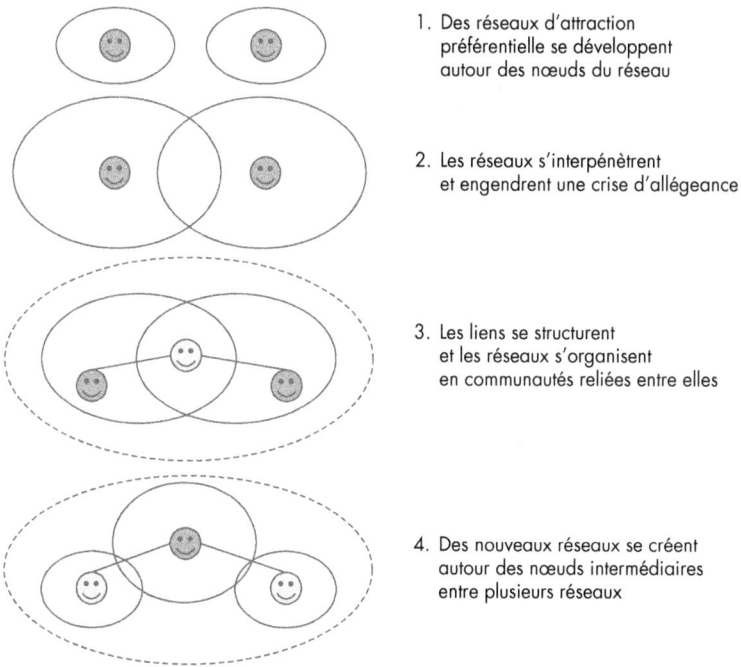

1. Des réseaux d'attraction préférentielle se développent autour des nœuds du réseau

2. Les réseaux s'interpénètrent et engendrent une crise d'allégeance

3. Les liens se structurent et les réseaux s'organisent en communautés reliées entre elles

4. Des nouveaux réseaux se créent autour des nœuds intermédiaires entre plusieurs réseaux

Notons au passage le rôle particulier que jouent ces intermédiaires entre plusieurs réseaux dans l'innovation de rupture. Étant particulièrement bien informés et bénéficiant de plusieurs points de vue différents, ils cristallisent les idées nouvelles.

Bibliographie

Livres

ADAMS, Scott, *The Joy of Work : Dilbert's Guide to Finding Happiness at the Expense of Your Co-workers*, Harper Business, 1998.

ALBERTS, David S., & HAYES, Richard E., *Power to the Edge*, CCRP, 2003.

ALLEN, Scott, & TETEN, David, *The Virtual Handshake : Opening Doors and Closing Deals Online*, Amacom, 2005.

ARENDT, Hannah, Les origines du totalitarisme, Le Seuil, 1972.

ATKINSON, Simon R., & MOFFAT, James, *The Agile Organization*, CCRP, 2005.

BAETS, Walter, *The Hybrid Business School*, Prentice Hall, 2000.

BALLAY, Jean-François, *Tous managers du savoir*, Éditions d'Organisation, 2002.

BLANC, Christian, *La croissance ou le chaos*, Odile Jacob, 2006.

BOWMAN, Shayne, & WILLIS, Chris, *We Media*, The Media Center, 2005.

COHEN, Daniel, *Trois leçons sur la société postindustrielle*, Le Seuil, 2006.

COLLISON, Chris, & PARCELL, Geoff, *Learning to Fly : Practical Knowledge Management from Leading and Learning Organizations*, Capstone Press, 2001.

CROSS, Rob, PARKER, Andrew, *The Hidden Power of Social Networks*, Harvard Business School Press, 2004.

DENNING, Steve, *The Leader's Guide to Storytelling*, Jossey-Bass, 2005.

DENNING, Stephen, *The Springboard : How Storytelling Ignites Action in Knowledge-Era Organizations*, Butterworth Heineman, 2001.

DOZ, Yves L. & HAMEL, Gary, *Alliance Advantage : The Art of Creating Value through Partnering*, Harvard Business School Press, 1998.

DRUCKER, Peter, *Au-delà du capitalisme*, Dunod, 1993.

ÉCRIN, *Technologies du futur*, Omniscience, 2005.

ETCHEGOYEN, Alain, *La force de la fidélité dans un monde infidèle*, Anne Carrière, 2004.

FRIEDMANN, Thomas, *The Earth is Flat*, Farrar, Straus & Giroux Press, 2006.

FUKUYAMA, Francis, *Trust : The Social Virtues and the Creation of Prosperity*, Free Press, 1995.

GHOSN, Carlos, et RIÈS, Philippe, *Citoyen du monde*, Grasset, 2003.

GOYA, Michel, *La chair et l'acier. L'invention de la guerre moderne (1914-1918)*, Tallandier, 2004.

Guide d'animation des communautés de pratique, Cefrio, 2005.

KIRKPATRICK, Donald, *Evaluating Training Programs : The Four Levels*, Berrett-Koehler Publishing, 1998.

KLEINER, Art, *Who Really Matters*, Currency Doubleday, 2003.

KROGH (von), Georg, ICHIJO, Kazuo, NONAKA, Ikujiro, *Enabling Knowledge Creation*, Oxford University Press, 2000.

LAMBE, Patrick, *Organizing Knowledge : Taxonomies, Knowledge and Organizational Effectiveness*, Chandos Publishing, 2007.

LESSER, Eric L., *Knowledge & and Social Capital*, Butterworth Heineman, 2000.

LÉVY, Pierre, *L'intelligence collective. Pour une anthropologie du cyberspace*, La Découverte/Poche, 1997.

NONNENMACHER, François, *Blogueur d'entreprise*, Éditions d'Organisation, 2006.

PERRY, Walt L., & MOFFAT, James, *Information Sharing*, CCRP, 2003.

PETERS, Tom, *Re-imagine ! Business Excellence in a Disruptive Age*, DK, 2003.

PRUSAK, Larry, & COHEN, Don, *In Good Company*, Harvard Business School Press, 2001.

SARASON, Seymour, *Psychological Sense of Community*, Jossey-Bass, 1974

SCHWEITZER, Louis, *Mes années Renault. Entre Billancourt et le marché mondial*, Le débat/Gallimard, 2007.

SENGE, Peter, *The Fifth Discipline Fieldbook*, Currency Doubleday, 1990.

STEWART, Thomas A., *The Wealth of Knowledge*, Currency Doubleday, 2001.

STIGLITZ, Joseph E., *Globalization and its Discontents*, W. W. Norton & Company, 2003.

TAPSCOTT, Don, & WILLIAMS, Anthony, *Wikinomics : How Mass Collaboration Changes Everything*, Portfolio, 2006.

WALDROP, M. Mitchell, *Complexity : The Emerging Science at the Edge of Order and Chaos*, Simon & Schuster, 1992.

WENGER, Étienne, *Cultivating Communities of Practice*, Harvard Business School Press, 2002.

WESTERBY, Gerald, *In Hostile Territory*, Harper Business, 1998

ZARA, Olivier, *Le management de l'intelligence collective*, M2 Éditions, 2004.

ZELDIN, Theodore, *An Intimate History of Humanity*, Harper Perennial, 1995.

ZHU, Fang, *Gun Barrel Politics*, Westview Press, 1998.

Articles

ACKOFF, Russel L., "Transforming the Systems Movement", Philadelphia, May 2004.

ARGYRIS, Chris, "Teaching Smart People to Learn", *Harvard Business Review*, May-June 1991.

BRYAN, Lowell, & JOYCE, Claudia, "The 21st Century Organization", The McKinsey Quarterly, October 2007.

CARLEY, Kathleen M., LEE, Ju-Sung, KRACKHARDT, David, "Destabilizing Networks", Connections 24(3) : 79-92 2002.

CARR, Nicholas G., "The Ignorance of Crowds", *Strategy + Business*, Issue 47, Summer 2007.

"Connecting People to What Matters", *Deloitte Research*, July 2007.

CHRISTENSEN, Clayton M., ANTHONY, Scott D., BERSTELL, Gerald, & NITTERHOUSE, Denise, "Finding the Right Job for your Product", *MIT Sloan Management Review*, Spring 2007.

"Dead or Alive ?", Site Web (http://www.deadoraliveinfo.com).

« Des électrons et des hommes. Nouvelles technologies de l'information et conduit des opérations », *Cahier de la recherche doctrinale*, ministère de la Défense, juin 2005.

« Développer l'expérience client », Groupe Forest, 2006.

EMERSON, Jed, & BONINI, Sheila, "Capitalism 3.0. Exploring the Future of Capital Investing and Value Creation", *Value*, February/March 2006.

FIRESTONE, Joseph M., "Reducing Risk by Killing your Worst Ideas", KMCI, 2007.

FIRESTONE, Joseph M., & MCELROY, Mark W., "The Open Enterprise. Building Business Architectures for Openness and Sustainable Innovation", KMCI, 2007.

GARVIN, David A., ROBERTO, Michael A., "What you don't know about making decisions", *Harvard Business Review*, 70(8), September 2001.

IBM, "Trust is Critical", IKO, 2002.

KULIKAUSKAS, Andrius, & ELLISON-BEY, David, "An Economy for Giving Everything Away" (http://www.ms.lt/en/workingopenly/givingaway.html).

« La prise de décision », *Revue du MIP*, Paris 2007.

MC AFEE, Andrew, "Enterprise 2.0 : The Dawn of Emergent Collaboration", *MIT Sloan Management Review*, Spring 2006.

MEYER (de) Arnould, « L'internationalisation de l'innovation », *École de Paris*, n° 89, mai 2007.

NONAKA, Ikujiro, & TOYAMA, Ryoko, "Knowledge Creation as a Synthesizing Process", in *Knowledge Management Research & Practice*, vol. 1, n° 1, Palgrave McMillan, July 2003.

"Online Community Metrics. Best Practices Survey", ForumOne Communications, March 2006.

OWEN, Harrison, "The Practice of Peace" (http://www.practiceofpeace.com).

PALMISANO, Sam, "Building on Trust", *World Business*, January/February 2007.

PIERCE Charles S., « Comment rendre nos idées claires », in *Textes anticartésiens*, Aubier, 2001.

PROBST, Gilbert, & JONCZYK, Claudia, "Cases as a Knowledge Management Tool for Companies" (http://know.unige.ch/publications/Submission-Bergen.PDF).

PUTNAM, Robert, "Bowling Alone : America's declining social capital", *Journal of Democracy*, July 1995.

SALMONS, Janet, "Taxonomy for Collaborative e-Learning" (www.vision2lead.com).

SVEIBY, Karl-Erik, & ARMSTRONG, Charles, "Learn to Measure to Learn", Helsinki, September 2004.

WEST, Peter, "Nurturing Trust. Leveraging Knowledge", *Continuous Innovation*, November 2006.

Index des noms propres

Index général

Traduction des « bulles »